零距离上岗·高职高专

连锁经营管理专业系列规划教材

连锁企业
人力资源管理

（第2版）

LIANSUO QIYE RENLI ZIYUAN GUANLI

赵根良　主　编

曹　莹　陈小云　副主编

电子工业出版社

Publishing House of Electronics Industry

北京·BEIJING

图书在版编目（CIP）数据

连锁企业人力资源管理 / 赵根良主编. —2 版. —北京：电子工业出版社，2016.8
零距离上岗.高职高专连锁经营管理专业系列规划教材
ISBN 978-7-121-29399-3

Ⅰ. ①连… Ⅱ. ①赵… Ⅲ. ①连锁企业－企业管理－人力资源管理－高等职业教育－教材
Ⅳ. ①F717.6

中国版本图书馆 CIP 数据核字(2016)第 164073 号

责任编辑：杨洪军
印　　刷：北京虎彩文化传播有限公司
装　　订：北京虎彩文化传播有限公司
出版发行：电子工业出版社
　　　　　北京市海淀区万寿路 173 信箱　　邮编 100036
开　　本：787×1092　1/16　印张：16.75　字数：407 千字
版　　次：2012 年 8 月第 1 版
　　　　　2016 年 8 月第 2 版
印　　次：2021 年 1 月第 5 次印刷
定　　价：38.00 元

凡所购买电子工业出版社图书有缺损问题，请向购买书店调换。若书店售缺，请与本社发行部联系，
联系及邮购电话：(010) 88254888，88258888。
质量投诉请发邮件至 zlts@phei.com.cn，盗版侵权举报请发邮件至 dbqq@phei.com.cn。
本书咨询联系方式：(010) 88254199，sjb@phei.com.cn。

第 2 版前言

连锁经营从 20 世纪 80 年代后期进入我国以来，发展非常迅猛。2007 年，我国连锁企业数量已居世界首位。我国连锁企业行业分布广泛，涵盖了零售业、金融业、旅游业、房地产业、教育培训业、餐饮业、服务业、医药业等行业。其中，餐饮行业、零售行业的连锁企业比例达到 60%以上。

随着全球经济一体化的深入融合和知识经济、信息化、互联网时代的来临，人力资源作为连锁企业第一资源的重要性更加凸显，人力资源是构建连锁企业核心竞争力的关键。

本教材针对连锁经营和连锁企业的特点，以连锁企业人力资源管理工作职能和流程为主线，对连锁企业人力资源规划、连锁企业工作分析、连锁企业员工招聘管理、连锁企业员工培训管理、连锁企业员工绩效管理、连锁企业员工薪酬管理、连锁企业员工劳动关系管理、连锁企业员工职业生涯管理等进行了全面系统的阐述。

针对新形势下连锁行业的新变化和人力资源管理的新趋势，同时结合《国家中长期教育改革和发展规划纲要（2010—2020）》中提出的"着力提高人才培养水平"、"强化能力培养，创新人才培养方式"等要求，本次教材的修订在教材内容、特色栏目、案例选取、知识测试题等方面都有增减和改变，从而更加突出本书的先进性、科学性、实用性、丰富性、可读性，体现了连锁企业人力资源管理的最新理念、发展趋势和人力资源管理理念在连锁企业的实践特征。本书大纲及内容的组织，是作者根据多年的教学和科研经验以及借鉴同类教材长处的基础上修订的。具体来说，修订后的教材具有如下特色。

（1）体现先进理念。本书紧跟连锁企业人力资源管理研究的最新进展和成果，紧贴连锁行业最新发展动态，结合高职学生特点和连锁企业人力管理实际需求进行内容选取和创新教材栏目设置，体现连锁企业人力资源管理最新理念，体现先进高职教育教学理念。

（2）更新和丰富素材。本书修订后，每一章在原有引导案例、学习目标、学习导航、职业指导、小知识、小资料、课后案例、课后实训项目等小栏目的基础上又增加了前沿话题和小实务两个栏目，不仅突出了本书理论联系实际的有效结合，而且更新和丰富了本书教学内容和素材。

（3）精炼理论内容。本书在修订过程中，适当精简理论知识，对于那些冗长的理论知识，予以简化或者尽量以图表形式展现，把连锁企业人力资源管理方面的问题进行最直观的描述，将复杂问题简单化。

（4）突出实用性。本书在修订时，及时吸收和参考使用该教材第 1 版的高职院校教师、学生及广大读者的反馈意见，将案例教学法、项目教学法、互动式教学法、体验式教学法等先进教学方法运用于教材中，同时对各章"知识测试题"题型进行了调整和优化，从而方便高职院校教师教学使用和高职学生学习使用，更好地满足高职教育教学的需要。

本书主要是为了适应和满足高职连锁经营管理专业及相近专业的教学需要和连锁企业人力资源管理工作者的培训及学习需要，同时，可作为连锁企业相关从业人士的参考读物。

本书由安徽商贸职业技术学院赵根良、曹莹、陈小云合作修订。具体修订分工如下：赵根良修订第 4 章、第 8~10 章，曹莹修订第 1~3 章，陈小云修订第 5~7 章。赵根良担任主编和修订统筹。

在本书的修订过程中，参阅了国内外众多的相关著作、教材、研究成果，在此谨向所涉及的各位专家、学者表示深深的敬意和由衷的感谢。同时，本书得到了电子工业出版社及安徽商贸职业技术学院等方面的大力支持和帮助，成书之际，谨表深切谢意。

由于时间仓促，加之编者水平有限，书中难免有不足之处，敬请专家、学者、广大读者、广大师生批评指正，以便今后继续修订和完善。

编　者

目　录

第 *1* 章
连锁企业人力资源管理导论

引导案例

艾德逊公司人员管理的困惑

艾德逊公司是一家连锁企业，员工约有 2 000 人。该公司主要从事电信行业的销售与服务，连续多年出现了高利润、高增长的发展趋势，未来发展潜力看好。在当今激烈的市场竞争中，公司提出以人为动力的"人本原则"，倡导"沟通、合作、团队、奋斗"的企业文化。

鲍尔 29 岁，获得 MBA 学位后，进入艾德逊公司工作，担任人力资源部经理。在此之前，他曾在一家设备安装公司做过三年的人力资源管理工作。现在，他准备到新公司好好干一番事业。

艾德逊公司人力资源部有 40 多名员工，相对于全公司而言，大致是一个人力资源部员工对应 50 名普通员工。人力资源部有多名职能主管，分管薪酬设计、人员招聘和培训开发及绩效考核工作。

鲍尔到任之后不久便发现了问题。例如，公司各部门的工作很少有"规划"，每个员工的工作都没有明确的分工，一份工作可以由甲干，也可以由乙干，全凭各人的技能和兴趣完成。有不少个人能力强于本人职务要求的员工为此感到不快。当问及公司为何如此时，回答是："一开始就是这样的。"

另外，人力资源部仅有一半员工具备人力资源及相关专业的学历，仅有 1/4 的员工具备人力资源管理经验。除此之外，很多员工都是由普通员工转任或提升上来的。人力资源部的四名主管，一名原先是图书馆管理员，一名是办公室秘书，另两名主管虽然有人力资源工作经验，但又都没有专业学历。至于四名主管手下的员工，更是五花八门。

公司内部其他职能部门的员工，拥有公认的学历与相关的工作经验后，就获得了一种"资历"，这些拥有"资历"的员工可以对新员工进行业务上的指导和帮助。在人力资源部一般无人具备这种"资历"，所以很少能对新员工进行帮助和指导，大家都是各干各的，彼此很少沟通。尽管人力资源部的工作任务非常繁重，但其他部门似乎并不满意，总认为人力资源部不能及时对它们的要求做出反应。而且，人力资源部对公司的战略规划了解甚少，人力资源部的决策也很难对公司的大政方针产生影响。

鲍尔的前任比尔在担任人力资源部经理的任期内，员工工资涨幅不大，员工不满情绪日益高涨。比尔也曾向公司总裁提出调整员工工资标准的方案，并建议公司适当修改一下薪资制度。总裁虽然表示可以考虑，但至今没有动静。

鲍尔认为，公司的实际情况与先前所想象的大不一致。但仔细想想，自己又不能对此提出太多的异议。公司的每项制度与管理方式都有自己的传统，鲍尔还不敢说这种传统有多么不好，况且，目前公司运转情况还是不错的。

正当他犹豫不决时，他无意中听到财务部经理在训斥一名员工："你最近怎么搞的？连连出错！这样下去对你没什么好处！你知道吗？像你这样，即使送你去人力资源部，恐怕人家也不要你！"

鲍尔听后，心里很不是滋味。他该怎样强化人力资源部的职能作用呢？

问题： 艾德逊公司人力资源管理上存在哪些问题？鲍尔应该怎样强化人力资源部的职能？

本章学习目标

通过本章的学习，学生应该掌握以下内容：

1. 了解连锁企业人力资源的概念和特征；
2. 理解连锁企业人力资源管理的含义和意义；
3. 了解连锁企业人力资源管理的职能和目标；
4. 理解连锁企业人力资源管理的基本原理。

学习导航

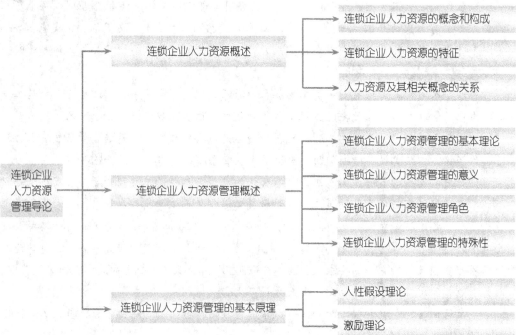

连锁企业人力资源管理导论

- 连锁企业人力资源概述
  - 连锁企业人力资源的概念和构成
  - 连锁企业人力资源的特征
  - 人力资源及其相关概念的关系
- 连锁企业人力资源管理概述
  - 连锁企业人力资源管理的基本理论
  - 连锁企业人力资源管理的意义
  - 连锁企业人力资源管理角色
  - 连锁企业人力资源管理的特殊性
- 连锁企业人力资源管理的基本原理
  - 人性假设理论
  - 激励理论

职业指导

在连锁企业蓬勃发展的同时，连锁企业普遍存在人才危机和人才瓶颈问题，因此，连锁企业生存与发展的关键在于能否拥有一支高素质的员工队伍，并使他们成为连锁企业的核心竞争力。连锁企业的人力资源部门和人力资源管理工作对获取、激励，以及发展连锁企业优秀员工，进而促进连锁企业可持续发展，具有重要战略意义。所以，一方面连锁企业需要有优秀的人力资源来满足其不断发展和竞争的需要，另一方面连锁企业更需要优秀的人力资源管理工作者为其不断发展提供支持。

1.1　连锁企业人力资源概述

1.1.1　连锁企业人力资源的概念和构成

1. 连锁企业人力资源的概念

资源是一个经济学术语，泛指社会财富的源泉，是能给人带来使用价值和价值的客观存在物。一般把资源分为两大类：一类是物质资源，另一类是人力资源。其中，物质资源包括自然资源、资本资源和信息资源。

人力资源的概念是由管理学大师彼得·德鲁克于 1954 年在《管理的实践》一书中首次提出的。他提出这个概念并认为这一概念能表达传统人事管理不能表达的意思。

广义地说，人力资源是指智力正常的人。狭义地说，人力资源是指智力正常，能够推动整个社会经济和社会发展的，具有劳动能力的人。它包含了数量和质量两个方面。

2. 连锁企业人力资源的构成

人力资源由八部分人口组成，如图 1-1 所示。

劳动适龄人口					老年人口 （男 60 岁及以上 女 55 岁及以上）
少年人口 （0～16 岁）	病残人口				
	⑤ 就学人口	⑥ 现役军人	⑦ 家务劳动人口	⑧ 其他人口	
	④ 求业人口				
② 未成年 就业人口	① 适龄就业人口				③ 老年 就业人口

图 1-1　人力资源的构成

（1）处于劳动年龄之内的社会劳动人口，即"适龄就业人口"。

（2）尚未达到劳动年龄实际已从事社会劳动的人口，即"未成年就业人口"。

（3）已经超过法定劳动年龄，实际仍在从事社会劳动的人口，即"老年就业人口"。

以上（1）～（3）部分人口相加为人力资源主体，也称"就业人口"。

（4）处于法定劳动年龄以内，有能力有愿望参加社会劳动，但是实际上并未参加社会劳动的人口，也称"求业人口"。

（5）处于法定劳动年龄以内的就学人口。

（6）处于法定劳动年龄以内的现役军人。

（7）处于法定劳动年龄以内的家务劳动人口。

（8）处于法定劳动年龄以内的其他人口。

以上（5）~（8）部分人口，由于未构成现实社会的劳动力供给，所以可称为"潜在人力资源"。

1.1.2　连锁企业人力资源的特征

1．生物性

人力资源的生物性，是指人力资源存在于人体之中，是有生命的"活"的资源，离不开人体，与人的自然生理特征相联系。

2．能动性

人力资源具有能动性是因为人具有思想、感情，有主观能动性，又能够有目的、有意识地认识和改造客观世界。在改造客观世界的过程中，人能通过意识对所采取的行为、手段及结果进行分析、判断和预测。由于人具有社会意识，在企业经营管理过程中处于主体地位，所以人力资源具有创造性的能动作用，具体表现在：自我强化，选择职业，积极劳动。

3．可再生性

人力资源是"活"的资源。从人力资源的数量来看，通过人口的繁衍，人力资源不断地再生产出来，世世代代延续下去；从人力资源的质量来看，人的体能在一个生产过程中消耗之后，又可以通过休息和补充能量而得到恢复。人的知识技能陈旧了、过时了，可以通过培训和学习等手段得到更新。因此，人本身、人的体能与知识技能，都是可再生的。保证这种再生过程的顺利进行，将有利于人力资源的开发与利用。

4．时效性

人力资源作为劳动能力资源具有自身的周期，可以从三个层面表现出来：生命周期、劳动周期、知识周期。

人力资源的生命周期是指人从出生到死亡的整个过程。在生命的不同阶段，人力资源的性质和状态是有差别的。童年和少年阶段主要是人力资源的储备和形成阶段，此后的青年和中年阶段是人力资源发挥作用的最佳阶段，进入老年阶段以后，虽然还能继续发挥作用，但是效率已经大大下降了。生命周期和人力资源的这种倒"U"形关系就决定了人力资源的时效性，必须在人的成年时期对其进行开发和利用，否则就浪费了宝贵的人力资源。人才的最佳创造年龄为25~45岁，37岁为峰值年。

人力资源的劳动周期主要是指处在法定劳动年龄内的劳动人口。关于劳动年龄，由于各国的社会经济条件不同，劳动年龄的规定不尽相同。一般国家把劳动年龄的下限规定为15周岁，上限规定为 64 周岁。我国招收员工规定一般要年满 16 周岁，员工退休年龄规定男性为 60 周岁（到 60 周岁退休，包括 60 周岁），女性为 55 周岁（包括 55 周岁），所以我国劳动年龄区间应该为男性 16~59 周岁，女性 16~54 周岁。

人力资源的知识周期主要是指一个人所学的相关知识和理论从适应社会工作需要到被淘汰所经历的时间。知识和技术的获取需要时间的积累，而且在知识和技术更新日益加快的知识经济时代，知识和技能很容易过时、落后，从而导致劳动能力及其功能相对降低。

因此，人力资源的开发与管理必须尊重人力资源的时效性特点，做到适时开发、及时利用、讲究时效，最大限度地保证人力资源的产出，延长其发挥作用的时间。

5. 开发的连续性

物质资源一般只开发一次或两次，形成产品并被使用之后就不再开发。而人力资源不同，使用之前必须对其进行必要的开发，使用过程同时也是开发过程。例如，为使人力资源能胜任某一岗位，必须进行必要的岗前开发。人力资源开发后，会因社会进步、生产力发展及管理变革等多方面原因出现思想落后、技术陈旧等问题而不能胜任工作，或者因生理的原因不再胜任原来的工作，或者因人力资源自身发展的需要，人力资源会自觉进行自我补偿、自我更新、自我丰富，这一过程是随着人力资源开发后的时间推移而连续发生的。

6. 社会性

由于每个民族（团体）都有其自身的文化特征，每种文化都是一个民族（团体）共同的价值取向，但是这种文化特征是通过人这个载体而表现出来的。由于每个人受自身民族文化和社会环境影响的不同，其个人的价值观也不相同，他们在生产经营活动、人与人交往等社会活动中，其行为可能与民族（团体）文化所倡导的行为准则发生矛盾，可能与他人的行为准则发生矛盾，这就要求人力资源管理注重团队建设，注重人与人、人与群体、人与社会的关系及利益的协调与整合，倡导团队精神和民族精神。

1.1.3　人力资源及其相关概念的关系

1. 人口资源、人力资源、劳动力资源和人才资源

人口资源是指一定空间范围内，所有人员的总和。

人力资源是指一定范围内，具有智力劳动、体力劳动能力的人口总和。

劳动力资源是指一个国家或地区有劳动能力并在"劳动年龄"范围之内的人口总和，是人口资源中拥有劳动能力且进入法定劳动年龄的那一部分劳动人口。

人才资源是指人力资源中素质层次较高的那一部分人。如以创造性高过社会平均水平表示，它是一个边界模糊的概念。人才资源是指杰出的、优秀的人力资源，着重强调人力资源的质量。

人口资源、人力资源、劳动力资源和人才资源的关系如图 1-2 所示。

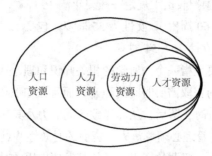

图1-2 人口资源、人力资源、劳动力资源和人才资源的关系

2. 人力资源与人力资本

资源和资本虽然只有一字之差，却有着本质的区别。人力资本可以看作所投入的物质资本在人身上所凝结的人力资源，人力资本存在于人力资源中。对于"资源"，人们多考虑寻求与拥有；而提到"资本"，人们会更多地考虑如何使其增值生利。企业应将人力变成资本，使其成为企业的财富，让其为企业所用，并不断增值，给企业创造更多的价值。它们的区别主要表现在以下三个方面。

（1）两者所关注的焦点不同。人力资本关注的是收益问题。作为资本，人们就会更多地考虑投入与产出的关系，会在乎成本，会考虑利润。人力资源关注的是价值问题。作为资源，人人都想要最好的，钱越多越好，技术越先进越好，人越能干越好。

（2）两者的性质不同。人力资源所反映的是存量问题。提到资源，人们多考虑寻求与拥有。人力资本所反映的是流量与存量问题。提到资本，人们会更多地考虑如何使其增值生利。资源是未经开发的资本，资本是开发利用了的资源。

（3）两者研究的角度不同。人力资源是将人力作为财富的源泉，是从人的潜能与财富关系来研究人的问题。人力资本是将人力作为投资对象，作为财富的一部分，是从投入与效益的关系来研究人的问题。

人力资源是被开发、待开发的对象。人力资源得不到合理开发，就不能形成强大的人力资本，也无法可持续发展。人力资本的形成和积累主要靠教育。如果没有教育，人力资源就得不到合理开发。重视教育，就是重视企业的发展，就是在开发人力资源和积累人力资本。现代企业仅将人力作为资源还不够，还应将人力资源合理开发利用和有效配置后变成人力资本。人力资源与人力资本相比，人力资源立足于人的现有状况来挖掘潜力，这个阶段的人力资源管理技术主要偏重于激励手段和方式的进步；而人力资本，则更偏重于人的可持续发展，重视通过培训和激励并重等多种"投资"手段来提高人的价值。

现代企业中，对于人力资本投资的重视范围越来越大，重视对象从过去的经营管理型人才扩展到技术型人才、骨干员工及企业其他成员。在企业人力资源管理中，为使用员工劳动能力所发生的开支，不仅作为企业生产经营的必要条件被列入企业的成本费用之中，而且成为企业员工的发展条件，基于以上原因人力资源就成了人力资本。

1.2　连锁企业人力资源管理概述

1.2.1　连锁企业人力资源管理基本理论

1. 连锁企业人力资源管理的含义

连锁企业人力资源管理，简单来说是对连锁企业中的人进行管理，即根据连锁企业的战略目标制定相应的人力资源战略规划，并根据连锁企业的战略目标和人力资源战略规划，进行连锁企业中人力资源的任务分析与职务设计、招聘与使用、培训与开发、绩效管理、薪酬管理，以及员工关系管理的过程。

对连锁企业人力资源管理含义的理解应注意以下几个方面。

（1）连锁企业人力资源管理必须与连锁企业战略相一致。连锁企业战略包括确定企业长期目标，以及为实现这一目标所必须实施的计划和资源配置，其中人力资源的配置是关键之一。连锁企业人力资源管理必须服从连锁企业经营战略，不同的经营战略需采取不同的人力资源管理措施。

（2）连锁企业人力资源管理是连锁企业通过制定连锁企业人力资源管理战略目标，并在这一战略目标指导下，最终实现连锁企业发展目标的一种管理行为。

（3）连锁企业人力资源管理通过人力资源规划、工作分析与职务设计、招聘与使用、培训与开发、绩效管理、薪酬管理、员工关系管理等一系列管理手段来提高劳动生产率。

2. 连锁企业人力资源管理的职能

连锁企业人力资源管理的职能主要有人力资源规划、工作分析、招聘与使用、培训与开发、绩效管理、薪酬管理等。其中，人力资源规划、工作分析偏重于计划与组织职能；员工招募、选拔与录用、配置与调动偏重于组织与协调职能；培训与开发、职业生涯规划偏重于协调与激励职能；绩效管理、薪酬管理、员工关系管理偏重于组织、协调与激励职能。

3. 连锁人力资源管理的目标

连锁企业人力资源管理的目标是将所需要的人力资源吸引到连锁企业中来，并配置在适合员工自身发展的岗位上，调动员工的积极性，开发他们的潜能，充分发挥他们的作用，为企业实现利润最大化和资本财富最大化服务，同时满足员工的利益需要、促进员工的全面发展。

4. 传统人事管理与现代人力资源管理的区别

传统人事管理与现代人力资源管理有着本质的区别。人事管理注重的是对"事"的管理；而人力资源管理注重的是对"人"的管理，把人作为活的资源进行开发，注重人的心理与行为特征，强调人与事相宜，事与职匹配，使人、事、职所获得的效益得到最大化。两者的区别如表 1-1 所示。

表1-1 传统人事管理与现代人力资源管理的区别

比较项目	传统人事管理	现代人力资源管理
管理观念	人是成本（工具）	人是资源
管理方式	控制	参与、透明
管理方法	静态分割式管理	整体动态管理
管理重心	以"事"为重心	以人为本
管理模式	被动反应	主动开发
管理内容	外在量化管理	内在素质提高
机构层次	事务性、实际操作、执行层	战略、决策层
部门性质	非效益、利益部门	效益、利益部门

小知识 1-1 连锁企业人力资源管理的发展趋势

21世纪随着世界经济一体化、信息化、网络化的加快。高新技术和人的知识将影响着经济发展，其引发的冲击，深刻影响着连锁企业的每个经营环节，因此，人力资源管理必然在理论和实践上显出新的发展趋势。

第一，人力资源管理将成为连锁企业战略管理中的重要内容。通过人力资源管理可以影响和引导人们的行为和价值取向，确保员工为实现连锁企业目标而积极、主动、有创造性地工作。通过参与连锁企业的战略决策和对员工职业生涯设计与开发，实现员工与企业共同成长和共同发展，因此，员工的发展也成为企业战略发展的主要内容。

第二，人力资源管理将促进连锁企业人力资源配置的优化。连锁企业间的竞争主要表现为人才的竞争，尤其是知识型、技术型人才的竞争。人力资源配置将进一步优化，人力资源管理柔性化、扁平化为更进一步发挥人力资源的作用提供了极其重要的保证。

第三，虚拟化外包提高了人力资源管理的效率。随着我国人才市场的完善和进一步社会化分工，人力资源部门的一些业务将外包给一些专业的咨询公司，如工资发放、工作安置、人员招聘等，使得连锁企业的人力资源管理效率不断提高。

第四，人力资源管理将更注重以人为本的管理。劳动力市场的完善，将使得个人有更多的就业选择权、工作自主决定权。连锁企业要发挥人才的作用，就必须尊重人才的选择权和自主权。通过服务来吸纳、留住、激励人才发挥潜能，并赢得人才的满意和忠诚。因此，人力资源管理的方法和手段将更加注重人性化，将更加体现"以人为本"。

第五，人力资源管理的核心任务是塑造企业文化。企业文化是一种协调力和黏合剂，它可以强化企业员工间的信任和团结，培养亲近感、信任感和归属感，具有巨大的向心力和凝聚力。因此，把塑造企业文化作为核心任务的人力资源管理活动更有利于发挥每位员工的积极性、主动性、创造性，有利于培养员工的忠诚度。

此外，人才的全球化将导致人才流动速度加快，增加人力资源管理的难度；人力资源管理也将推出新的准则。

1.2.2 连锁企业人力资源管理的意义

对于连锁企业人力资源管理的意义，学术界也是众说纷纭。从不同的角度看，它所体现的意义是不同的。但是如果从根本上说，连锁企业人力资源管理的意义集中体现在组织的发展及对组织员工的发展上。

从组织战略目标和整体绩效来看，在连锁企业人力资源管理职能正常发挥作用的情况下，人力资源管理有助于实现和提升组织的绩效，并且是组织战略实现的必要条件。米切尔·谢帕特等人曾提出一个关于战略人力资源管理与组织绩效关系的模型，如图 1-3 所示。

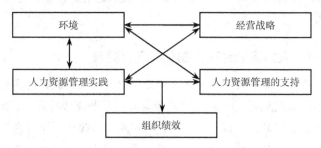

图 1-3 　人力资源管理与组织绩效的关系模型

组织绩效的提高是企业的环境、经营战略、人力资源管理实践和人力资源管理的支持四个基本变量相互联系、相互作用的复杂系统行为的结果。人力资源管理不能单独对企业的绩效产生作用，必须与其他三个变量相互配合并形成一定的关系模式。从图 1-3 可以看出，人力资源管理在组织中的地位是其他变量所无法替代的，人力资源管理工作与组织战略匹配与否是直接影响组织经营绩效的一个关键因素，人力资源管理应成为组织"战略贡献者"的职能。

战略的实施需要组织各方面资源的共同支持，人力资源也是其中不可或缺的一部分，组织的人力资源管理的有效进行有利于组织战略的实现，它们之间的关系如图 1-4 所示。

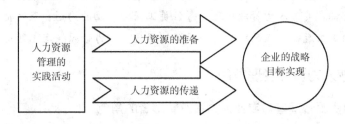

图 1-4 　人力资源管理与组织战略的关系

连锁企业人力资源管理有利于实现组织的可持续发展。现代人力资源管理把员工看成组织最重要的资源，主张对员工进行持续不断的投入，有利于提高员工工作能力，提高组织人力资本存量，满足员工持续成长的需要。同时，又把员工看成组织发展的目的，为员工提供安全、健康、和谐、富有竞争力的工作环境，提高员工的综合素质，有利于员工和谐心态的培养，优化组织内部的"人态环境"。这将促使连锁企业出现由内而外的和谐，使连锁企业的运作符合经济效益、社会效益、生态效益相统一的三维效益观，有利于在连锁企业利益相关者和包括政府、本地居民、当地社会、媒体、环境保护主义者等在内的"压力集团"中树立良好的企业形象，这些都有利于连锁企业实现可持续发展。

从对员工的发展来看，连锁企业人力资源管理有利于人的主体性建设。随着社会的发展，人们的思维方式、生活态度、价值观念发生了巨大的变化，尊重人才，解放思想，勇于创新，自主、进取、创造等自我意识越来越深入人心。连锁企业人力资源管理主张满足人的合理而正当的需求，满足人更高层次的发展需要；造就一种尊重人、关心人、人际和谐、有利于人发展的工作环境；引导员工增强主体意识，自我管理，自我成长。连锁企业人力资源管理的新管理理念，把握了新形势下社会的发展趋势及连锁企业的发展趋势，能够顺应人的主体性发展要求，有利于连锁企业建设。

小资料 1-1　人力资源经理比副总经理重要

在一次人力资本与企业竞争力的高峰会上，原微软中国区总裁、著名企业家唐骏谈了自己对企业人力资源管理的独到见解。唐骏说："我亲自面试每个应聘的员工。我这样做的目的是告诉大家，我是重视企业管理的，是以人为本的；同时也可以传递一个信息，你应聘的这份工作很重要。如果应聘的人通过了，他会觉得自己很优秀，因为总裁觉得自己行。这样会产生无形的激励作用。"

他认为，总经理和人力资源经理是企业最重要的角色，并认为全面了解公司运作的除了总经理之外就是人力资源经理。因此，他希望人力资源经理经常自问："我离总裁的位置还差多远？"

唐骏认为人力资源经理最难做的两件事，一是如何招到优秀的人才，二是如何留住优秀的人才。他认为让进入公司的人保持一种幻想是最重要的，因为他一旦成为公司的员工后，所关注的绝不是工资待遇，而是未来的职业发展方向。人力资源部门帮助每名员工寻找发展的机会，让每名加入公司的员工至少在三年内保持对未来的幻想，通过这种幻想来释放工作的热情和能量。达到这样的目标就要靠人力资源经理和每位员工保持密切的沟通，及时把公司的战略、策略向员工交代，向员工灌输未来的职业发展规划。因此，人力资源经理比副总经理更重要。

1.2.3　连锁企业人力资源管理角色

1. 一般人力资源管理者与专业人力资源管理者的角色

企业的所有管理者都是人力资源管理者。人力资源管理者分为一般人力资源管理者和专业人力资源管理者。一般人力资源管理者是人力资源实践的承担者；专业人力资源管理者是人力资源专家，他们运用专业技术知识和技能研究，开发企业人力资源产品与服务，为企业人力资源问题的解决提供咨询。一般人力资源管理者与专业人力资源管理者的职责分工不同，如表 1-2 中列举了部分一般人力资源管理者和专业人力资源管理者的职责分工。

表1-2　一般人力资源管理者与专业人力资源管理者的职责分工

职责	一般人力资源管理者的活动	专业人力资源管理者的活动
招聘与录用	描述本部门人员需求及需要的人员类型 说明工作对人员的要求，以便人力资源部门制定选拔标准 面试应聘者并做出最终选择	制定人事安排计划 组织、开展招聘活动，扩大应聘人员队伍 进行初步筛选，并向用人部门进行推荐
培训与开发	对新员工做出工作安排，并进行工作指导和培训 评估各种开发活动，向领导推荐构建和谐领导关系并给予授权建立有效工作团队 对下属的进步给予评价，对其职业发展提出建议	准备培训材料、介绍企业情况和岗位概况进行入职培训 就如何制定及操作品质改进计划和团队建设计划，提供信息和指导
薪酬管理	通过提供有关每个岗位性质和相对评价方面的信息，帮助制定人力资源报酬政策 确定下级应获得的奖励的性质和数量 建议企业应该向员工提供的福利和服务	实施岗位评价程序以确定每个岗位的相对价值 进行薪资调查以确定其他企业对同样岗位或类似岗位如何支付薪酬 就有关经济奖励和可供选择的薪资计划向直线管理部门提供咨询和指导 与直线管理部门协商制定企业福利和服务计划

小资料 1-2　人力资源管理者的角色——彭剑锋

彭剑锋教授通过对国内企业及全球人力资源管理者的研究，提出了人力资源管理者的六种角色模型。

在这个模型里，第一，人力资源管理者要成为专家，也就是要具备一定的专业技能，懂得运用系统和工具去推行人力资源管理。第二，人力资源管理者要成为业务伙伴。要为公司的业务运转提供人力资源及流程改善等支持，解决业务运转中与人有关的问题，从而推动业务发展，成为业务伙伴。第三，人力资源管理者要成为员工服务者。人力资源管理者既要对股东负责又要对员工负责，所以任何的人力资源管理者在整个价值判断体系之中必须具有平衡各种相关利益的能力。过去的职业经理人只需要对股东负责就行了，现在必须站在股东、客户、员工三者的立场上，从多维角度为企业发展提供系统的人力资源解决方案。第四，人力资源管理者要成为变革推动者。一个企业组织的变革、流程的变革，从深层次来讲是人的思维方式、人的价值观、人的行为理念的变革，它需要靠人力资源制度的创新来推动变革的实施，所以在企业变革中，人力资源管理者要变参与为推动。第五，人力资源管理者要成为知识管理者。从国外人力资源发展趋势中可以看到，战略性人力资源管理往上走就是知识管理。要把人力资源转化成为自身企业核心竞争力，最终要靠知识，所以人力资源管理的转化过程就在于知识的储存、知识的应用、知识的创新。知识管理已经成为现在人力资源管理的一个很重要的概念。知识管理是跟组织学习、企业信息化、企业的创新结合在一起的，人力资源管理如何跟整个知识体系结合在一起，这已成为人力资源未来发展的一个重要课题。第六，人力资源管理者要成为领导者。所谓领导者，不是说人力资源部门要当领导，而是说要进入战略层面，要成为企业的战略合作伙伴，要成为引导者。

2．连锁企业人力资源部门的角色

简单地说，连锁企业人力资源部门应当扮演四个新角色。

（1）战略执行伙伴。制定战略是公司管理团队的责任，要想成为管理层的合格战略伙伴，人力资源经理应该引导员工讨论企业需要采取什么样的组织形式来执行战略，其中包含四个步骤：第一，人力资源部应负责制定企业的组织架构；第二，人力资源部必须承担组织审查的职责；第三，为组织架构亟须变革之处提供解决方法；第四，人力资源部必须评估自己手头的工作并分清任务的轻重缓急。

（2）行政专家。多年来，人们总是把人力资源部的员工看作行政人员。然而，作为行政专家这个新角色，他们需要摆脱维护制度的传统警察形象，同时又要确保公司的日常工作全部顺利进行。为了实现从行政人员到行政专家的角色转换，人力资源部必须提高自身和整个组织的工作效率。

（3）员工后盾。人力资源部有责任确保员工对公司的积极投入。为此，它必须负责培训和指导直线管理人员，使他们明白保持员工的士气高昂有多么重要，以及如何实现这一目标。此外，人力资源部应该向员工提供个人与职业发展机会，并提供各种资源以帮助员工达到公司对他们的要求。人力资源部还要充当员工的代言人——在管理层面前他们必须代表员工利益，在管理层讨论中他们必须替员工说话。

（4）变革推动者。人力资源部的第四项新职责是帮助企业形成应对变革和利用变革的能力。新的人力资源部还要确保企业的愿景宣言（如我们要成为我们这一行的全球领先者）能够转化为具体行动。作为变革推动者，人力资源部员工无须自己实施变革，但是要确保变革在公司上下得到执行。

 小实务 1-1　某中小企业人力资源部工作目标（见表1-3）

表1-3　人力资源部工作目标

总体目标	目标细化
人力资源管理制度建设与执行	组织制定企业人力资源管理的各项制度，确保各项制度的科学性和完善性
	全面执行经领导审核批准后的各项人力资源管理制度
人力资源规划目标	建立人才储备库，确保企业发展对人才数量和质量的需求
	分析企业现有人力资源状况，根据各部门编制，合理准确预测企业人力资源供需状况的具体数据，并根据这些数据进行工作部署

续表

总体目标	目标细化
招聘管理目标	及时有效地补充企业所需的人力资源，保证企业各岗位对人才的需求 企业各职能部门对新进员工的满意度评价达到良好以上
培训管理目标	根据企业发展需求和员工职业生涯规划，制定科学合理的培训计划，提升员工素质与技能 建立人才测评、人才开发体系，全面提高企业人力资源竞争力
绩效管理目标	制定科学合理的绩效考核制度与绩效考核标准，客观、公正地实施考核 对绩效考核结果进行分析，为薪酬调整、职务调整、培训开发等工作提供依据
薪酬福利管理	制定具有竞争力和公平性的薪酬福利体系，激发员工的工作积极性和主动性 适时调整薪酬水平，保持企业薪酬水平具有一定的竞争力
劳动关系管理目标	保持与员工的紧密沟通，保护员工的合法利益，增强员工的凝聚力 处理好劳资关系，避免劳资纠纷
部门建设目标	组建一支专业、稳定的人力资源管理工作队伍，建立人才梯队 保留核心员工，保持部门绩效考核结果等级优良，保证高工作效率

1.2.4　连锁企业人力资源管理的特殊性

与其他类型企业相比，连锁企业的规范化拓展需要大量高素质的人才和熟练的劳动者。连锁企业的标准化、规范化管理要求也决定了连锁企业的人力资源管理有别于一般企业。连锁企业人力资源管理的特殊性是由连锁企业经营管理的特殊性引起和决定的，可归纳为以下几点。

（1）连锁企业人力资源管理的复杂性。连锁企业的组织结构不同于单店企业，具有规模大、店铺数量多、分布地域范围广的特点，使得人力资源管理的管理幅度和管理层次比单店企业更复杂。

（2）连锁企业人力资源管理的新颖性。连锁企业是近几年随着经济发展而在我国出现的新经济形态。其管理、经营方式均不同于一般意义上的企业。

（3）连锁企业人力资源管理的可复制性。连锁企业的扩张和发展具有可复制的特征，这就要求企业所建立的每个门店都必须同总部保持一致，但由于连锁企业所涉及地域范围非常广阔，一般都采取人才本地化的人力资源策略，其人力资源来源地区分布广，文化背景复杂，同总部保持一致的难度就比较大。

（4）连锁企业人力资源开发的超前性。人才的培养与使用具有一定的周期性。企业从招聘、培训到上岗不是短期内就能完成的，连锁企业更注重上岗前的培训与教育，以便有计划、有步骤地培训经营管理人才与一般员工。

（5）连锁企业人力资源管理技术的复合性。连锁企业的经营业态对人才要求与传统零售业有很大不同，对人才也提出了更高的要求。现代连锁企业与传统零售那种"一手交钱一手交货"的简单交易已有很大不同，它的技术、管理构成已有很大的转变。比如技术上，大量运用网络信息技术、冷冻保鲜等高科技；管理上，从投资风险管理、选点布局、物流配送等宏观管理，到每家店面的货品陈列、顾客人流线路、商品促销策划等有很多学问。因此，作为运营现代连锁企业的高层管理者，应该是高素质的复合人才，而一线具体操作的中低层管理人员，特别是新鲜食品超市的管理人员，也需要兼通技术与管理。

前沿话题 1-1　"互联网+"时代的人力资源管理与突破

2015 年 12 月 13 日，智通管理学院 2015 年度人力资源管理高峰论坛暨人力资本年度收官活动在东莞尼罗河酒店举行，主办方智通人才连锁集团管理学院、东莞世界莞商联合会特邀联想集团、腾讯科技、沃尔玛（中国）等知名企业的人力资源高级总监客座现场，与在座 500 多名来自全国各地的人力资源管理者对"互联网+"时代的人力资源管理与突破话题，进行了一场激烈的智慧碰撞与探索分享。

论坛现场，联想集团人力资源高级总监牟炳君在题为《"互联网+"时代人力资源管理挑战与突破》的演讲中提到，在"互联网+"时代，人力资源传统的组织会发生巨大变化。例如，组织形态更加复杂，业务变化更加快速，员工结构需求追求多样化，从传统的数据统计到新时代充分利用科技效能为业务提供决策支持，随着移动互联的持续创新从而更加深入人力资源日常工作……这些变化形式层出不穷。企业管理者应该根据企业发展构建合理的组织架构，人力资源管理者一定要顺应时代变化，根据员工的需求定制合理化制度和管理模式。

如何在移动互联时代做好一名创客？初创期中如何招到合适的人才？铂涛集团高级副总裁彭玉冰分享了自己的观点："创业者能否成功，关键在于团队是否给力，团队的打造离不开人力资源部对人才的招聘和引进。"如何用一双慧眼辨识人才，彭玉冰诙谐地分享了自己的招聘面试秘籍——"利用全息面试技术"，即一种集合人的面相、表情、行为、举止、语音、语调等全部感官信息，同时借助行为事件描述法，对人的能力、个性、特质等进行 360 度综合判断的一种识人技术。彭玉冰认为招聘科学和中医上的"望"、"闻"、"问"、"切"是相通的。他认为，一个人的行为举止、思维方式、价值观及外表特征和内在气质存在一定的对应关系。而且随着时间延长，这种关系越来越固化和脸谱化。以此借助观察人才的面相和行为举止，通过事件测试评估其综合素质来判断他是不是企业所需要的人才。

随着外部环境的竞争越来越激烈，企业人力资源负责人应该从琐碎的日常工作中抽身，适当调整战略或发现新的管理视角和方法，让员工感到惊喜、便捷，以此吸引并留住人才。腾讯SDC 总监张东超在论坛上分别从思维角度、技术视角和行业视角分享了腾讯的移动互联网时代下人力资源管理新视角和实战案例。张东超说，在移动互联网时代，人力资源应该学会发散用户思维（让员工有参与感）、迭代思维（小步快跑、不断更新）、极致思维（自我颠覆、追求精品）、流量思维（人力资源工具或体系用户量越大，则产生的价值越高）、数据思维（用数据说话）、社会化思维（发挥群众的力量）等思维来服务员工。同时，列举腾讯利用移动技术、语音技术、二维码技术、拍照技术、摇一摇技术、社交化技术、人脸识别等互联网技术推动人力资源变革。

1.3　连锁企业人力资源管理的基本原理

1.3.1　人性假设理论

西方管理理论中的人性理论发展大致经历了物本管理阶段、人本管理阶段和能本管理阶段三个阶段。管理理论在对人的认识和看法方面实现了从传统的"重物轻人"到"以人为本"和"以人的能力为本"的巨大飞跃，进而推动了管理实践的变革与发展。如何认识人的本性是管理中的重要问题。由于受到社会生产力发展水平和社会环境的影响，特别是研究人员所持的价值观和研究方法的影响，在西方企业管理发展的不同阶段中形成了四种人性观的典型代表。

1. 经济人假设

经济人假设认为人的一切行为都是为了最大限度地满足自己的私利，工作是为了得到经济报酬。

（1）经济人假设的核心内容。

1）人的本性是不喜欢工作的，只要有可能，人就会逃避工作。

2）由于人天性不喜欢工作，对绝大多数人必须加以强迫、控制、指挥，才能迫使他们为组织目标去工作。

3）一般人宁愿受人指挥，希望逃避责任，较少野心，对安全的需要高于一切。

4）人是非理性的，本质上不能自律，易受他人影响。

5）一般人都是为了满足自己的生理、安全需要参加工作的，只有金钱和物质利益才能激励他们努力工作。

（2）经济人假设的相应管理措施。以经济人假设为指导思想，必然导致严密控制和监督式管理，采取"任务管理"的措施。其管理措施特点如下。

1）管理工作的特点是提高生产率，完成生产任务，而不是考虑人的感情。

2）管理只是少数人的事，与一般员工无关。员工的任务就是听从指挥，努力生产。

3）在奖励制度方面，用金钱刺激生产的积极性，同时对消极怠工者予以严惩。

4）以权力和控制体系来保护组织本身及引导员工。

2. 社会人假设

社会人又称社交人。它是假设人们在工作中得到物质利益固然可以受到鼓舞，但不能忽视人是高级的社会动物，与周围其他人的人际关系对人的工作积极性也有很大影响的一种人性理论。这一假设来自霍桑实验，其核心思想是：驱使人们工作的最大动力是社会、心理需要，而不是经济需要，人们追求的是保持良好的人际关系。

在社会人的假设基础上，梅奥提出了"人际关系学说"，其要点如下。

（1）管理人员不应只注意完成任务，而应把重点放在关心人和满足人的需要上。

（2）管理人员不能只注意传统的管理职能，更应重视人际关系，要培养和形成员工的归属感和整体感。

（3）主张集体奖，不主张个人奖。

（4）管理人员应在员工与管理当局之间发挥沟通联络作用。

（5）实行"参与式"管理，吸引员工在不同程度上参与企业决策的研讨。

霍桑实验表明，工人生产积极性的发挥和工效的提高，不仅受物质因素的影响，更重要的是受社会和心理因素的影响。于是，管理理论开始从过去的"以人适应物"转向"以人为中心"，在管理中一反过去层层控制式的管理，转而注重调动工人参与决策的积极性。

3．自我实现人假设

自我实现人假设是建立在人是勤奋、有才能、有潜力基础上的，提出了与经济人、社会人假设完全不同的主张。

（1）自我实现人假设理论的观点。

1）一般人都是勤奋的。

2）控制、惩罚不是实现目标的唯一方法，人们在完成任务中会主动寻求责任。

3）在正常情况下，人们不仅会接受责任，而且会主动寻求责任。

4）人群中存在高度的想象力和解决组织中问题的创造力，一般人的潜力只用了一部分。

（2）自我实现人假设理论相应的管理措施。

1）管理重点变化。管理重点从重视人转到重视工作环境上来。

2）管理职能变化。管理者职能不是生产的指挥者和控制者，也不是人际关系的调节者，而是生产环境与条件的设计者和组织者。

3）奖励方式变化。重视通过内部激励调动员工的积极性。

4）管理制度的改变。主张实行民主管理，下放管理权限，建立基础参与制度，采取工作扩大化、工作丰富化的管理措施，更多地满足人们的自尊和自我实现需要。

4．复杂人假设

复杂人即权变人。它是假设随着人的发展与生活条件的变化，人们会因人、因事、因时、因地而不断变化出多种多样的需要，各种需要互相结合，形成了动机和行为的多样性，掺杂着善与恶混合的一种人性理论。这种假设是美国学者薛恩等人提出的。复杂人假设的主要观点如下。

（1）人的需要是多种多样的。人们是怀着许多不同的需要加入工作组织的，而且人的需要是随着人的发展和生活条件的变化而变化的。每个人的需要相同，需要的层次也因人而异。

（2）人在同一时期内会有各种需要和动机。它们会相互作用并整合为一个整体，形成复杂的动机模式。

（3）由于工作和生活条件的不断变化，人会不断产生新的需要和动机。

（4）个体在不同单位或同一单位的不同部门工作中，会产生不同的需要。

（5）由于人的需要不同，能力各异，对于不同的管理方式会有不同的反应。因此没有一套适合任何时代、任何组织和个人的、普遍的行之有效的管理方法。

1.3.2　激励理论

激励功能是人本管理的核心，是指激发员工工作动机、满足员工要求、实现组织目标的过程。研究表明，一个人在无激励状态下工作，只能发挥个人潜能的 20%～30%；但通过适当的激励，员工的潜能就能发挥 80%～90%。而发挥的程度就取决于激励的程度。连锁企业要做好人力资源工作，必须认识、了解员工的需要和动机，在此基础上建立的人力资源管理制度才有强大的生命力。

激励理论分为内容型激励理论、过程型激励理论和行为改造型理论三类。

1．内容型激励理论

内容型激励理论重点研究激发动机的诱因，主要有马斯洛的需要层次论、赫茨伯格的双因素论等。

（1）需要层次论。美国心理学家马斯洛在 1943 年发表的《人类动机的理论》一书中提出了需要层次论。

马斯洛把人的需要划分为五个层次，由低到高依次包括以下五个部分。

1）生理需要，是指人在食物、水、居住及其他方面的需求和欲望，是个人生存的基本需要。

2）安全需要，是指人保护自己免受身体和情感伤害的需求和欲望，包括心理上与物质上的安全保障，如不受盗窃和威胁，预防危险事故，职业有保障，有社会保险和退休基金等。

3）社交需要，是指人在友谊、爱情、归属及接纳方面的需求和欲望。人是社会的一员，需要友谊和群体的归属感，人际交往需要彼此同情互助和赞许。

4）尊重需要，是指人在受人尊重方面（如地位、认可和关注方面）的需要，以及在自我尊重方面的需要。

5）自我实现需要，是指人通过自己的努力，不断成长与发展，发挥自身潜能，取得成就和实现理想抱负，从而对生活和工作真正感到很有意义。

只有未被满足的优势需求才对员工具有激励作用，企业要了解员工的需要层次，并设法提供条件满足员工的需求。

（2）双因素论。双因素论是美国的行为科学家弗雷德里克·赫茨伯格提出来的。从大量的调查中发现，使职工感到满意的都是属于工作本身或工作内容方面的；使职工感到不满意的都是属于工作环境或工作关系方面的。他把前者称为激励因素，后者称为保健因素。

保健因素包括公司政策、管理措施、监督、人际关系、物质工作条件、工资水平、劳动保护、福利等。当这些因素恶化到人们认为可以接受的水平以下时，就会产生对工作的不满意。但是，当人们认为这些因素很好时，也只不过预防或消除了这种不满意，并不会导致积极的态度，不能起到真正的激励作用。那些能带来积极态度、满意和激励作用的因素就称为激励因素，主要包括：工作表现机会和工作带来的愉悦；工作上的挑战性和成就感；由于良好的工作成绩而得到赏识、奖励；对未来发展的期望；职务上的责任感。

2．过程型激励理论

过程型激励理论重点研究从动机产生到采取行动的心理过程，主要包括弗洛姆的期望理论、亚当斯的公平理论等。

（1）期望理论。期望理论是美国心理学家弗洛姆在其 1964 年出版的《工作与激励》一书中提出的。该理论认为人们之所以采取某种行为，是因为他们觉得这种行为可以有把握地达到某种结果，且这种结果对他有足够的价值。

用公式可表示为

激励力=效价（对奖酬的重视程度）× 期望值（得到奖酬的可能性）

期望理论为领导者提高员工的工作业绩指出了一系列可供借鉴的途径。例如，为了提高期望值，目标设置要具体可行，要根据员工的能力合理地指派工作和设定目标；注意培训员工以提高其完成任务的能力；创造有利于完成任务的条件；及时兑现报酬等。为了提高效价，奖励要针对人们最迫切要求满足的需要；对不同的人可根据其需求的不同给予不同的奖励。要通过各种渠道了解员工效价、期望值的变化情况，以及时采取措施维持其工作积极性。

（2）公平理论。公平理论是美国心理学家亚当斯在其 1965 年发表的《社会交换中的不公平》一书中提出的。公平理论认为：人是社会人，一个人的工作动机，不仅受其所得报酬绝对值的影响，而且受到相对报酬多少的影响。领导者必须对员工的贡献给予恰如其分的承认，否则员工就会产生不公平的感觉，直接影响今后工作的积极性。

3．行为改造型理论

行为改造型理论重点研究激励的目的，即改造、修正的行为，主要包括强化理论和归因理论。

（1）强化理论。强化理论是美国心理学家和行为学家斯金纳等人提出的。强化理论是以学习的强化原则为基础的关于理解和修正人的行为的一种学说。强化分为正强化和负强化。正强化就是奖励那些组织上需要的行为，从而加强这种行为，包括奖金、表扬、对成绩的许可、改善工作环境和人际关系、提升、担任挑战性的工作、给予学习和成长的机会等。负强化就是惩罚那些与组织不相容的行为，从而削弱这种行为，包括批评、处分、降级等，有时不给予奖励或少给奖励也是一种负强化。

（2）归因理论。归因理论是人力资源管理和社会心理学的激励理论之一，归因是指观察者为了预测和评价被观察者的行为，对环境加以控制和对行为加以激励或控制，而且对被观察者的行为过程所进行的因果解释和推论。

1958 年，海德在他的著作《人际关系心理学》中，从通俗心理学的角度提出了归因理论，该理论主要解决的是日常生活中人们如何找出事件的原因。海德认为人有两种强烈的动机：一是形成对周围环境一贯性理解的需要；二是控制环境的需要。而要满足这两个需要，人们必须有能力预测他人将如何行动。因此海德指出，每个人（不只是心理学家）都试图解释别人的行为，并都具有针对他人行为的理论。

海德认为事件的原因无外乎有两种：一是内因，如情绪、态度、人格、能力等；二是外因，如外界压力、天气、情境等。一般人在解释别人的行为时，倾向于性格归因；在解释自己的行为时，倾向于情境归因。

在归因时，人们经常使用两个原则：一是共变原则。它是指某个特定的原因在许多不同的情境下和某个特定结果相联系，该原因不存在时，结果也不出现，就可以把结果归于该原因，这就是共变原则。例如，一个人老是在考试前闹别扭、抱怨世界，其他时候却很愉快，则把闹别扭和考试连在一起，把别扭归于考试而非人格。二是排除原则。它是指如果内外因某一方面的原因足以解释事件，则可以排除另一方面的归因。例如，一个凶残的罪犯又杀了一个人，在对他的行为进行归因时就会排除外部归因，而归于他的本性等内在因素。

 小知识 1-2　凯利的归因理论

凯利在 1973 年提出，可以使用三种不同的解释说明行为的原因：归因于从事该行为的行动者；归因于行动者的对手；归因于行为产生的环境。以教授甲批评学生乙一事为例，既可归因于学生乙，如学生乙懒惰；也可归因于教授甲，如教授甲是个爱批评人的人；又可归因于环境，如环境使教授甲误解了学生乙。这三个原因都是可能的，问题在于要找出一个真正的原因。凯利认为，要找出真正的原因主要使用三种信息：一致性、一贯性和特异性。一致性是指该行为是否与其他人的行为相一致，如果每个教授都批评学生乙，则教授的行为是一致性高的。一贯性指行动者的行为是否一贯，如教授甲是否总是批评学生乙，如果是，则一贯性高。特异性是指行动者的行为在不同情况下对不同的人是否相同，如教授甲是否在一定情况下对学生乙如此，而对其他学生则不如此，如果是，则特异性高。凯利从这里引出结论，如果一致性低、一贯性高、特异性低，则应归因于行动者。这就是说，其他教授都不批评学生乙，教授甲总是批评学生乙，教授甲对其他学生也如此，此时应归因于教授甲。如果一致性高、一贯性高、特异性高，则应归因于对手。这就是说，每个教授都批评学生乙，教授甲总是批评学生乙，教授甲不批评其他学生，此时应归因于学生乙。如果一致性低、一贯性低、特异性高，则应归因于环境。这就是说，其他教授都不批评学生乙，教授甲也不总是批评学生乙，教授甲只是在一定情况下批评了学生乙，对其他学生未加批评，此时应归因于环境。凯利强调了三种信息的重要性，所以他的理论又称三度理论。这个理论是个理想化的模型，人们实际上往往得不到这个模型所要求的全部信息。在这种情况下，人们如何解释行为呢？凯利提出了因果图式的概念。人们在生活经验中形成某种看法，即图式，以此解释特定的行为。例如，父亲拥抱儿子这件事，可能有几个原因，一个是父亲是个热情的人，另一个是儿子做了什么好事。如果知道儿子没做什么好事，那么会认为父亲是个热情的人。如果知道父亲不是个热情的人，那么会认为儿子做了什么好事。

知识测试题

一、单项选择题

1. 人力资源的概念是由（　　）管理学家首次提出的。

A．加里·德斯勒　　　　　　　　B．彼得·德鲁克

C．费雷德里克·泰勒　　　　　　D．彼得·圣吉

2. 下列不属于连锁企业人力资源管理特点的是（　　）。

A．复杂性　　　B．超前性　　　　C．复合性　　　　　D．不可复制性

3．人性假设理论的发展历程为（　　　）。

A．经济人—社会人—自我实现人—复杂人

B．经济人—社会人—复杂人—自我实现人

C．社会人—经济人—复杂人—自我实现人

D．社会人—经济人—自我实现人—复杂人

二、多项选择题

1．下列属于连锁企业人力资源特征的是（　　　）。

A．可再生性　　　　　　　　B．时效性

C．开发的连续性　　　　　　D．社会性

2．连锁企业人力资源管理的职能包括（　　　）。

A．人力资源规划与工作分析　　B．招聘与使用

C．培训与开发　　　　　　　D．薪酬管理

3．内容型激励理论包括（　　　）。

A．需求层次论　　　　　　　B．归因理论

C．双因素论　　　　　　　　D．期望理论

三、简答题

1．谈谈现代人力资源管理和传统人事管理的区别。

2．连锁企业人力资源部应当扮演的角色有哪些？

3．假设你是连锁企业人力资源部门的经理，你将如何开展人力资源管理工作？

 案例分析

人力资源管理者的困惑

　　一家大型出口型制造企业是所在市的出口创汇大户，其产品无论在产量、质量、技术含量还是市场占有率上，均居于世界领先水平。但这家公司沿袭了中国众多制造企业的通病，在企业内部，以产品制造、技术研发为核心部门，其余部门均被明确定位在为生产一线配合的"服务部门"，小张所处的人力资源部也是这样一个定位。

　　小张来这家公司前，是另一个城市一家中型企业的人力资源经理，来这家公司后一直担任招聘主管。在他担任招聘主管后的一年时间里，人力资源部的招聘工作得到了极大的改善，人员到位情况不再被各部门投诉，似乎一切情况都在不断地好起来。然而，在这种情况下，小张逐渐发现，公司各部门几乎没有自己的用人计划，各部门尤其是生产线的主管，没有人员的需求计划，往往是人员离职后再向人力资源部提出增员需求，同时在公司扩展新业务时，在确定业务如何开展的经理联席会议上，听不到也看不到新业务中对人员的需求计划。人力资源经理也没有就此提出要求，往往是到了新业务确定前两周甚至一周才通知人力资源部要招聘人员，

给小张的招聘工作带来极大的压力（但小张提出增加招聘人员配备时没有被批准）。而往往在小张费力地将这些事情搞定后，却发现用人部门在部门人员的留用上极其不慎重，任何一个人员，只要觉得不适合，立即决定将其辞退，造成人员断链。小张在不断地处理这些异常过程中，积极地与各部门主管沟通，逐渐将这些不良现象予以纠正，但这样的工作也使小张筋疲力尽，于是向主管提出轮岗，希望在人力资源内部进行工作的重新调配。

主管接受了小张的要求，安排小张负责公司的绩效考核工作，同时，小张在招聘岗位上所取得的成绩也得到各部门的认可，为此，部门、科室内部准备将小张提升。适逢小张的直接主管外出培训三个月，临走前征求小张的意见，是否向同事宣布由小张暂代其履行职责。小张拒绝了这一提议，因为小张考虑到同事中他是最没有资历的一个，恰公司业务在这个关口又极其繁忙。为了稳定，小张建议由各位同事自主管理，直接跟部门主管沟通安排工作，小张只是在同事有需要帮助时，再出面处理。

尽管小张如此慎重处理，但他还是发现，以前很铁的几个同事，现在已经逐渐生疏，和小张的工作配合也不再像以前那样默契，对此，小张心里充满困惑。

问题：

（1）如何才能使生产制造型企业重视人力资源工作？

（2）如何推动自己的主管更主动地参与公司人力资源管理工作？

（3）如何才能更好地协调小张与同事在部门内的关系？

 ## 实训项目

组织学生进行当地连锁企业人力资源管理状况调查，调查内容主要包括当地连锁企业对人力资源管理的认识和重视状况及人力资源管理现状。通过调查，让学生认识人力资源管理思想在连锁企业发展中的重要作用，认识目前连锁企业人力资源管理现状。

步骤及要求：

（1）将全班同学3~5人分为一组。

（2）自行设计一份较简短合理的调查问卷。

（3）选定当地一些连锁企业的人力资源管理工作者为调查对象进行问卷调查。

（4）各组汇总资料。

（5）各组分析本地连锁企业人力资源管理认识和重视状况，以及其人力资源管理现状，分析不足及原因，并提出合理化建议。

（6）各组在班级进行总结汇报。

第 2 章

连锁企业人力资源规划

Q 公司人力资源战略目标的制定

成立于 2010 年的 Q 公司，在经历 2013—2014 年的高速扩张后，于 2015 年年初放缓了发展的脚步，因为总经理感受到高速扩张带来的两个头痛问题：一是高速扩张后带来的管理人才紧缺，管理机制出了一些问题；二是企业的发展方向，经过几年的发展，企业已经发展壮大了，资金已经不再是制约公司发展的一个关键问题，但未来的投资领域在哪里？

于是，总经理调整了公司的战略，决定 2015 年以完善公司内部管理为基础，以优化企业的人力资源为关键，并且专门找了一家咨询公司对公司进行诊断和咨询，整理出了公司的战略发展计划。

1. 愿景

致力于成为高效、优质、服务良好的公司，建立以管理和先进研发技术为核心竞争力的光通信产品供应商。

2. 使命

享受沟通的快乐。

3. 战略

（1）整合企业价值体系，创建具有 Q 公司特色的企业文化。

（2）以优良的办公和内部环境吸引人，建设高绩效的管理团队，合理配置人力资源。

（3）以客户服务为中心，建立优质服务体系。

（4）建设高效的运作流程，使公司高效运作。

（5）实行全员质量管理。

（6）加强与外界的技术交流，提高技术研发能力，创造优质产品。

（7）以社会责任为己任，尽公司所能捐赠慈善事业和参加其他公益活动，树立公司良好形象。

4. 人力资源战略目标

（1）人员规划。2016 年 1 980 人；2017 年 2 200 人；2018 年 2 500 人；2019 年 2 800人；2020 年 3 000 人。

（2）人员素质结构比例。到 2019 年，博士 1%；硕士 5%；本科 10%；大专 40%；中专（包括技校和高中）30%；其他 14%。

（3）人员总体结构比例。管理人员 12%；技术人员 20%；生产人员 50%；生产管理 8%；其他 10%。

（4）员工培训。管理干部全年不低于 80 小时；技术、管理职员全年不低于 60 小时；一般员工全年不低于 30 小时。

（5）员工流失率。员工流失率不低于 3%，不高于 8%。

（6）工资调整幅度。结合公司经营情况及上一年的目标完成情况，公司总体工资按 2% 的比例上浮。

问题： Q 公司是如何根据企业战略制定人力资源战略目标的？Q 公司人力资源战略目标的作用有哪些？

本章学习目标

通过本章的学习，学生应该掌握以下内容：

1. 了解连锁企业人力资源规划的含义与主要内容；
2. 掌握连锁企业人力资源规划的程序；
3. 掌握连锁企业人力资源需求预测的方法；
4. 掌握连锁企业人力资源供给预测的方法；
5. 理解连锁企业人力资源供求平衡政策。

学习导航

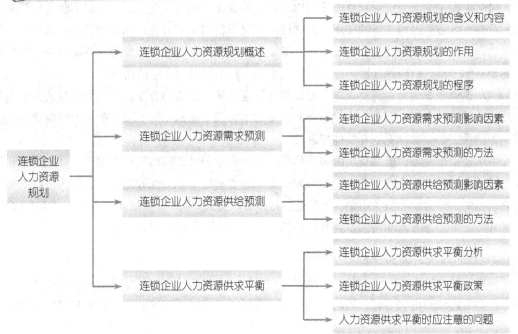

连锁企业人力资源规划

- 连锁企业人力资源规划概述
  - 连锁企业人力资源规划的含义和内容
  - 连锁企业人力资源规划的作用
  - 连锁企业人力资源规划的程序
- 连锁企业人力资源需求预测
  - 连锁企业人力资源需求预测影响因素
  - 连锁企业人力资源需求预测的方法
- 连锁企业人力资源供给预测
  - 连锁企业人力资源供给预测影响因素
  - 连锁企业人力资源供给预测的方法
- 连锁企业人力资源供求平衡
  - 连锁企业人力资源供求平衡分析
  - 连锁企业人力资源供求平衡政策
  - 人力资源供求平衡时应注意的问题

 职业指导

　　市场环境变化多端，影响市场的因素错综复杂，给连锁企业规划自身资源配置带来了困难。每一次突发事件都可能导致企业内部经营活动的波动，使企业对资金、材料、人力的需求发生变化。人力资源不同于其他资源，其流动性较差，很难在短时间内减少或增加劳动力。为了不因突然的变动影响企业的平稳发展，有必要提前做好人力资源规划。因此，很多企业都有专门的人力资源规划专员。该岗位人员的主要工作职责包括：定期进行企业人力资源需求调查并进行需求分析与预测；根据企业的发展方向及经营目标，制定公司年度人力资源战略规划；了解企业人力资源使用状况，收集整理相关数据，上报人力资源规划经理；协助人力资源规划经理进行人力资源的补充、培训、晋升、配备等的规划。

2.1 连锁企业人力资源规划概述

2.1.1 连锁企业人力资源规划的含义和内容

1. 连锁企业人力资源规划的含义

　　连锁企业人力资源规划，是指根据连锁企业的发展战略，科学预测、分析其在环境变化中的人力资源供给和需求状况，制定相应的政策和措施，确保企业在需要的时间和岗位上获得各种所需的人才，使企业和个人都能得到长远利益的规划。

　　连锁企业人力资源规划是连锁企业发展战略的重要组成部分，也是企业各项人力资源管理活动的依据。

　　连锁企业人力资源规划主要有三个层次的含义。

　　（1）连锁企业人力资源规划要适应内外环境的变化。连锁企业的内外环境不断变化，对连锁企业在许多方面提出了新的要求。在这样的情况下，如果不对自己的发展做出长远规划，就会导致失败的局面。俗话说，人无远虑，必有近忧。人力资源规划是要对这些动态变化进行科学的预测和分析，以确保连锁企业在近期、中期、长期对人力资源的需求。

　　（2）连锁企业人力资源规划的主要工作是制定政策、措施和方案。人力资源政策和措施关系到企业目标的实现，因此，连锁企业只有制定出客观、正确、切实可行的人力资源政策和措施，才能保证企业目标安全有效的实现。

　　（3）连锁企业人力资源规划的最终目标是要使企业和员工都得到长期的利益。连锁企业的人力资源规划要创造良好的条件，充分发挥员工的主动性、积极性和创造性，使每个员工都能提高自己的工作效率和服务质量，使企业的目标得以实现。同时，要切实关心企业员工在物质、精神和职业发展等方面的需求，并帮助他们在为企业做出贡献的同时实现个人目标。

2. 连锁企业人力资源规划的内容

　　从内容的性质上讲，企业的人力资源规划可以分为战略计划和策略计划。战略计划阐述了人力资源管理的原则和目标；策略计划则重点强调了具体每项工作的实施计划和操作步骤。一

个完整的人力资源规划应该包括以下几个方面。

（1）总体规划。人力资源总体规划是指在计划期内人力资源管理的总目标、总政策、实施步骤和总预算的安排。

（2）人员需求规划。人员需求规划是连锁企业根据组织运行的情况，对企业可能产生的空缺职位加以弥补的计划，旨在促进人力资源数量、质量的改善，是企业吸收员工的依据。一般来讲，人员需求计划是和人员晋升计划相联系的，因为晋升计划会造成组织内的职位空缺逐渐向下移动，最后积累到较低层次的人员需求上来。较高的职位也会有空缺，有时必须从外部劳动力市场以较大的代价方能获得。所以，在企业进行招聘录用活动时，必须考虑若干年后员工的使用情况，只有在人员的安排和使用上用发展的观点看问题，才能制定合理的人员补充计划，使企业的每个发展阶段都有适当的人选胜任工作要求。

（3）人员配置规划。人员配置规划阐述了连锁企业每个职务的人员数量、人员的职务变动、职务空缺数量等。企业人员在未来职位上的安排和使用，是通过企业内部人员有计划地流动实现的，这种人员流动计划称为配置计划。配置计划对于企业来讲是非常必要的：当企业要求某种职务的人员同时具备其他职务的经验和知识时，就应使之有计划地流动，以培养高素质的复合型人才；当上层职位较少而等待提升的人较多时，通过配备计划进行人员的水平流动，可以减少他们的不满，等待上层职位的空缺；在企业人员过剩时，通过配备计划可以改变工作分配方式，对企业中不同职位的工作量进行调整，解决工作负荷不均的问题。所以，人员配置计划能够使人力资源结构不断得到优化。

（4）人员供给规划。人员供给规划是根据企业对员工的需求，通过内、外部招聘等方式，采取内、外部流动政策，以获取员工的计划。企业通过分析劳动力过去的人数、组织结构构成，以及人员流动、年龄变化和录用等资料，就可以预测出未来某个特定时期的供给情况。预测结果显示出了企业现有人力资源状况，以及未来在流动、退休、淘汰、升职及其他相关方面的发展变化情况。

（5）教育培训规划。为了提升连锁企业现有员工的素质，适应企业发展的需要，对员工进行培训是非常重要的。培训计划包括培训政策、培训需求、培训内容、培训形式、培训考核等内容。据报道，肯德基公司在中国特别建有适用于当地餐厅管理的专业训练系统及教育基地——教育发展中心。这个基地成立于 1996 年，专为餐厅管理人员设立，每年为来自全国各地的 2 000 多名肯德基的有前途的员工提供上千次的培训课程，中心大约每两年会根据企业不同时期可能产生的职务需求，对旧有教材进行重新审定和编写。培训课程包括品质管理、产品品质评估、服务沟通、有效管理时间、领导风格、人力成本管理和团队精神等。当职位出现空缺时，人员培训计划已经完成，对公司的发展起到了相当大的推动作用。

（6）薪酬激励规划。为了保证连锁企业人工成本与经营状况之间的恰当比例关系，充分发挥薪酬的激励功能，制定薪酬激励规划，首先对未来的薪酬总额进行预算，并设计、制定、实施未来一年的激励措施，以充分调动员工的积极性。

（7）退休解聘规划。连锁企业每年都会有一些人因为达到退休年龄或合同期满，企业不再续聘等原因而离开企业。在经济不景气、人员过剩时，有的企业还常常采取提前退休、买断工龄甚至解聘等特殊手段裁撤冗员。在这些方面，企业都应根据人员状况提前做好规划。

（8）职业规划。一个人的成长与发展只有在企业中才能实现，因而职业规划不仅是个人的事，也是企业必须关心的事。这里所说的职业规划，是企业为了不断增强其员工的满意感，并使其能与企业的发展和需要统一起来而制定的协调有关员工个人的成长、发展与企业的需求发展相结合的规划。其主要内容是企业对员工个人在使用、培养等方面的特殊安排。一般情况下，企业不可能也没必要为所有员工都制定职业规划，职业规划的主要对象应该是企业骨干。

（9）劳动关系规划。劳动关系规划即关于如何减少和预防劳动争议，改进劳动关系的规划。

（10）人力资源费用预算。以上各方面都或多或少地涉及费用问题，要在制定各项预算的基础上，制定人力资源的总预算。

上述 10 个方面是相互关联的。例如，教育培训规划可能使部分岗位空缺，因而需要人员需求规划；人员需求规划以人员配置规划为前提；人员需求规划的有效执行需要有教育培训规划、薪酬激励规划。

2.1.2 连锁企业人力资源规划的作用

对于连锁企业各项具体的人力资源管理活动而言，人力资源规划不仅具有先导性和全局性，它还能不断地自觉调整人力资源政策和措施，指导人力资源活动的有效进行。具体来说，人力资源规划在连锁企业人力资源管理活动的作用主要体现在以下几个方面。

1．人力资源规划是连锁企业发展战略总规划的核心要件

人力资源规划是一种战略规划，主要着眼于为未来的企业生产经营活动预先准备人力，持续和系统地分析企业在不断变化的条件下对人力资源的需求，并开发制定与企业组织长期效益相适应的人事政策。因此，人力资源规划是连锁企业整体规划和财政预算的有机组成部分，是连锁企业发展战略总规划的核心内容。

2．确保连锁企业生存发展对人力资源的需求

现代社会变化很快，在日趋激烈的市场竞争大环境中，产品的更新换代速度加快，一项新技术的研究、应用和产业化周期大为缩短，这就意味着企业要不断地采用新技术和新工艺，以提高劳动生产率。从人力资源供给的角度看，企业如果不能事先对内部的人力资源状况进行系统分析，采取有效措施，或者挖掘现有员工的潜力，提高他们的素质，或者从外部招聘高素质人才，企业势必会面临人力资源短缺的状况。所以，人力资源规划需要做到未雨绸缪。另外，企业内部的因素也在不断地变化，如岗位的调动、职务的升降、辞职、辞退、退休等因素，必将影响人力资源的数量和质量，因此，同样需要对人力资源规划进行适时的调整。

3．有利于降低人力资源成本

连锁企业的人工成本中最大的支出是工资，而工资总额在很大程度上取决于企业中的人员分布状况，即处于不同职务或不同级别的员工的数量构成。就一般情况而言，企业发展初期，低工资的员工相对较多，人力资源成本相对较低；企业进入成熟期后，整体规模相应扩张，人

力资源的数量和质量均已提高，人力资源成本必然是"水涨船高"。考虑到市场竞争激烈、通货膨胀加剧等因素，人力资源成本还可能令企业难以负担。如果不进行人力资源规划或人力资源规划不切合实际，必然使企业在人力资源成本方面处于被动局面。

4．有助于满足员工的需求和调动员工的积极性

人力资源规划不仅是面向连锁企业的计划，也是面向员工的计划。人力资源规划展示了企业内部未来的发展机会，使员工能充分了解自己的哪些需求可以得到满足及满足的程度。如果员工明确了那些可以实现的个人目标，就会去努力追求，在工作中表现出积极性、主动性、创造性。否则，在前途和利益未知的情况下，员工就会表现出干劲不足，甚至有可能采取跳槽的方法实现自我价值。如果有能力的员工流失过多，就会削弱企业实力，降低士气，从而进一步加速员工流失，使企业的发展陷入恶性循环。许多企业面临着源源不断的员工跳槽，表面上看来这是因为企业无法给员工提供优厚的待遇或晋升渠道，其实是显示了企业人力资源规划的空白或不足。

5．提高人力资源利用效率

人力资源计划可以通过控制人员结构和职务结构，来避免连锁企业发展过程中因人力资源浪费产生过高的人力成本，使其一定时期内的人力成本是可预计和确定的。因为通过人力资源计划的预测，可以有效调整人员结构使其尽可能合理化。

2.1.3　连锁企业人力资源规划的程序

连锁企业人力资源规划要求企业站在自身战略的角度制定战略性人力资源规划。战略性人力资源规划要求规划主体在组织愿景、组织目标和战略规划的指引下针对人力资源活动的特点，战略性地把握人力资源的需求与供给，站在战略的高度动态地对人力资源进行统筹规划，努力平衡人力资源的需求与供给，从而促进组织目标的实现。一般来讲，其基本流程如下。

1．认识组织愿景、组织目标和战略规划

人力资源战略规划主体只有充分认识组织愿景、组织目标和战略规划，所制定的人力资源规划方案才能有效地协调人力资源活动和组织活动，保证人力资源规划的实施能够促进组织实现其组织愿景和组织目标。

2．认识组织目标对人力资源活动的影响

人力资源规划主体在充分认识组织愿景、组织目标和战略规划的前提下，还必须认识到组织目标对人力资源活动的影响，从而有针对性地开展相应的人力资源规划活动，制定相应的人力资源规划方案，以协调和支持战略规划的实施，从而促成组织愿景和组织目标的实现。

3．编制组织发展对人力资源的需求清单

人力资源的两个任务之一是获取未来人力资源的需求清单。在编制未来人力资源需求清单时应当运用统筹的方法，系统、动态地考虑由于职位变动和组织发展而导致的人力资源需求。

4．分析组织内部人力资源供给的可能性

人力资源规划主体在编制人力资源需求清单之后应当分析组织内部人力资源供给的可能性，编制内部人力资源供给清单。人力资源规划主体在分析组织内部人力资源供给的可能性时主要有建立"技能清单数据库"、利用"职位置换图"、制定"人力持续计划"等方法。

5．分析组织外部人力资源供给的可能性

当组织内部的人力资源供给无法满足组织未来的人力资源需求时，人力资源规划主体就应当审视组织外部人力资源供给能够满足组织未来人力资源需求的可能性，编制外部人力资源供给清单，从而主动地利用组织外部的条件来支持战略计划的实施，促成组织愿景和组织目标的实现。

6．编制符合人力资源需求清单的人力资源供给计划

人力资源规划主体在充分认识组织未来人力资源需求和组织内部与外部人力资源供给可能性的基础上，应当着手编制人力资源供给计划，平衡组织未来人力资源的需求与供给，从而为组织战略规划的实施提供人力资源方面的支持。

7．制定人力资源规划的实施细则和控制体系

人力资源规划的实施本身需要一套严格的实施细则和控制体系，这样人力资源规划的实施才能具备相应的控制方法、控制标准及纠偏措施。

8．实施人力资源规划并对其进行跟踪控制

人力资源规划的实施细则及控制体系建立以后，就可以着手进行人力资源规划的实施。在实施过程中，应当进行实时跟踪控制，保证人力资源活动不偏离战略规划的轨道。

9．采取纠偏措施和重新审视组织愿景、目标和规划

人力资源规划是一个具有闭环特征的程序，因此在实施过程中应当对其进行及时跟踪，及时发现偏差，并采取相应的纠偏措施，从而保证人力资源规划与战略规划保持协调一致。人力资源规划应当持续地审视组织愿景和组织目标，保证人力资源规划能够有利于组织愿景和组织目标的实现，提高自身运作的有效性。

综上所述，基于战略的连锁企业人力资源规划要求人力资源规划主体在人力资源规划程序的所有环节中都应当站在战略的高度，充分审视组织自身的资源条件和组织外部环境，在组织愿景、组织目标及战略规划的指引下制定组织未来人力资源需求清单，以及相应的人力资源供给计划，从而支持战略规划的实施，促进组织愿景和组织目标的实现。

2.2 连锁企业人力资源需求预测

连锁企业人力资源预测，是指在连锁企业发展评估的基础上，对未来一定时期内人力资源状况的假设。人力资源规划的目的是使组织人力资源供需平衡，保证组织长期持续发展和员工个人利益的实现。连锁企业人力资源需求预测是指连锁企业为实现既定目标而对未来所需员工

数量、质量和结构的估算。

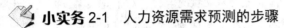 **小实务 2-1　人力资源需求预测的步骤**

人力资源需求预测可以分为现实人力资源需求预测、未来人力资源需求预测和未来流失人力资源需求预测。具体步骤包括以下几个方面。

（1）根据职务分析的结果，确定职务编制和人员配置。

（2）进行人力资源盘点，统计出人员的缺编、超编及是否符合职务资格要求。

（3）将上述统计结论与部门管理者进行讨论，修正统计结论。

（4）该统计结论为现实人力资源需求。

（5）根据企业发展规划，确定各部门的工作量。

（6）根据工作量的增长情况，确定各部门还需增加的职务及人数，并进行汇总。

（7）该统计结论为未来人力资源需求。

（8）对预测期内退休的人员进行统计。

（9）根据历史数据，对未来可能发生的离职情况进行预测。

（10）将（8）、（9）两项的统计和预测结果进行汇总，得出未来流失人力资源需求。

（11）将现实人力资源需求、未来人力资源需求和未来流失人力资源需求汇总，即得到整体人力资源需求预测。

2.2.1　连锁企业人力资源需求预测影响因素

一个企业对各种人力资源的需求取决于其生产、服务的需要，取决于其投入与产出（或服务）之间的关系及企业的劳动生产率等因素。例如，扩大规模、增加产品和服务，需要的人员就会增加；反之，如果预测市场对产品的需求下降，就要减少员工数；企业自动化水平的提高，需的人员就会减少，但对人员的知识、技术与技能的要求也会随之提高。员工的数量还与其他多种考虑有关，如为了降低成本，改善工作效率，在保持现有产出甚至提高现有产出的前提下，也可能减少员工数量。随着环境的动态变化，企业对人力资源的需求也发生着动态的变化，具体反映在岗位工作特性及相关技能将随着技术的发展而有所变化。

为了进一步说明问题，可以将影响连锁企业人力资源需求的主要因素归结为三大类，即企业外部环境因素、企业内部因素及人力资源自身因素，如表 2-1 所示。

表 2-1　人力资源需求的影响因素

企业外部环境	企业内部	人力资源自身
经济 社会、政治、法律 技术 竞争者	战略目标规划 预算 生产和销售预测 新建部门或企业扩张 工作设计	退休 辞职 合同终止解聘 死亡 休假

1．企业外部环境因素

经济环境包括企业未来的发展趋势、社会经济发展状况等，它对企业人力资源需求影响较大，其可预测性较弱。社会、政治、法律因素虽然容易预测，但其何时对企业有真正的影响却难以确定。例如，虽然 2015 年出台了最新《劳动法》，但执行上有一个滞后期，不可能各条款都同时得到不折不扣的执行。技术革新对企业人力资源影响较大，如第二次工业革命，大大提高了劳动生产率，使对人力资源的需求减少。如今的第四（或五）次科技革命，势必对企业技术有机构成产生巨大影响。企业外部竞争者的易变性导致社会对企业大批需求或劳动需求的变化，这必然引起企业人力资源需求的变化。

小资料 2-1 某连锁餐饮企业人力资源需求预测

一个连锁餐饮企业期望在未来的三年里，使年销售额从 1 200 万元上升到 2 400 万元。企业的战略规划小组在对企业的外部环境进行分析时，发现企业外部环境发生了下列变化：一是有许多新的连锁餐饮企业已经进入市场领域；二是顾客的年龄构成正在向老龄化发展，他们寻求的是方便、可口、便宜；三是顾客对价格较为敏感；四是对口味、卫生的要求更高。餐饮公司认为要实现企业的经营目标必须增加服务人员的数量。那么销售额增加一倍，服务人员是否也要增加一倍呢？

前沿话题 2-1　市场呼唤专业"大数据"技术人才

从 2014 年 8 月 15 日举行的大数据时代企业创新发展高峰论坛了解到，随着海量数据的获取、存储和处理方法和技术的飞速发展，带动了行业人才的爆炸式需求，市场需求更多"大数据"专业技术人才。

中国科学院大学副校长董军社表示，伴随互联网以及移动互联网的快速普及，海量数据获取、存储与处理方法与技术得到广泛发展，大数据在各行各业备受关注。大数据对市场参与者而言，意味着更多的创新机会。大数据产业的蓬勃发展，带动了行业人才的爆炸式需求，互联网大数据时代专业技术人才资源匮乏与市场需求激增的矛盾凸显。机遇与危机并存，在大数据的应用方面还存在许多新问题，不当的使用可能导致严重的误判，因此大数据时代呼唤大数据分析和挖掘方面的高层次专门人才。

工业和信息化部软件司处长王沂刚认为，人才是大数据发展的核心环节。下一步，工信部将继续关注大数据发展动态，努力营造良好的产业发展环境，支持大数据关键数据的创新和研发，推动产业人才的培养与引进，加快推进大数据的发展和应用。

论坛同时启动"国家信息技术紧缺人才培养工程（NITE）"项目，中国科学院大学管理学院携手工信部，立足当前市场需求，为正在从事和未来有志于从事大数据领域的专业人员搭建一个提高技术水平和商业实战的平台，培养具备专业能力的创新高科技人才。

2．企业内部因素

企业的战略目标规划决定了其发展速度，决定了企业新产品的开发和试制及产品市场的覆盖率等，所以说它是影响人力资源需求的最重要因素。企业产品或劳务的销售预测及企业预算对人力资源需求也有直接影响。如果企业需要新建部门机构或分公司等，其人力资源需求量也要相应增加。此外，它还取决于劳动定额的先进与合理程度。

3．人力资源自身因素

企业人员的状况对人力资源需求也有重要影响。例如，退休、辞职人员数量的多寡，合同期满后终止合同的人员数量，死亡、休假人数等都直接影响人力资源的需求量。

对于连锁企业来说，发展和扩张是它的内在要求，连锁企业的发展方向（如行业选择和区域选择）和扩张方式（如不断开发新门店等）都将对人力资源需求产生很大的影响。所以连锁企业人力资源的开发和预测尤为重要。连锁企业的战略目标规划、连锁企业的扩张、连锁企业发展的规模和速度是影响连锁企业人力资源需求的最重要因素。

2.2.2　连锁企业人力资源需求预测的方法

小知识 2-1　人力资源需求预测层次

人力资源需求预测按其精确程度可分为四级，如表 2-2 所示。

表 2-2　人力资源需求预测技术等级

Ⅰ级	Ⅱ级	Ⅲ级	Ⅳ级
管理人员讨论企业短期内经营目标及人力资源需求 该阶段具有较强主观性	人力资源需求的年度预算计划尽可能注重人才需求的数量和质量，明确需要采取的行动的全部或局部问题	利用计算机检索人力资源流动的趋势，减少管理人员的负担	采用数学模型或其他计算机仿真模型来预测人员流动，建立系统完整的人力资源信息系统，与其他机构随时交换各种人力资源信息

Ⅰ级最为简单，Ⅳ级最为复杂、精确。一般情况下，较小的企业人力资源需求预测均从Ⅰ级开始，随着企业规模的扩大、预测经验的丰富，逐步向高级预测技术阶段发展。

连锁企业人力资源需求预测的方法包括定性方法和定量方法。

1．人力资源需求预测的定性方法

人力资源需求预测的定性方法是利用有关人员的经验对未来人力资源需求做出判断，常用的方法主要包括管理评价法和德尔菲法。

（1）管理评价法。管理评价法是预测人力资源需求最常用的方法，它是由高层主管、部门经理、人力资源经理等人员预测和判断连锁企业在某一时段对人力资源的需求。它可以分为上级估计法和下级估计法两种。前者由高层领导根据组织发展战略、经营环境的变化预测人员需求；后者是首先由基层管理人员根据生产能力、员工流失等情况预测人员需求，然后向上级主管部门汇报。预测人员需求的主要依据包括组织目标、生产规模、市场需求、销售规模、人员配置及流动性等。管理评价法的主要缺点是具有较强的主观性，受判断依据及判断者经验的影响较大。它通常应用于中短期的预测，并且在预测中将上级估计法和下级估计法结合起来运用。

（2）德尔菲法。德尔菲原为古希腊的城市名，该城因为有一座传说中的神谕灵验、可预测未来的阿波罗神殿而出名。该方法是美国兰德公司在 20 世纪 40 年代末首创的一种预测方法。它主要依赖于专家的知识、经验和分析判断能力，有利于对人力资源的未来需求做出预测。

德尔菲法的特征：吸收专家参与预测，充分利用专家的经验和学识；采用匿名或背靠背的方式，使每位专家独立自由地做出自己的判断；预测过程经过几轮反馈，专家的意见逐渐趋同。

德尔菲法的特点使它成为一种最为有效的判断预测法。德尔菲法的操作程序可简要地概括为四步。第一步，预测筹划。预测筹划工作包括：设立负责预测组织工作的临时机构，选择 15 ～ 20 名熟悉人力资源工作的专家。第二步，由专家进行预测。预测机构把包含所要预测的人力资源状况、要求、影响因素等相关材料寄送给各位专家，各专家以匿名方式独自对问题做出判断或预测，且以书面形式报告给预测机构。第三步，进行统计与反馈。专家意见汇总后，预测机构对各专家的意见进行统计分析，综合成新的预测表，并把它再分别寄送给各位专家，由专家们对新预测表做出第二轮判断或预测。如此反复经过几轮（通常为 3 ～ 4 轮），专家的意见趋于一致。第四步，表述预测结果，即由预测机构把经过几轮专家预测而形成的结果以文字或图表的形式表现出来。

德尔菲法应注意的地方：由于专家组成员之间存在身份和地位上的差别，以及其他社会原因，有可能使其中一些人因不愿批评或否定其他人的观点而放弃自己的合理主张。要防止这类问题的出现，必须避免专家们面对面的集体讨论，而是由专家单独提出意见；对专家的挑选应基于其对企业内外部情况的了解程度。专家可以是第一线的管理人员，也可以是企业高层管理人员或外请专家。例如，在估计未来企业对劳动力需求时，企业可以挑选人事、计划、市场、生产及销售部门的经理作为专家；提供给专家的信息和背景资料尽可能要完整、真实；专家的预测结果最好应说明其依据。

从德尔菲法的应用情况来看，它具有以下优点：能够发挥各位专家的不同作用，集思广益，准确度高；采取单独联系，有利于专家独立思考，避免了互相之间的干扰，能做出准确预测；多轮反馈修改，有利于各位专家参考别人的意见和判断，使预测结果更为接近现实。

德尔菲法的应用在下列状况下较为理想：一是，所预测的问题已超过一般统计的预测能力范围；二是，外在环境复杂多变，相互关联，难以模型化；三是，依靠个人的判断或预测难以胜任；四是，问题的特性适合团体讨论，而且能够有一致倾向的特性。

2．人力资源需求预测的定量方法

人力资源需求预测的定量方法主要有趋势分析法、比例分析法、工作负荷预测法、统计预测法。

（1）趋势分析法。趋势分析法是利用组织的历史资料，根据某个因素的变化趋势预测相应的人力资源需求。例如，根据一个公司的销售额及历史上销售额与人力资源需求的比例关系，确定一个相对合理的未来比例，然后根据未来销售额的变化趋势来预测人力资源需求，如表 2-3

所示。

表 2-3 人力资源需求趋势分析

年 份	销售额（万元）	劳动生产率（销售额/员工数，万元/人）	人力资源需求量（人）
2010	2 351	14.33	164
2011	2 613	11.12	235
2012	2 935	8.34	352
2013	3 306	10.02	330
2014	3 613	11.12	325
2015	3 748	11.12	337
2016*	3 880	12.52	310
2017*	4 095	12.52	327
2018*	4 283	12.52	342
2019*	4 446	12.52	355

注：带*的年份为预测年份。

（2）比例分析法。比例分析法是在组织的技术工艺与管理模式相对稳定的情况下，当组织规模变动时，根据某类相对容易准确核定的人员需求数量来预测其他人员需求数量。例如，根据一线生产工人的需求预测辅助工人、专业技术人员与管理人员数量，从而预测总体人力资源需求。假设某工厂生产工人和辅助工人的比例是 1∶3，即每招聘一名生产工人，需要配置三名辅助工人。

（3）工作负荷预测法。工作负荷预测法是根据工作分析的结果算出劳动定额，再按未来的产品生产量目标算出总工作量，然后折算出所需人数。可以用公式表示为

未来每年所需员工数=未来每年工作总量÷每年每位员工所能完成的工作量

=未来每年的总工作时数÷每年每位员工工作时数

例如，某工厂新设一车间，其中有四类工作。现拟预测未来三年操作所需的最低人力数。

第一步，根据现有资料得知这四类工作所需的标准任务时间为 0.5 小时/件、2.0 小时/件、1.5 小时/件、1.0 小时/件。

第二步，估计未来三年每类工作的工作量（产量），如表 2-4 所示。

表 2-4 某企业每类工作的工作量　　　　　　　　　　单位：件

时间 工作	第一年	第二年	第三年
工作 1	12 000	12 000	10 000
工作 2	95 000	100 000	120 000
工作 3	29 000	34 000	38 000
工作 4	8 000	6 000	5 000

第三步，折算为所需工时数，如表 2-5 所示。

表 2-5 某新设车间的工作时数估计   单位：小时

工作 \ 时间	第一年	第二年	第三年
工作 1	6 000	6 000	5 000
工作 2	190 000	200 000	240 000
工作 3	43 500	51 000	57 000
工作 4	8 000	6 000	5 000

第四步，根据实际的每人每年可工作时数，折算所需人力。

假设每人每年工作小时数为 1 800 小时，从表中数据可知，未来三年所需的人力数分别为 138 人、147 人和 171 人。

（4）统计预测法。统计预测法是根据过去的情况和资料建立数学模型并由此对未来趋势做出预测的一种非主观方法。常用的统计预测法有比例趋势法、经济计量模型法、一元线性回归预测法、多元线性回归预测法、非线性回归预测法等。

1）一元线性回归预测法。人力资源需求预测中，如果只考虑组织的某一因素对人力资源需求的影响，如企业的产量，而忽略其他因素的影响，就可以用一元线性回归预测法；如果考虑两个或两个以上因素对人力资源需求的影响，则须用多元线性回归预测法；如果历史数据显示，某一因素与人力资源需求量之间不是一种直线相关的关系，那么用非线性回归法来做预测。一元线性回归预测法是在实践中用得比较多的一种方法。

2）比例趋势法。比例趋势法通过研究历史统计资料中的各种比例关系，如管理人员同工人之间的比例关系，考虑未来情况的变动，估计预测期内的比例关系，从而预测未来各类职工的需要量。这种方法简单易行，关键就在于历史资料的准确性和对未来情况变动的估计。

3）经济计量模型法。经济计量模型法是先将公司的职工需求量与影响需求量的主要原因之间的关系用数学模型的形式表示出来，依此模型及主要因素变量来预测公司的职工需求。这种方法比较复杂，一般只在管理基础比较好的大公司里才采用。

2.3 连锁企业人力资源供给预测

连锁企业人力资源的供给来源主要有两个渠道：一是企业外部的人力资源供给；二是企业内部的人力资源供给。这也是预测人力资源供给与预测人力资源需求最主要的差别。

2.3.1 连锁企业人力资源供给预测影响因素

1．影响人力资源供给的外部因素

21 世纪，连锁企业面对来自各方面越来越大的压力，也使企业无法完全通过内部劳动力市场来满足人力资源的需求，因此，必须对外部环境因素给予更多的关注。

（1）全国性因素。全国性因素主要包括以下几个方面。

1）宏观经济形势。宏观经济的状况对于人力资源的供给有着直接影响。主要包括 GDP 的增长率、所处的经济发展周期、各产业的结构及其发展水平、国际经济局势与政治局势等。经济发展与就业增长的互动关系是客观存在的，又是不断变化的。总体来讲，只有经济发展才能拉动就业，只有就业的持续增长才能保持经济的健康发展，两者应当相辅相成，但经济发展与就业增长是否实现良性的互动，还受到多种因素影响。

2）劳动力市场。如果市场上的劳动力资源丰富，企业可以选择的范围和自由度就大，找到合适员工的机会相应增加。

3）人口因素。人口因素是对劳动力供给总量与结构的约束。例如，进入 20 世纪 90 年代之后，我国处于人口红利阶段，因此，在改革开放的 30 多年里，经济增长基本是以丰富的廉价劳动力投入来弥补启动资金的不足。而随着人口老龄化现象的加剧和 GDP 的增长，我国劳动力已经在快速地从第一产业向第二、第三产业转移。

4）国家就业法律法规、政策的影响。国家颁布的与经济发展和劳动就业机会相关的政策法律法规，会对人力资源供给产生影响。例如，为鼓励优秀学生支援西部或者创业而出台的创业启动资金、免税政策、经济补贴等。

5）教育制度的变革。例如，延长学制、改革教育内容，以及各类院校的毕业生规模和结构也对外部人力资源供给有一定的影响。

（2）地区性因素。地区性因素主要考虑五个方面：一是附近地区的人口密度；二是企业当地的就业水平、就业观念；三是企业当地的科技文化教育水平；四是企业所在地对人力资源的吸引力；五是企业本身对人力资源的吸引力。

2．影响企业人力资源供给的内部因素

企业内部因素主要包括企业员工的自然流失、内部流动、外部调动的状况。企业内部人力资源供给主要依靠人员的不断接续和替补。

（1）现有人员状况分析。对现有人员状况进行分析是人力资源供给预测的基础。分析现有人员状况时可以根据人力资源信息系统或人员档案所收集的信息，按不同要求，从不同的角度进行分析。例如，分析员工的年龄结构可以发现组织是否存在年龄老化或短期内会出现退休高峰等问题；对员工的工龄结构进行分析有助于了解员工的流失状况和留存状况；对现有人员的技能和工作业绩进行分析便于了解哪些员工具有发展潜力，具有何种发展潜力，是否可能成为管理梯队的成员，未来可能晋升的位置是什么。除此之外，还可以根据需要对组织的管理人员与非管理人员的比例、技术工人与非技术工人的比例、直接生产人员与间接生产人员的比例、生产人员与行政人员的比例等进行分析，以便了解组织的专业结构、不同人员的比例结构等。

（2）员工流失分析。员工流失是造成组织人员供给不足的重要原因，因此，在对人力资源供给进行预测时员工流失分析是不容忽视的因素。员工流失分析可以借助一系列指标来进行。

1）员工流失率分析。员工流失率分析的目的在于掌握员工流失的数量，分析员工流失的原因，以便及时采用措施。一般而言，员工流失率可以用以下公式计算：

$$员工流失率 = 一定时期内（通常为一年）离开组织的员工人数 \div$$
$$同一时期平均的员工人数 \times 100\%$$

该指标计算方便且便于理解，所以被广泛使用。但这一指标有时也容易产生误导。假定某公司有 100 人，该公司一年的员工流失率为 3%，根据员工流失率计算公式预测第二年将有 3 人可能离开公司，这意味着公司可能出现 3 个工作空位。但如果仔细分析后发现 3% 的员工流失率是由公司一小部分人员的频繁流失造成的，如程序员这一岗位一年中 3 人离开公司。虽然流失率仍然是 3%，但实际的工作空位只有一个。

所以在利用员工流失率进行分析时，既要从公司角度计算总的员工流失率，又要按部门、专业、职务、岗位级别等分别计算流失率，这样才有助于了解员工流失的真正情况，分析员工流失原因。

2）员工服务年限分析。有些企业在对员工流失情况进行分析后发现，在离开企业的员工中，他们服务年限的分布是不均衡的。通常而言，员工流失的高峰发生在两个阶段。第一阶段发生在员工加入组织的初期。员工在加入组织前对组织有一个期望或一个理想模式，进入组织以后可能感到现实的组织与他的期望是不一样的，或者他对组织文化或工作不适应，在这种情况下，员工会很快离开组织。此后会出现一段相对稳定阶段。第二阶段发生在服务年限四年左右。经过几年的工作，员工积累了一定的工作经验，同时他们对原有工作产生厌烦情绪。如果这个阶段组织不能激发员工新的工作热情，或者员工看不到职业发展机会，他们会很快离开。员工服务年限分析既可以为员工流失分析提供补充信息，又可以为员工发展提供有益信息。

3）员工留存率分析。员工留存率分析也是员工流失分析的一个重要指标。它是计算经过一定时期后仍然留在公司的员工人数占期初员工人数的比率。例如，公司期初有 10 名程序员，两年后留在公司的有 7 名，则两年留存率为 70%。五年后仍留在公司的有 4 名，五年留存率为 40%。通过留存率计算公司可以了解若干年后有多少员工仍留在公司，有多少员工已离开公司。

4）人员质量分析。进行人员质量分析时，假定人员没有发生流动，人员质量的变化会影响内部的供给，质量的变动主要表现为生产效率的变化。当其他条件不变时，生产效率提高，内部的人力资源供给就增加；相反，内部的供给就减少。影响人员质量的因素很多，如工资的增加、技能的培训等。对人员质量的分析不仅要分析显性的，而且还要分析隐性的。例如，加班加点，虽然员工实际的生产效率没有发生变化，但是由于工作时间延长了，相应地每个人完成的工作也增多了。

上述每项分析都是在假定其他因素不变的前提下进行的，如果多个因素同时作用，产生的结果可能有所不同。

小资料 2-2　国际劳工组织《2015 年世界就业与社会展望》报告

世界就业形势正在发生深刻的变化。据国际劳工组织估计，2014 年全球失业人数高达 2.01 亿，比 2008 年全球经济危机爆发前增长了 3 000 多万人。此外，为每年新进入全球劳动力市场的 4 000 余万人提供就业机会是一项巨大的挑战。除了普遍的失业，雇佣关系本身所面临着的重大转型也给全球就业情况带来了诸多挑战。

国际劳工组织总干事盖伊·莱德指出，雇佣关系的转型对经济和社会的发展影响重大，导致需求短缺、产出下降和不平等日益扩大等问题。此外，雇佣关系的变化还可能会加剧收入的不平等。整体来看，这种生产力与工资的不匹配表明，体现在工资中的增值比例随着时间而下降，导致增值在工资中的份额降低和收入不均扩大。在全球供应链促进经济增长的同时，也需要实施国际劳工标准，提升就业和社会保障。因此，国际劳工组织有必要推出积极的劳动力市场政策，包括提高技能、培训和教育，以确保用其他就业机会来弥补因技术进步和供应链的全球化而丧失的工作机会。

2.3.2　连锁企业人力资源供给预测的方法

1. 连锁企业内部人力资源供给预测的方法

（1）人力资源数据库。人力资源数据库是通过对现有组织内部人力资源数量、质量、结构和在各职位上的分布状况进行的记录，来掌握组织现有人力资源状况的一种方法。人力资源数据库中应详细记录员工的教育水平、所学专业、职业兴趣、技术水平、工作经验、工作绩效、发展潜力等情况，从而帮助人力资源规划人员估计现有员工可以提升、调配空缺工作岗位的可能性。

人力资源数据库一般用于晋升人选的确定、管理人员接续计划、对特殊项目的工作分配、工作调动、培训、薪酬计划、职业生涯计划和组织结构分析。

（2）管理人员替代法。管理人员替代法是一种专门对企业的中高层管理人员的供给进行有效预测的方法。它通过对企业各管理人员的绩效考核及晋升可能性的分析，确定企业各关键职位的接替人选，然后评价接替人选目前的工作情况及潜质，确定其职业发展需要，考察其个人职业目标与组织目标的契合度。其最终目的是确保供给组织未来足够的、合格的管理人员。

管理人员替代法是通过一张管理人员替代图来预测企业内部的人力资源供给情况的。在管理人员替代图（见图 2-1）中要给出部门、职位全称、员工姓名、职位（层次）、员工绩效与潜力等信息，以此来核算未来的人力资源变动趋势。

管理人员替代法的典型步骤：确定人力资源规划所涉及的工作职能范围；确定每个关键职位上的接替人；评价接替人选的工作情况和是否达到提升的要求；了解接替人选的职业发展需要，并引导其将个人的职业目标与组织目标结合起来。

（3）马尔科夫预测法。马尔科夫预测法是以马尔科夫的名字命名的一种特殊的市场预测方法。马尔可夫预测法主要用于市场占有率的预测和销售期望利润的预测。

运用马尔科夫预测法，离不开转移概率和转移概率的矩阵。事物状态的转变也就是事物状态的转移。事物状态的转移是随机的。例如，本月企业产品是畅销的，下个月产品是继续畅销还是滞销，是企业无法确定的，是随机的。由于事物状态转移是随机的，因此，必须用概率来描述事物状态转移的可能性大小。这就是转移概率。那么在人力资源供给预测中，也可以用这种方法来进行预测。

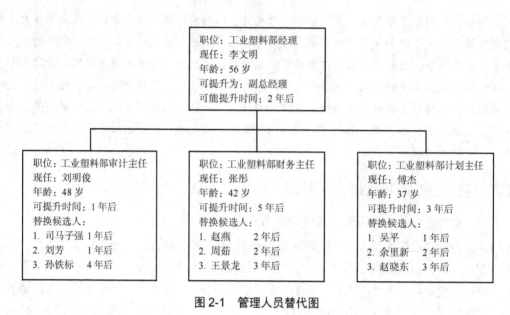

图 2-1　管理人员替代图

马尔科夫预测法是以企业人员过去移动的历史数据为基础，预测未来企业在各时段（一般为一年）上各类人员的分布状况。该预测要求，在给定时期内各类人员都有规律地由低一级向高一级或由高一级向低一级职位转移，转移率是一个固定的比例。因此，如果各类人员的起始数、转移率和未来补充人数是已知的，则组织中各类人员分布就可以准确预测出来，它是一个动态的预测技术。

例如，一家连锁企业中，通过历史资料统计，任何一年里平均 80%的高层管理人员（用 G 表示）仍然留在企业内本职位，20%的高层管理人员离职；任何一年里 70%的地区经理（用 D 表示）仍然留在原职，10%的地区经理升为高层管理人员，20%的地区经理离职；任何一年里，80%的部门经理（用 B 表示）仍然留在原职，5%的部门经理晋升为地区经理，5%的部门经理降职为普通员工，10%的部门经理离职；任何一年里，有 65%的普通员工（用 P 表示）仍然留在原职，15%的晋升为一线管理人员，20%的普通员工离职，求下一年的相关人员供给情况。

首先，根据题目所给的条件，可以把各类人员的初始人数和流动概率填入表 2-6 中。

表 2-6　职务转移矩阵和初始人员

初始人数 （人）	职　务	员工流动概率				
		G	D	B	P	离　职
40	G	0.8				0.2
80	D	0.1	0.7			0.2
120	B		0.05	0.8	0.05	0.1
160	P			0.15	0.65	0.2

根据人员调动概率和初始人数，可计算出相关人员的供给情况，如高层管理人员期初有 40人，根据数据又知每年平均 80%的高层管理人员仍然留在原职，因此仍然留在原职的高层管理

人员数量为40×80%＝32，填入表2-7中。

表2-7 相关人员供给计算

初始人数（人）	职 务	G	D	B	P	离 职
40	G	32	0	0	0	8
80	D	8	56	0	0	16
120	B	0	6	96	6	12
160	P	0	0	24	104	32
总供给数		40	62	120	110	−68

在表2-7中，已经可以清楚地看到期末各类人员数量的变化情况。例如，高层管理人员：期末仍然留在原职的有32人，8人从地区经理升职为高层管理人员，纵向相加就可以得到期末管理管理人员的数量为40人。因此，可知期末各类人员供给情况：高层管理人员有40人，地区经理有62人，部门经理有120人，普通员工有110人。

2．连锁企业外部人力资源供给预测的方法

对连锁企业人力资源外部供给进行预测是必要的，尤其当内部供给不能满足需求时更有必要寻找外部供给的资源。这时就需要了解企业所处劳动力市场的供给情况，可以从影响人力资源供给的几个外部因素考虑，提高预测的准确性。

连锁企业人力资源外部供给预测的常用方法有以下几个。

（1）查阅资料。企业可以通过互联网及国家和地区的统计部门、劳动和人事部门发布的一些统计数据及时了解人才市场信息。另外，应及时关注国家和地区的政策法律变化。

（2）直接调查相关信息。企业可以就自己所关注的人力资源状况进行调查。除了与猎头公司、人才中介所等专门机构保持长期、紧密的联系外，企业还可以与高校保持长期的合作关系，以便密切跟踪目标生源的情况，及时了解可能为企业提供的目标人才状况。

（3）对雇用人员和应聘人员的分析。企业通过对应聘人员和已经雇用的人员进行分析，也会得出未来人力资源供给状况的估计。

✎ **小实务2-3 人力资源供给预测的步骤**

（1）进行人力资源盘点，了解组织员工现状。

（2）分析组织的职务调整政策和历史员工调整数据，统计员工调整的比例。

（3）向各部门的人事决策人了解可能出现的人事调整情况。

（4）将（2）、（3）的情况汇总，得出企业内部人力资源供给预测。

（5）分析影响外部人力资源供给的地域性因素，包括：组织所在地的人力资源整体现状；组织所在地的有效人力资源的供求现状；组织所在地对人才的吸引程度；组织薪酬对所在地人才的吸引程度；组织能够提供的各种福利对当地人才的吸引程度；组织本身对人才的吸引程度。

（6）分析影响外部人力资源供给的全国性因素，包括：全国相关专业的大学生毕业人数及分配情况；国家在就业方面的法规和政策；该行业全国范围的人才供需状况；全国范围从业人员的薪酬水平和差异。

（7）根据（5）、（6）的分析，得出企业外部人力资源供给预测。

（8）将企业内部人力资源供给预测和外部人力资源供给预测汇总，得出人力资源供给预测。

2.4 连锁企业人力资源供求平衡

2.4.1 连锁企业人力资源供求平衡分析

1. 人力资源供求平衡目标

连锁企业人力资源规划的根本目标是实现连锁企业对人力资源的需求和供给的平衡（包括数量和质量），这也是人力资源管理工作的基本任务。如果企业的人力资源供求没有达到平衡，就会影响企业的生产效率。

企业人力资源供给与需求实现平衡的标志是企业生产和发展所需要的人力资源都能够及时得到满足，同时在企业中不存在富余人员，每个人有最大劳动生产率的满负荷工作量。

2. 人力资源供求关系的四种情况

当人力资源需求和供给被预测出来后，就需要比较这两项预测结果，会出现四种情况：一是总量与结构都平衡；二是供大于求；三是供小于求；四是虽然总量平衡，但结构不平衡。这四种情况除了第一种外，都需要在人力资源规划中采取一些措施来解决不平衡。

3. 确定人力资源供求差异

在对员工未来的需求与供给预测数据的基础上，将本组织人力资源需求的预测数与在同期内组织本身可供给的人力资源预测数进行对比分析，就可以计算出各类人员的"净需求"。

净需求=人力资源需求的预测数–可供给的人力资源预测数

"净需求"如果是正的，则表明企业这类人员欠缺，需要通过招聘、企业内部晋升、调配等方式进行补充；"净需求"如果是负的，则表明企业在这方面人员出现过剩，需要采取裁员、缩短劳动时间等方式进行精简。

根据"净需求"的状况制定相应的人力资源平衡政策；实施和反馈人力资源平衡政策；最后，评价人力资源平衡的结果。

2.4.2 连锁企业人力资源供求平衡政策

1. 人力资源供求平衡状态下的政策

连锁企业人力资源供求平衡，表明企业不仅在人力资源供求总量上达到平衡，在层次、结构上和岗位上也实现了平衡，这种状况一般在企业中只能是短期的现象，因为企业的人员流动、退休、辞职、职务晋升等都会打破这种平衡。

当企业人力资源供求达到平衡时，如果在规划期内可以预见企业的人力资源供给和需求都不发生变化，人力资源规划基本政策的核心就是保持这种平衡的状态，使现有的人力资源更好地发挥作用。这时，规划的主要内容是对现有员工的激励、保持和发展。人力资源规划的重点是员工激励和保持规划。

2．人力资源供求总量平衡、结构失衡状态下的政策

人力资源供求总量平衡、结构失衡是指连锁企业人力资源供给和需求在数量上一致，但是在质量、层次、结构或岗位上分布不平衡，供给不能满足连锁企业对于人力资源的需求状况。在此情况下，可以通过以下方式来实现人力资源供求平衡：进行内部人员的重新配置，包括晋升、调动、降职等，来弥补空缺岗位；进行有针对性的专门培训，使内部人员能够从事空缺岗位的工作；进行人员置换，释放那些组织不需要的人员，补充组织需要的人员，从而调整人员的结构。

3．人力资源缺乏状态下的政策

人力资源缺乏即供小于求，此时人力资源管理部门通常可能从三个方面采取措施：第一，添加机械与设备的生产能力，替代劳动力不足；第二，提高目前员工的生产能力或增加劳动强度；第三，通过各种方式增加人手，完成工作任务。具体又包括以下几项措施。

（1）提高企业资本技术有机构成。提高员工的劳动生产率，形成机器替代人力资源的格局，可以通过增加新设备或提高设备的工作效率来实现。

（2）延长员工工作时间。如果短缺现象不严重，且本企业的员工又愿意延长工作时间，可以在《劳动法》允许的范围内，制定延长工时、适当增加薪酬的计划，但这只是一种短期的应急措施。

（3）制定有效的激励计划。调动现有员工的积极性，通过物质和精神激励、让员工参与决策、获得培训机会等措施，提高员工的技术和劳动积极性，鼓励员工进行技术革新，提高员工的劳动效率。

（4）重新进行岗位设计。重新设计工作，可以通过扩大员工工作范围或增加员工工作内容来提高员工的工作效率。

（5）聘用临时工。制定聘用非全日制临时工和全日制临时工的计划，如返聘已退休者或聘用小时工等，也可以积极和相关院校合作，制定实习生计划。

（6）外部招聘。在企业内部无法满足人力资源要求时，拟订外部招聘计划。

（7）非核心业务外包。在人力资源供不应求时，也可以采取非核心业务外包的方法，把对企业影响较小或本企业不擅长的业务外包给其他专业公司完成。

4．人力资源过剩状态下的政策

企业人力资源过剩即供过于求，是我国现在企业面临的主要问题，是我国现有企业人力资源规划的难点问题。解决企业人力资源过剩的常用方法包括以下几个。

（1）自然减少。当企业意识到人力资源过剩时，首先查看有无到达退休年龄或主动要求离职者，对于存在空缺的岗位考虑不再对外招聘。

（2）提前退休。制定优惠措施，鼓励员工提前退休或内退。

（3）减少工作时间，降低工资水平。可以减少员工工作时间，增加无薪假期，降低员工工资水平，这是企业在经济萧条时经常采用的一种解决企业临时性人力资源过剩的有效方式。

（4）分担工作。由多个员工分担以前只需一个或少数几个人就可以完成的工作和任务，企业按工作任务完成量来计发工资。这与上一种方法在实质上是相同的，都是减少员工工作时间，降低工资水平。

（5）待岗再培训。进行员工培训，如制定全员轮训计划，使员工始终有一部分在接受培训，减少在岗人员，并为企业未来的发展进行人力资源储备。

（6）开发新的生产领域。增加员工择业竞争力，鼓励部分员工自谋职业，扶持开发新的领域，拓展业务范围等。

（7）裁员和辞退。永久性地裁减或辞退部分员工。

（8）关闭或合并。临时性或永久性关闭或合并不盈利的分厂、分公司和臃肿的机构。

2.4.3　人力资源供求平衡时应注意的问题

在开始上述评估之前，首先要明确企业针对规模要做的扩张或收缩决策。例如，如果企业计划收缩规模，相应的决定可能是超过50岁的员工要考虑提前退休，但是在退休计划中要确定员工的年龄和级别状况。因为有大批高、中级经理均在50岁以上，不加区分的退休计划，会使组织丧失大量有经验的管理人员。

如果条件允许从企业内部提拔人员补充经理队伍，则企业应注意"连续性规划"，要求对候选人在目前职位上的业绩做出评估，并考虑到他的提升潜力。对于计划提升的人员需要制定长期发展计划，拓展此人在特定领域的多种工作知识和经验，并且安排培训，提高其技术和人际关系的技能。要注意不能使"连续规划"伤害到企业某一部门或企业中其他人员的利益。

如果由于新技术的出现等原因减少了某项工作的需求，一个或多个部门就有可能出现人浮于事的感觉。假如依靠自然减员不能充分消除冗员，企业可以有计划减少内部劳动力供给，实施减员计划。在实施减员计划时要注意控制企业技能、经验和知识随减员的外流，减员不能完全根据员工个人的选择决定，否则可能造成某些重要技能的外流，而一些企业并不十分需要的员工继续留任。

企业必须考虑减员的有关规则，许多国家的法律上规定企业必须尽最大努力为岗位被取消的员工找到一个相应的职位。因此，如果企业缩减了某个部门的规模，但同时又扩大了另一个部门的规模，那么被缩减部门的员工就比外部求职者有优先在扩张部门中获取一席之地的权力。

在制定平衡人力资源供求的政策措施过程中，不可能是单一的供大于求、供小于求，往往最大可能出现的是某些部门人力资源供过于求，而另一些部门又可能供不应求；也可能是高层人员供不应求，而低层人员却供给远远超过需求量。所以，应具体情况具体分析，制定相应的人力资源部门或业务规划，使各部门人力资源在数量、质量、结构、层次等方面达到协调平衡。

知识测试题

一、单项选择题

1.（　　）是连锁企业根据组织运行的情况，对企业可能产生的空缺职位加以弥补的计划。

A．人员配置规划　　　　　　　B．人员需求规划

C．人员供给规划　　　　　　　D．职业规划

2.（　　）的基本思路是通过具体数据的收集，找出过去人事变动的规律，由此推测未来的人事变动趋势。

A．管理人员替代法　　　　　　B．德尔菲法

C．比例分析法　　　　　　　　D．马尔科夫矩阵法

3.（　　）也被称为专家评价法。

A．德尔菲法　　　　　　　　　B．管理评价法

C．头脑风暴法　　　　　　　　D．马尔科夫矩阵法

二、多项选择题

1．从内容的性质上讲，企业的人力资源规划可以分为（　　）和（　　）。

A．战略计划　　　　　　　　　B．策略计划

C．重点计划　　　　　　　　　D．一般计划

2．定量的人力资源需求预测的方法有（　　）。

A．趋势分析法　　　　　　　　B．比例分析法

C．工作负荷法　　　　　　　　D．统计预测法

3．影响人力资源供给的外部因素包括（　　）。

A．宏观经济形势　　　　　　　B．劳动力市场

C．人口因素　　　　　　　　　D．政策法规

三、简答题

1．连锁企业人力资源规划的作用有哪些？

2．连锁企业人力资源规划的程序是什么？

3．连锁企业人力资源需求预测的方法有哪些？

4．连锁企业人力资源供给预测的方法有哪些？

5．简述连锁企业人力资源供求平衡政策。

 案例分析

绿色化工公司人力资源计划

白士镝三天前才调入人力资源部当经理，虽然他进入这家专门从事垃圾再生的企业已经有

三年了。

白士镐面对桌上那一大堆文件、报表，有点晕头转向：我哪知道我要干的是这种事。原来副总经理李勤直接委派他在 10 天内拟出一份本公司五年人力资源计划。

其实，白士镐已经把任务仔细看过好几遍了。他觉得要编好这计划，必须考虑下列各项关键因素。

首先，了解本公司现状。公司共有生产与维修工人 825 人，行政和文秘性白领职员 143 人，基层与中层管理干部 79 人，工程技术人员 38 人，销售人员 23 人。

其次，据统计，近五年来员工的平均离职率为 4%，没理由预计会有什么改变。不过，不同类的员工的离职率并不一样，生产工人离职率高达 8%，而技术和管理干部则为 3%。

最后，按照既定的扩产计划，白领职员和销售员要新增 10%～15%，工程技术人员要新增 5%～6%，中、基层干部不增也不减，而生产与维修的蓝领工人要增加 5%。

有一点特殊情况要考虑：最近本地政府颁发一项政策，要求当地企业招收新员工时，要优先照顾妇女和下岗员工。本公司一直未曾有意排斥妇女或下岗员工，只要他们来申请，就会按同一种标准进行选拔，并无歧视，但也未予以特殊照顾。如今的事实却是，几乎全部销售员都是男的，只有一位女销售员；中、基层管理干部除两人是妇女外，其余也都是男的；工程师里只有三位是妇女；蓝领工人中约有 11% 是妇女或下岗员工，而且都集中在底层的劳动岗位上。

白经理还有七天就得交出计划，其中得包括各类干部和员工的人数，要从外界招收的各类人员的人数，以及如何贯彻市政府关于妇女与下岗人员政策的计划。

此外，绿色化工公司刚开发出几种有吸引力的新产品，预计公司销售额五年内会翻一番，他还得提出一项应变计划以备应付这种快速增长。

问题：

（1）白经理在编制计划时要考虑哪些情况和因素？

（2）他该制定一项什么样的招工方案？

（3）在预测公司人力资源需求时，他能采用哪些方法？

 ## 实训项目

要求将全班同学分组，每组选择一家连锁企业，调查其在人力资源规划方面是如何做的，有无有事没人做或有人没事做的现象。

步骤及要求：

（1）将全班同学 5～6 人分为一组。

（2）每组讨论、选定自己感兴趣的一家连锁企业进行调查。

（3）写出调查报告，其内容包括调查项目、调查目的、调查内容、小组各成员承担的任务即完成情况、调查小结。

（4）任课教师评阅后写出评语或全班进行交流。

第 3 章

连锁企业工作分析

引导案例

某公司内部的一次工作分析尝试

首先，该公司开始寻找进行职位分析的工具和技术。在阅读国内目前流行的几本职位分析书籍之后，他们从其中选取了一份职位分析问卷，来作为收集职位信息的工具。其次，人力资源部将问卷发放到了各部门经理手中，同时还在公司的内部网页上发布了一份关于开展问卷调查的通知，要求各部门配合人力资源部的问卷调查。

据反映，问卷在下发到各部门之后，一直搁置在各部门经理手中，没有发下去。很多部门是直到人力资源部开始催收时才把问卷发到每个人手中。同时，由于大家都很忙，很多人在拿到问卷之后没有时间仔细思考，草草填写完事。还有很多人在外地出差，或者任务缠身，自己无法填写，而由同事代笔。此外，据一些较为重视这次调查的员工反映，大家都不了解这次问卷调查的意图，也不理解问卷中那些陌生的管理术语，如何为职责？何为工作目的？很多人想就疑难问题向人力资源部进行询问，可是也不知道具体该找谁。因此，在回答问卷时只能凭借自己个人的理解来进行填写，无法把握填写的规范和标准。

一个星期之后，人力资源部收回了问卷。但他们发现，问卷填写的效果不太理想，有一部分问卷填写不全，一部分问卷答非所问，还有一部分问卷根本没有收上来。辛苦调查的结果却没有发挥它应有的价值。

与此同时，人力资源部也着手选取一些职位进行访谈。但在试着谈了几个职位之后，发现访谈的效果并不好。因为，在人力资源部能够对部门经理访谈的人只有人力资源部经理一人，主管和一般员工都无法与其他部门经理进行沟通。同时，由于经理们都很忙，能够把双方的时间凑在一块儿，实在不容易。因此，两个星期时间过去之后，只访谈了两个部门经理。

人力资源部的几位主管负责对经理级以下的人进行访谈，但在访谈中出现的情况却出乎意料。大部分时间都是被访谈的人在发牢骚，指责公司的管理问题，抱怨自己的待遇不公等。而在谈到与职位分析相关的内容时，被访谈的人往往又言辞闪烁，顾左右而言他，似乎对人力资源部这次访谈不太信任。访谈结束之后，访谈人都反映对该职位的认识还是停留在模糊的阶段。这样持续了两个星期，访谈了大概 1/3 的职位。人力资源部经理认为时间不能再拖延下去了，因此决定开始进入项目的下一个阶段——撰写工作说明书。

可这时，各职位的信息收集还不完全。怎么办呢？人力资源部在无奈之中，不得不另觅他途。于是，他们通过各种途径从其他公司中收集了许多工作说明书，试图以此作为参照，结合问卷和访谈收集到的一些信息来撰写工作说明书。

在撰写阶段，人力资源部还成立了几个小组。每个小组专门负责起草某一部门的工作说明书，并且还要求各组在两星期内完成任务。在起草工作说明书的过程中，人力资源部的员工都颇感为难，一方面不了解别的部门的工作，问卷和访谈提供的信息又不准确；另一方面，大家又缺乏写工作说明书的经验，因此，写起来都感觉很费劲。规定的时间快到了，很多人为了交稿，不得不急急忙忙，东拼西凑了一些材料，再结合自己的判断，最后成稿。

最后，工作说明书终于出台了。人力资源部将成稿的工作说明书下发到了各部门，同时，还下发了一份文件，要求各部门按照新的工作说明书来界定工作范围，并按照其中规定的任职条件来进行人员的招聘、选拔和任用。但这却引起了其他部门的强烈反对。很多一线部门的管理人员甚至公开指责人力资源部，说人力资源部的工作说明书是一堆垃圾，完全不符合实际情况。

于是，人力资源部专门与相关部门召开了一次会议来推动工作说明书的应用。

人力资源部经理本来想通过这次会议来说服各部门支持这次项目。但结果恰恰相反，在会上人力资源部遭到了各部门的一致批评。同时，人力资源部由于对其他部门不了解，对于其他部门所提出的很多问题，也无法进行解释和反驳。因此，会议的最终结论是，让人力资源部重新编写工作说明书。后来，经过多次重写与修改，工作说明书始终无法令人满意。最后，工作分析项目不了了之。

人力资源部的员工在经历了这次失败的项目后，对工作分析彻底丧失了信心。他们开始认为，工作分析只不过是"雾里看花，水中望月"，说起来挺好，实际上却没有什么大用。而且，他们认为工作分析只能针对西方国家那些先进的大公司，拿到中国的企业来，根本就行不通。原来雄心勃勃的人力资源部经理也变得灰心丧气，且一直对这次失败耿耿于怀，对项目失败的原因也是百思不得其解。

问题： 工作分析真的是他们认为的"雾里看花，水中望月"吗？该公司的工作分析项目为什么会失败呢？

本章学习目标

通过本章的学习，学生应该掌握以下内容：

1. 了解连锁企业工作分析的时机；
2. 理解连锁企业工作分析的概念和意义；
3. 熟悉连锁企业工作分析的程序；
4. 掌握连锁企业工作分析的方法；
5. 熟悉工作描述和工作规范的编写。

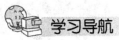
学习导航

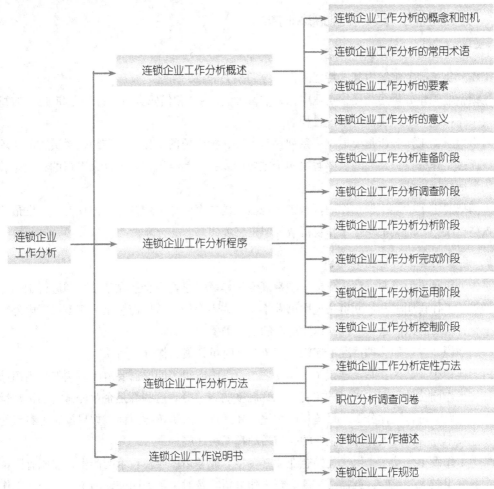

连锁企业工作分析
- 连锁企业工作分析概述
  - 连锁企业工作分析的概念和时机
  - 连锁企业工作分析的常用术语
  - 连锁企业工作分析的要素
  - 连锁企业工作分析的意义
- 连锁企业工作分析程序
  - 连锁企业工作分析准备阶段
  - 连锁企业工作分析调查阶段
  - 连锁企业工作分析分析阶段
  - 连锁企业工作分析完成阶段
  - 连锁企业工作分析运用阶段
  - 连锁企业工作分析控制阶段
- 连锁企业工作分析方法
  - 连锁企业工作分析定性方法
  - 职位分析调查问卷
- 连锁企业工作说明书
  - 连锁企业工作描述
  - 连锁企业工作规范

职业指导

　　连锁企业人力资源管理的一项重要任务是全面了解企业内部各类工作的特征及其对任职者的要求，这就是工作分析的主要内容。国内外企业的人力资源管理实践证明，作为人力资源管理活动的起点，工作分析对于提高后续人力资源管理活动的效率有着举足轻重的作用。对于学习连锁专业的同学来说，学习工作分析有利于了解和掌握连锁企业岗位的配置、各岗位的职责要求及对任职者的要求，从而更好地从事连锁企业运营、管理工作。

3.1 连锁企业工作分析概述

3.1.1 连锁企业工作分析的概念和时机

1. 连锁企业工作分析的概念

工作分析是确定组织中某一特定工作岗位的相关信息的系统过程。

连锁企业工作分析是对连锁企业中，各岗位的工作内容和任职资格进行研究和描述的过程，即制定工作描述和工作规范的系统过程。

通俗地讲，工作分析是要通过一系列科学方法，把岗位的工作内容和岗位对员工的要求弄明白。通过工作分析，要回答或要解决两个主要问题：一是某岗位是做什么事情的；二是什么样的人最适合做这些事情。

人们把规定了"某岗位工作职责、工作规范"的文书叫作工作描述；把规定了"谁最适合从事该岗位工作"的文书叫作工作规范或任职资格说明书。

2. 连锁企业工作分析的时机

工作分析是人力资源管理工作的一项常规性工作。一家连锁企业在某个时期进行工作分析及其形成的工作说明书和任职资格说明书并不是一成不变的。所以连锁企业应该根据内外部环境的变化，对工作做出适当的调整以适应新的发展需要。

一般来说，在下列几种情况下连锁企业要把握时机开展工作分析活动。

（1）连锁企业新建立时。连锁企业建立之初，面临着很多问题需要解决。例如，组织结构的设计、工作岗位的设置、人员的招聘、规章制度的制定等。这些都是企业经营活动正常运行的前提，而此时进行工作分析，最迫切的用途主要表现在人员招聘方面。如果没有可参考的标准，企业找不到合适的人，那么企业的一切活动都无法开展。

（2）工作发生变动时。由于连锁企业战略调整、业务拓展或新技术的产生，使原有岗位的工作内容发生较大变化时，就需要重新进行工作分析，及时更新说明变动的工作部分。工作的变化主要表现在工作职责变更及任职资格要求变更两方面。工作发生变动时，要及时进行新的工作分析，以确保所获工作信息的有效、准确、真实、客观。

（3）制度建立或修改时。由于建立制度的需要，如建立招聘、薪酬、绩效考核制度时，都需要进行相关的工作分析。

（4）存在问题隐患时。当发现连锁企业存在问题隐患时，如工作说明不明确，以至于员工对工作职责要求模糊不清；书面工作说明书与企业实际情况不符，或者很难实施等。这时就需要重新调查、收集信息，进行工作分析。

3.1.2 连锁企业工作分析的常用术语

工作分析以工作活动作为对象进行系统研究，和工作活动紧密联系的一些专业术语（如职位、岗位、职级、职责等）在生活中经常使用，但往往容易混淆，因此理解并掌握它们的含义对科学有效地进行工作分析十分必要。

1. 工作要素

工作要素是指工作活动中不便再继续分解的最小单位。工作要素是形成职责的信息来源和分析基础，例如，秘书接听电话前拿起电话是一个要素，司机开车前插入钥匙也是一个要素。要素的描述可以使工作说明书非常细密，使工作过程的每个步骤达到标准化。操作性的关键工作任务需要对动作或要素进行详细描述，如制造业的生产线需要编制关键工作岗位操作指南，以便规范操作，保证质量。但是，如果每项工作岗位都使用要素作为描述指标，会导致工作说明书的内容庞大，难以在实践中应用。此外，要素指标在工作分析中对于那些以脑力劳动、心理过程为主的工作任务难以全面描述分析。要素描述主要用于制定操作岗位关键工作任务的操作指南使用。

2. 工作任务

任务是指工作活动中为达到某一目的而由相关要素直接组成的集合，是对一个人从事的事情所做的具体描述。任务可以由一个或多个工作要素组成。例如，酒店帮客人运送行李这项工作任务中包含了把行李搬运到行李推车上、推动行李车、打开客房行李架、将行李搬到行李架上四个工作要素。任务表明为了达到工作岗位的目的，完成本职工作需要做的事情。在工作分析中，需要对工作岗位任务作尽可能详细、清楚的描述。

3. 工作职责

工作职责是由某人在某一方面承担的一项或多项任务组成的相关任务集合。例如，打字员的职责包括打字、校对、简单维修等一系列任务。表明工作岗位在组织的运作过程中需要承担的责任领域和范围。不同的工作职责履行情况构成了工作岗位、工作业绩的总体结果。职责的重要性和耗时程度是组织绩效管理工作的重要依据。

4. 职位

职位是由一个人完成的一项或多项相关职责组成的集合，又称岗位。例如，人力资源部经理这一职位，它所承担的职责有以下几个方面：员工的招聘录用；员工的培训开发；企业的薪酬管理；企业的绩效管理；员工关系的管理等。职位表明工作岗位的职能类型和工作岗位在组织内的地位，如生产部经理，表明该职位的职能类型是生产部门，岗位等级是经理级。在组织的同一职能领域中，职位名称表明了职位的等级，如生产部总监、生产部经理、生产部副经理、生产部主管、生产线线长、生产部员工等，这一系列职位形成生产部门自上而下的职位等级。

5. 职务

职务也称工作，是指主要职责在重要性和数量上相当的一组职位的统称。在企业中，通常把所需知识技能及所需要的工具类似的一组任务和责任视为同类职务，从而形成同一职务、多个职位的情况。例如，企业的副经理是职务，可以对应生产副经理、财务副经理、行政副经理等具体职位。

6．职业

职业是由不同组织中的相似工作组成的跨组织工作集合，如教师职业、秘书职业等。

一般而言，工作说明书会综合使用上述多项不同层次的描述指标。描述指标的层次不同，其描述内容会有差异，繁简程度不同，在人力资源管理中的作用也会有差别。因此，工作分析过程要根据工作分析的目的、所需形成的结果来选择采用何种工作描述指标。

3.1.3 连锁企业工作分析的要素

工作分析所要回答的问题可以归纳为6W1H。6W1H即做什么（what）、为什么（why）、谁来做（who）、何时做（when）、在哪做（where）、为谁做（for whom）及如何做（how）。这6W1H基本上概括了工作分析所要收集的信息的内容。

1．做什么

做什么（what）是指所从事的工作活动。主要包括：任职者所要完成的工作活动是什么？任职者的这些活动会产生什么样的结果或产品？任职者的工作结果要达到什么样的标准？

2．为什么

为什么（why）表示任职者的工作目的，也就是这项工作在整个组织中的作用。主要包括：做这项工作的目的是什么？这项工作与组织中的其他工作有什么联系？对其他工作有什么影响？

3．谁来做

谁来做（who）是指对从事某项工作的人的要求。主要包括：从事这项工作的人应具备什么样的身体素质？从事这项工作的人必须具备哪些知识和技能？从事这项工作的人至少应接受过哪些教育和培训？从事这项工作的人至少应具备什么样的经验？从事这项工作的人在个性特征上应具备哪些特点？从事这项工作的人在其他方面应具备什么样的条件？

4．何时做

何时做（when）表示在什么时间从事各项工作活动。主要包括：哪些工作活动是有固定时间的？在什么时候做？哪些工作活动是每天必须做的？哪些工作活动是每周必须做的？哪些工作活动是每月必须做的？

5．在哪做

在哪做（where）表示从事工作活动的环境。主要包括：工作的自然环境，包括地点（室内与户外）、温度、光线、噪声、安全条件等；工作的社会环境，包括工作所处的文化环境（如跨文化的环境）、工作群体中的人数、完成工作所要求的人际交往的数量和程度、环境的稳定性等。

6．为谁做

为谁做（for whom）是指在工作中与哪些人发生关系，发生什么样的关系。主要包括：工作要向谁请示和汇报？向谁提供信息或工作结果？可以指挥和监控何人？需要指导哪些人？

7．如何做

如何做（how）是指任职者这样从事工作活动以获得预期的结果。主要包括：从事工作活动的一般程序是怎样的？工作中要使用哪些工具？操纵什么机器设备？工作中所涉及的文件和记录有哪些？工作中应重点控制的环节是哪些？

小资料 3-1　工作职责的分歧

某连锁超市内一名顾客失手把酱油掉到地上，酱油和酱油瓶的玻璃碎片泼洒在过道的地板上。店长叫来营业员把散落物清扫干净，营业员拒绝执行，理由是工作说明书里并没有包括清扫过道的条文。该店长又找来了理货员，但理货员同样拒绝，理由依然是工作说明书中没有清扫的条文。店长又找来了清洁员，清洁员也不愿意清扫，因为他的工作说明书中写明了工作时间是从超市下班之后开始的。

事后店长仔细审阅了这三类人员的工作说明书：营业员的工作说明书里规定了营业员有责任引导顾客购买，促进销售，并没有提起清理；理货员的工作说明书里规定理货员有责任保持货架的干净、整洁，但并未提及清扫过道和地面；清洁员的工作说明书里的确有清扫的工作职责，但工作时间却是从超市停止营业，其他人员下班之后开始的。

责任到底在谁呢？先不去评论谁应该承担打扫的责任，问题的关键其实在于工作职责界定不清，一旦出了问题，就互相扯皮，推卸责任。实际上，在连锁企业中还常常出现总经理做部门经理的事，部门经理做员工的事的现象。而对人力资源部门来说，常常会出现"等到用人时再招人"，这时要么花费了高昂的成本，要么招来的人不符合岗位的要求。

3.1.4　连锁企业工作分析的意义

工作分析所取得的数据资料，对人力资源管理产生的影响是全方位的。

1．工作分析是制定人力资源规划的基础

工作分析所取得的数据资料，有助于制定与企业目标相一致的人力资源规划。任何企业中，旧的工作需要不断地改善，新的工作总会接连产生，因此，人力资源配置是一种持续性的工作，它需要准确及时的工作分析数据资料，才会获得有效的人力资源计划。如果企业需要一批新员工生产产品或提供新的服务，就必须知道工作的内容与相应的职责，而且，还必须知道，每项工作需要哪些不同的知识、技能、能力和个人特性，通过工作分析取得了该方面的数据资料，人力资源规划才可能是有效的。

2．工作分析可以为招聘录用提供基本标准

工作分析所获得的正确数据资料，为确定招聘人员的类型、工作内容、职责，以及对知识、技能、能力、个人特性等方面的要求提供了基本标准。如果招聘人员不知道胜任某项工作所必需的资格条件，则员工的招聘和选择将是无目标的"随心所欲"。事实上，工作描述与工作规范作为人力资源管理的指导性文件，是人员招聘与选择的基本依据。否则，招聘后就有可能造成人员的大量跳槽，增加招聘成本，影响工作的顺利开展。通常，人们看到企业购买任何一台仪

器或设备，都需要精确的说明，目的是最大限度地使其发挥作用或控制浪费。显然，对人力资源的招聘与选择，同样需要精确的说明。

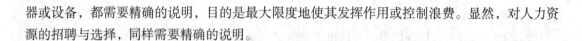 **前沿话题 3-1　工作描述都不清楚　去哪里找到合适的应聘者？**

企业的招聘活动是工作描述最重要的应用环节之一。在工作描述中，最基本的一个组成部分就是对应聘者资质和技能的一系列要求。例如，求职网站 Monster.com 上最近有一个销售高管岗位的职业描述，其中提到，应聘者"必须拥有学士学位、至少两年的医疗保健业信息技术或者相关领域工作经验、出色的沟通技巧，要有积极主动的团队合作精神"。这些资质要求看上去已成常识。但凭借常识招聘的方式可能是招徕最佳人选的最大障碍。为什么？因为这样的职业描述来源于过时的员工评价方式。过时在哪呢？就是关注应聘者的共性，而非个性。

一个世纪以来，企业用这样的思路在工作描述中假定某类员工应具备的素质，如典型的销售经理应该是什么样。但按类型甄选人才隐藏着极大的问题：企业的关注重心偏离，忽略应聘者个人的相关信息。

幸运的是，现在有一种更好的招聘方法，建立在人称"个性科学"新型跨领域学科基础上。个性科学的一个关键概念是情境原理。情境原理认为，员工的绩效总是取决于特定个体和特定情境的互动。而且，如果不考虑个体行为所处的环境，评估某个员工的能力或者潜力就毫无意义。情境理论主张，不要描述企业希望招聘哪一类员工，而是将重点放在岗位需要的特定绩效，以及员工工作时将身处的特定情境，然后挑出曾在类似情境下能达到类似绩效的求职者。

以上述销售高管的工作描述为例。这份工作要求应聘者具有学士学位，可能是因为销售高管通常都是本科毕业。另外，职位描述提到需要至少两年的经验，这也是企业假定类似的销售高管一般拥有的经历年限。最后，工作描述坚持应聘者要有"出色的沟通技巧"，看起来也是个不动脑子就加进去的要求，这又是基于共性的概括，并不明确，也没解释清楚。那么，要怎样改变职位描述中那些中规中矩的资质和技能要求？人才培训与猎头机构 Lou Adler Group 的创始人卢·阿德勒已经实践了侧重情境的招聘方式，开发了一种招聘和聘用员工的新方法，称为"基于绩效的招聘"。阿德勒解释说："用人机构不要描述想要哪种员工，而是描述希望员工完成哪些工作。"

阿德勒举了一个例子用来解释绩效招聘比一般的职业描述效果好在哪。英国一家社交媒体初创公司要招募市场营销团队主管。他们列出市场总监通常应具备的资质和技能，最后招到一名有多年营销经验、简历也非常出色的人。然而，这次招聘后来变成一场大灾难。怎么会这样？因为这名总监此前一直在大公司工作，手握大把预算，通晓层级分明的管理模式。但这家初创公司变化发展迅速，节奏快，营销预算较少，管理方式不正规。新情景和该总监此前成功的环境截然不同，因此他根本不适合。这家初创公司只好求助阿德勒。他用基于绩效的招聘法帮助该公司锁定了一位让人非常意外的人选——一位毫无营销经验的药剂师。首席执行官起初将信将疑，但阿德勒向他解释了，变动大、节奏快、预算少、管理不正规的环境下，那位药剂师如何胜任营销总监。事实证明，药剂师获得了巨大的成功，现在已经成为公司最得力、影响最大的员工之一。

注重情境的招聘方式还有一个好处：让员工感到和本职工作的关系更密切，也更有成就感，进而提高员工的生产力和忠诚度。它也让企业更容易招到优秀的人才。

3．工作分析为人力资源培训与开发提供了基本依据

工作规范中的信息可以作为员工培训和发展的目标，它能够确定人力资源开发的需求方向。工作规范对工作人员知识、技能、能力等方面的要求是清楚的。如果某工作岗位上的员工与工作分析所取得的工作标准要求存在差异，说明该工作岗位上的人员不具备所要求的条件，那么，在这一方面就需要培训和开发。通过培训与开发，使这些员工能够更好地履行工作说明中所要求的职责。而且，还可以根据连锁企业人力资源规划要求，为员工的晋升需求提供相应的培训和开发。

4．工作分析为公正评价员工绩效提供了最为可靠、准确的标准资料

工作分析对工作进行了详细的描述，提供了工作的标准。在员工绩效评估中，工作分析所取得的这些标准是非常有用的。对员工绩效的评估，最主要的标准是员工对工作说明书中所规定的职责能否很好地履行。如果对员工的绩效评估脱离了工作说明书的内容，显然是不公正的，也是不准确的。而且，很大程度上掺入了个人偏见，具有较大的随意性，从而导致员工对评价结果失去信任。

5．工作分析有助于确定公平的员工薪酬

工作薪酬是对工作相对价值大小的一种体现。一般来说，某工作岗位的员工工资水平的确定，主要考虑工作相对价值的大小，工作的职责越重要，工作的价值就越大。工作的价值应该根据其所承担的工作内容的繁简及对员工的要求来确定。如果工作要求员工有更多的知识、技能、能力，且工作的条件艰苦，安全程度一般等，那么该工作应该说具有更大的价值。这些因素在工作分析中做了清楚的说明，工作分析所取得的工作描述与工作规范是测量工作价值大小的主要参考标准。

6．工作分析有助于理顺管理关系

由于工作分析有了明确的规范，可以使员工明确个人价值必须服从企业理念，个人行为必须服从企业规范，下级必须服从上级，因此有利于员工的组织同化，明确上级与下级的隶属关系，明确工作流程，为提高工作效率提供保障。

7．工作分析可以帮助企业诊断潜在弊端，察觉组织正在发生的变化

工作分析有助于连锁企业人力资源管理人员充分了解连锁企业经营的各个重要业务环节和业务流程，从而使人力资源管理工作真正上升到战略地位；有助于连锁企业的最高经营管理层充分了解每个工作岗位的员工目前所从事的工作，发现职位之间的职责交叉和职责空缺现象，通过及时调整职位，提高企业的协同效应。

美国 M 连锁超市，以往在聘用储备管理人员后，通常会把这些新进人员先暂时安置在一般的劳工群中。而且新聘用的员工将被安排从事一般劳工群中的任何一项工作，所以每个工作申请者在被雇用时必须能够符合各种工作的要求。这种做法可以让员工在真正进入永久性职位之前先适应公司的工作环境和工作风格，为以后的工作打下基础。但是也为 M 公司带来了一个难题，因为公司并不晓得一般劳工群中每项工作的特定资格，所以也就无法评估工作申请者是否能符合刚开始进来后第一份暂时性工作的专业要求，万一雇用不适合的人员担任此任务，M 公司就会面临工作效率下降或意外事故增加的可能。

为了解决这个问题，M 公司于是制定了在一般劳工群中每项工作的工作内容，以及该项工作所需要的必备条件，再按照这些条件对工作申请者进行筛选。只有那些通过每项考试的申请者，才会被视为完全合格而被录用。

岗位分析在这个选取的过程中扮演着关键性的角色，每项在一般的劳工群中的工作，都经由公司人力资源专业人员的分析，目的在于分析与每项工作有关的活动和任务，以便决定能够胜任该项工作的人员所需要的条件（如力气、平衡感、灵活度等）。人力资源专业人员首先观察员工执行的具体工作，再征询其督导者来获得这些所需要的资讯，最后经筛选确定需要施行哪些测验以便测量这些工作技巧。

为了确定这些测验的价值或结果，M 公司把这些测验项目先在现有的员工中施行，再将测验高分者与低分者的工作绩效进行比较。M 公司发现测试成绩好的员工，其实际的工作绩效要比测验成绩差的人好很多，测验成绩高者完成的工作几乎是成绩差者的两倍。这个发现让 M 公司能够在测验的过程中，评估工作申请者未来能够提供的工作能力。后来该公司的实践表明，通过测验的每位员工每年可以为公司增加 490 美元的价值，也就是说，一个经由测验挑选出来的员工，可以预期比没有经过考试的人每年多带来 4 900 美元的收益。而 M 公司每年大约要雇用 200 名新员工，或者可以这样说，因为经由这项测验，每年为公司增加了约 100 万美元的收益。

3.2　连锁企业工作分析程序

工作分析是一项技术性很强的工作，也是一个全面的评价过程，需要具有与连锁企业人力资源管理活动相匹配的科学的合理的操作程序。连锁企业工作分析程序可分为准备阶段、调查阶段、分析阶段、完成阶段、运用阶段和控制阶段六个阶段，它们之间相互联系、彼此影响，如图 3-1 所示。

图 3-1　连锁企业工作分析程序

3.2.1　连锁企业工作分析准备阶段

由于工作分析人员在进行工作分析时，要与各工作现场或员工接触，因此，分析人员应该先行在办公室内研究该工作的书面资料，同时，要协调好与基层管理人员之间的合作关系，以免导致摩擦或误解。在这一阶段，主要解决以下几个问题。

1．确定工作分析的目的

工作分析信息的价值对于不同需求对象是不同的。在连锁企业管理过程中，解决不同的管理问题所需要的信息及其组合各不相同。因此，在进行工作分析时，首先要明确目的，有的放矢。

2．确定工作分析的信息收集类型和范围

为确保信息的质量，减少信息分析的工作量，必须事先确定信息的种类和范围。例如，收集工作活动的信息，对工作任务进行描述，该项工作活动与其他工作和设备的关系，进行工作的程序，承担这项工作所需要的行为，以及动作与工作的要求等。

3．制定工作分析计划

工作分析计划包括整个工作的进程、连锁企业内各个职务的名称和任职者人数、估计工时需要、人员人数、所需费用和其他条件、过程中各个环节的责任划分等。

4．成立工作分析小组

为保证工作分析顺利进行，要成立一个工作分析小组，为开展工作分析做好人员上的准备。根据不同目的和任务，小组的组成成员会有所不同。一般包括数名人力资源专家和多名工作人员。它是进行工作分析的组织保证。大型的分析小组应由以下人员组成。

（1）连锁企业高层领导。领导的参与表明该项工作的重要性，同时便于对该项工作进行组织与协调。

（2）工作分析人员。由人力资源管理部门专职人员担任，并从其他部门抽调一些具有典型职务的代表人员参加，使工作小组能更熟悉情况，从而有利于工作的进行及对分析结果的认可。

（3）人力资源专家和顾问。必要时可聘请企业外的专家和顾问参与工作。这些人有较丰富的经验和知识技能，可以提高工作分析的科学性与客观性。

小组的组成人员在应有的权限内，合理分配工作分析中各项工作的权限和职责，保证整个工作分析工作的协调一致。

5．培训工作分析人员

工作分析小组成员的水平与素质，关系到工作分析活动的成败，因此，应认真对他们进行培训，说明分析的目的和意义，使他们明确工作分析的任务和胜任该项工作应具备的条件，学习和熟悉工作分析的关键术语，并与他们建立友好的合作关系。

6．确定调查和分析对象的样本

根据目的要求确定调查对象的类型、数量和工作任务的种类等样本，这些样本应具有代表性。同时，把工作任务和程序分解成若干环节，确定工作的难度，以便做具体深入的调查。

7．利用现有文件与资料进行分析、总结

积极收集与工作相关的背景资料，如组织结构图、作业流程图、岗位办事细则、岗位责任制度等。

3.2.2　连锁企业工作分析调查阶段

调查阶段是工作分析的第二个阶段，主要任务是对工作的整个过程、工作环境、工作内容和工作人员等主要方面做一个全面的调查。

1．确定调查方法

根据工作分析的目的要求，考虑每种方法的优缺点，灵活地选择调查使用的方法，如面谈法、问卷法、观察法等。

2．编制各种调查问卷和提纲

一般来说，调查问卷和提纲的内容应包括工作内容、工作职责、相关知识、就业经验、适岗年龄、所需教育程度、技能训练的要求、学习要求、与其他工作的联系、作业姿势、工作环境、作业对身体的影响、所需的心理品质、劳动强度等。

3．到工作现场进行调查

观察工作流程，记录关键事件，调查工作必需的工具与设备，考察工作的物理环境和社会环境。对主管人员、在职人员广泛进行问卷调查，并与主管人员、员工代表进行面谈，收集有关工作的特征和需要的各种信息，征求改进意见，同时注意做好面谈记录。若有必要，工作分析人员可直接参与调查工作，或者通过实验的方法分析各因素对工作的影响。

分析人员在收集信息的过程中，应该让任职者和直属上司确认所收集到的资料的完整性、真实性，使任职者易于接受人力资源部门根据资料调整制定的工作描述和工作规范。

3.2.3　连锁企业工作分析分析阶段

分析阶段是工作分析的第三个阶段。主要任务是对有关工作的特征和工作人员的特征的调查结果进行深入的总结与分析。具体工作包括以下几个方面。

1．整理资料

将收集的信息按照工作说明书的各项要求进行归类整理，看是否有遗漏的项目。如果有，则要返回上一步骤，继续进行调查收集。

2．审核资料

资料进行归类整理以后，工作分析小组的成员要一起对所获工作信息的准确性进行审核。如有疑问，需要找相关人员进行核实，或者返回上一步骤，重新调查。

3．分析资料

如果收集的资料没有遗漏，也没有错误，就要对这些资料进行深入的分析，归纳总结工作分析必需的材料和要素，揭示各职位的主要成分和关键要素。

在分析的过程中，通常要遵循三个原则：第一，对工作活动是分析，而不是简单罗列。工作分析是反映职位的工作情况，但需要经过一定加工。分析时，要将某项职责分解为几个重要的任务，再将其重新组合，而不是简单列举。第二，工作分析针对的是职位而不是个人，只关心职位本身的情况。第三，分析时以当前数据为准，保证分析的客观、真实。

分析阶段分析的内容主要包括工作名称分析、工作描述分析、工作环境分析、任职者资格分析等。

（1）工作名称分析。工作名称分析的目的是使工作名称标准化，以求通过名称就能使人了解工作的性质和内容。其要求是命名准确、简练、美化。

（2）工作描述分析。工作描述分析的目的是全面认识工作整体。其内容包括以下几个部分。

1）工作任务分析。明确规定工作的行为，如核心任务、工作内容、工作的方法和程序，工作的独立性和多样化程度，使用的设备和材料等。

2）工作责任分析。其目的是通过对工作相对重要性的了解来配备相应权限，保证责任和权力相对应，并尽量用定量的方式确定责任和权力的大小，如财务审批的权限和金额数、准假天数的权限等。

3）工作关系分析。工作关系分析是为了了解工作的协作关系，如该工作制约哪些工作，受哪些工作制约，相关工作的协作关系，在哪些职务范围内升迁或调换等。

4）劳动强度分析。其目的在于确定工作的标准活动量。劳动强度可用本工作活动中劳动强度指数最高的几项操作来表示。如果劳动强度指数不易确定或代表性不强，可用标准工作量来表示，如劳动定额、产品合格率、工作循环周期等。

（3）工作环境分析。工作环境分析主要内容包括以下几个部分。

1）工作的物理环境，即湿度、温度、照明度、噪声、振动、异味、粉尘、油渍等，以及工作人员每日和这些因素接触的时间。

2）工作的安全环境，包括工作的危险性、劳动安全卫生条件、易患的职业病、患病率及危害程度等。

3）工作的社会环境，包括工作所在地的生活便捷程度、直接主管的领导风格、同事之间的人际关系、企业文化氛围等。

（4）任职资格分析。任职资格分析可以确定工作执行人员有效履行职位职责所应该具备的最低资格条件。

1）必备知识分析。必备知识包括：最低学历要求；对安全技术、企业管理知识有关理论的最低要求；对政策、法规、工作规范的了解程度等。

2）必备经验分析。必备经验分析是指执行人员为完成工作任务所必需的操作能力和实际经验要求，包括执行人员过去从事同类工作的工龄及业绩，应接受的专门训练及程度，完成有关工艺规程、操作规程、工作完成方法等活动所要求的实际能力。

3）必备能力分析。根据前两项提出的要求，通过典型操作来规定从事该项工作所需的决策能力、创造能力、组织能力、适应性、注意力、判断力、智力及操作熟练程度。

4）必备心理素质。必备心理素质即根据工作的特点确定工作执行人员的职能性向，包括体能性向，如执行人员应具备的行走、跑步、爬高、跳跃、站立、旋转、平衡、弯腰、下蹲、俯卧、举重、携重、推力、握力、拉力、耐力、听力、灵巧、手眼配合等方面的能力，感觉辨别能力等；气质性向，如执行人员应具备的耐心、细心、沉着、勤奋、诚实、主动性、责任感、支配性、掩饰性、情绪稳定性等气质倾向。

3.2.4　连锁企业工作分析完成阶段

完成阶段是工作分析的第四个阶段。此阶段主要解决如何运用书面文件的形式表达分析结果的问题。此阶段的工作相当繁杂，需要大量的时间对材料进行分析和研究，必要时，还需要用到适当的分析工具与手段。此外，工作分析者在遇到问题时，还需要随时得到基层管理者的帮助。此阶段具体工作如下：根据工作分析规范和经过分析处理的信息草拟工作描述与工作规范；召开工作描述和工作规范检验会，将工作描述和工作规范初稿复印，发给每位人员；将草拟的工作描述、工作规范与实际工作对比，以决定是否需要再次进行调查；根据对比结果修正工作描述与工作规范；形成最终的工作描述与工作规范，并保存、归档。

3.2.5　连锁企业工作分析运用阶段

运用阶段是对工作分析的验证。只有通过实际的检验，工作分析才具有可行性和有效性，才能不断适应外部环境的变化，从而不断地完善工作分析的运行程序。此阶段的工作主要有两部分：其一，培训工作分析的运用人员，这些人员在很大程度上影响着分析程序运行的准确性、运行速度及费用，因此，培训运用人员可以增强管理活动的科学性和规范性；其二，制定各种具体的应用文件。

3.2.6　连锁企业工作分析控制阶段

控制活动贯穿着工作分析的始终，是一个不断调整的过程。随着时间的推移，任何事物都在变化，工作也不例外。企业的生产经营活动是不断变化的，这些变化会直接或间接地引起组织分工协作体制发生相应的调整，从而也相应地引起工作的变化。因此，一项工作要有成效，就必须因人制宜地改变。另外，工作分析文件的适用性只有通过反馈才能得到确认，并根据反馈修改其中不适应的部分。所以，控制活动是工作分析中的一项长期的重要活动。

3.3　连锁企业工作分析方法

　　工作分析所需信息的收集方法有很多。大致上，连锁企业工作分析方法可以分为定性方法和定量方法。通常使用比较多的是定性方法，如问卷法、面谈法、观察法、工作日志法和关键事件法等；定量方法可分为人员倾向性（如职务分析问卷）和工作倾向性（如职能工作分析法）。每种方法都有其各自的特点和不同的适用条件。一般而言，在工作分析中往往都要将不同的方法组合使用。本书主要介绍几种定性方法和定量方法中的职位分析问卷。

3.3.1　连锁企业工作分析定性方法

1. 面谈法

　　面谈法又称访谈法，是唯一适用各类工作的工作分析方法。面谈法是由分析人员分别访问工作人员本人或其主管人员，以了解工作方面信息的方法。在一般情况下，应用面谈法时可以以标准化访谈格式记录，目的是便于控制访谈内容及对同一职务不同任职者的回答相互比较。因此，面谈的作用一是获得观察所不能获得的信息，二是对已获得的信息加以证实。尽管它不像问卷法具有完善的结构，但具有问卷法不可替代的作用。

　　（1）面谈的内容。面谈的内容主要包括以下几个部分。

　　1）工作目标，即为什么设立这一职务，根据什么确定对职务的报酬。

　　2）工作内容，即任职者在组织中有多大的作用，其行动对组织产生的后果有多大。

　　3）工作的性质和范围，这是面谈的核心。主要了解该工作在组织中的关系，其上下属职能的关系，所需的一般技术知识、管理知识、人际关系知识，需要解决问题的性质及自主权。

　　4）工作责任，涉及组织、战略政策、控制、执行等方面。

　　面谈提纲如图 3-2 所示。

面谈人： 被面谈人： 在本公司任职时间： 工作地点：	访谈时间： 职位： 在本职位任职时间： 联系方式：
1. 你所从事的是什么性质的工作？ 2. 你所在的职位的主要工作是什么？你是如何做的？ 3. 你的工作环境如何？ 4. 做这项工作需要什么样的教育程度、工作经历和技能？ 5. 它要求你必须具备什么样的学历？ 6. 你的工作职责与任务是什么？ 7. 工作的绩效标准有哪些？ 8. 你对哪些事情有决策权？ 9. 你的工作条件如何？你需要得到哪方面的改善？ 10. 你的工作对个人体质、性格和能力有什么要求？ 11. 工作的安全和卫生状况如何？对身体和健康有无影响？ 12. 你觉得你工作的意义和价值是什么？ 13. 其他补充问题？	

图 3-2　面谈提纲示例

（2）面谈的形式。面谈的形式可分为个人面谈、集体面谈和管理人员面谈三种。由于有些工作可能主管与现职人员的说明不同，分析人员必须把双方的资料合并在一起，予以独立的观察与证实的权衡。这不仅需要运用科学的方法，还需要有可被人接受的人际关系技能。因此，应该把这三种方式加以综合运用，才能对工作分析真正做到透彻了解。

（3）面谈法的优缺点。面谈法的优点包括：简单、运用面广；可利用多个信息源，形成综合、不带偏见的看法；可以提供其他方法不易观察到的情况；有助于与员工沟通。

面谈法的缺点包括：比较费精力、费时间，工作成本较高；分析人员对某一工作的固有观念会影响对分析结果的正确判断；工作者可能出于自身利益的考虑，采取不合作的态度或有意无意地夸大自己工作的重要性、复杂性，导致工作信息失真；受提问者面谈技巧和被访问者理解能力的影响较大。

小实务 3-1　在访谈中工作分析人员如何掌控局面？

- 帮助访谈对象根据问题的逻辑顺序思考和交谈。
- 给对方足够的思考时间。
- 从一个问题转向另一个问题前，使对方注意具体而全面的信息。
- 提供已经完成的阶段性总结。

2. 问卷法

问卷法是让有关人员以书面形式回答有关工作问题的调查方法。通常，问卷的内容是由工作分析人员编制的问题或陈述。这些问题和陈述涉及实际的行为和心理素质，要求被调查者对这些行为和心理素质在他们工作中的重要性和经常性按给定的方法作答。

（1）问卷的分类。问卷的分类可为结构式、开放式和混合式三种。结构式问卷，即问卷上罗列多种备选的特定任务或工作，要求被调查者从问卷所提供的一个清单中选择一个答案。结构式问卷经常使用封闭式问题，因为它提供的答案简单明确，不会占用任职者太多时间；答案有较大的统一性，容易打分，分析结果可通过对信息的统计分析加以量化，但其不允许回答者有发挥的余地。如果问卷中有项目表达不清或不切实际，回答者也只会勉强作答或空着不答。开放式问卷多用问答题的形式，要求被调查者陈述个人看法，限制较少任职者可自由回答所提的问题，能对职位信息进行全面、完整的调查收集，适用范围广，适应性强，灵活高效，但随意性也强，不易评分。因此，结合了以上两种方式的混合式问卷应用较广。

（2）问卷设计。工作分析问卷的设计直接关系到整个工作分析的成败，所以问卷一定要设计得完整、科学、合理。问卷设计的关键在于问题的设计。问题的设计要做到：语言简洁，语句简短；概念准确，避免双重含义，不要有倾向性或诱导性；答案的设计要有互斥性；答案的设计要包含所有可能的情况；易于回答的问题放在前面，而难以回答的开放式问题放在后面；按逻辑次序排列问题，如时间先后顺序等；采用不同形式提问，有助于引起回答者的兴趣；针对具体调查对象和调查内容，可采用"漏斗性技术"提问，先问范围广泛的、一般的甚至开放性的问题，后问职位相关性很强的问题。工作分析问卷示例如图3-3所示。

姓名： 年龄： 所属部门： 职位编号：	性别： 入职时间： 直接领导： 填写时间：
1. 胜任这个职务需要几年的相关工作经验？ 　 不需要　　1 年　　2 年　　3 年　　4 年以上 2. 胜任这个职务需要什么样的文化程度？ 　 初中　　高中　　大专　　本科　　硕士及以上 3. 一位没有相关工作经验的大专学历的人员，需要多长时间的培训可以胜任工作？ 　 不需要培训　　3 天以内　　1 个月以内　　3 个月以内　　半年以内　　半年以上 4. 请准确、简洁地列举你的主要工作内容（若多于 8 条可以附纸填写，下同）。 5. 请认真、详尽地描述你的日常性工作（如果有工作日志，请附后）。 6. 请详尽地列举你有决策权的工作项目。 7. 请详尽地列举你没有决策权的工作项目。 8. 请简明地描述你的上级是如何监督你的工作的。 9. 请简明地描述你的哪些工作是不被上级监督的。 10. 请详细地描述你在工作中要接触到哪些职务的其他员工，并且讲明接触的原因。 11. 请简明地列举你编写的需要作为档案留存的文件名称和内容提要。 12. 请列举工作中需要用到的主要办公设备和用品。 13. 请描述你在人事和财物方面的权限范围。 14. 什么样的性格、能力的人能更好地胜任该职？ 15. 什么样的心理素质的人员能更好地胜任该职务？ 16. 什么样的知识范围能够更好地胜任该职务？ 17. 请描述该职务的工作环境。什么样的工作环境更合适工作？ 18. 请列举你直接领导的下属的职务、姓名和工作内容。 19. 你对该职务的评价。 20. 如何才能更好地完成工作？ 21. 请将该表没有列出，但你认为有必要的内容写在下面。	
填写人签字：	

图 3-3　工作分析问卷示例

（3）问卷法的优缺点。问卷法的优点包括：成本低，效率高；不会耽误任职者太多时间；信息量大，样本量大；封闭型问卷可数量化。

问卷法的缺点包括：问卷的编制、评价或分析通常需要花费较长时间；由员工单独完成，缺少沟通；问题可能被误解，结果准确性难以估计；开放式问题难以统计，且难以数量化；回应率可能很低。

3．观察法

观察法，是指工作分析人员在不影响被观察人员正常工作的条件下，通过观察将有关工作的内容、方法、程序、设备、工作环境等信息予以记录、分析、归纳，并整理为适用的文字资料的方法。利用观察法进行工作分析时，应力求观察的结构化，根据工作分析的目的和企业实际条件，事先确定观察的内容、观察的时间、观察的位置、观察的方式等，做到省时高效。

（1）观察法的分类。工作分析中的观察法主要包括直接观察法、阶段观察法、工作表演法。

1）直接观察法。工作分析人员直接对员工工作的全过程进行观察。直接观察法适用于工作周期较短的职位，如保洁员、钟点工等，他们的工作基本上是以小时或天为周期，工作分析人员可以一整天跟踪进行直接观察。

2）阶段观察法。有些员工的工作具有较长的周期性，为了能完整地观察到员工的所有工作，必须分阶段进行观察。例如，行政文员需要在每年年终时筹备企业总结表彰大会，工作分析人员就必须在年终时再对该职位进行观察。

3）工作表演法。有时由于时间阶段跨度太长，分析工作无法拖延很长时间，这时采用工作表演法更为合适。该方法对于工作周期很长和突发性事件较多的工作比较适合。例如，保安工作除了有正常的工作程序以外，还有很多突发安全事件需要处理，如盘问可疑人员等，职位分析人员可以让保安人员表演盘问的过程来进行该项工作的观察。

（2）观察法的注意事项。

1）事先准备好一份观察提纲或表格（见图3-4），以便随时记录。

被观察者姓名： 观察者姓名： 工作类型：	日期： 观察时间： 工作部门：
观察内容： 1. 什么时候开始正式工作 2. 上午工作多少小时 3. 上午休息几次 4. 第一次休息时间从____到____ 5. 第二次休息时间从____到____ 6. 上午完成产品多少件 7. 平均多少时间完成一件产品 8. 与同事交谈几次	9. 每次交谈时间 10. 室内温度 11. 喝水次数 12. 什么时候开始午休 13. 出了多少次品 14. 搬了多少次原材料 15. 工作地噪声分贝

图3-4 工作分析观察提纲

2）要注意观察样本的代表性。

3）同样的工作，不同的工作人员会表现出不同的行为方式，因此不能只观察一名任职者的工作行为，要多观察几名，相互对比平衡，以消除工作分析者对不同工作行为方式的偏见。

4）避免干预或影响被观察者的工作。

（3）观察法优缺点。观察法的优点包括：通过对工作的观察，工作分析人员能够比较全面和深入地了解工作的要求，适用于那些主要用体力活动来完成的工作，如装配工作、安保人员等。

观察法的缺点包括：要求被观察者有足够的实际操作经验；适用范围有限，只适用于由身体活动来完成的工作；要求工作具有相对稳定性，易受紧急情况或偶然情况的影响；不能得到对任职资格方面的信息；工作量大，要耗费大量的人力、财力，时间也过长；容易对被观察者的工作造成干扰。

4. 工作日志法

工作日志法，是由任职者按时间顺序，详细记录自己在一段时间内的工作内容与工作过程，经过归纳、分析，达到工作分析目的的一种工作分析方法。

日志的形式可以是不固定的，也可以是组织提供的统一格式。例如，事先由职务分析人员设计好详细的工作日志单，让员工按照要求及时地填写职务内容，按时间顺序记录工作过程，然后进行归纳、提炼、总结，从而取得所需工作信息。需注意的是，工作日志应该随时填写，如以 10 分钟、15 分钟为一个周期，而不应该在下班前一次性填写，这样是为了保证填写内容的真实性和有效性。同时，记录日志的目的是能从日志中查看每天计划的完成情况，记录的是最基础的数据，以保证通过日志控制工作的准确性和及时性。

（1）工作日志法的特点。

1）详尽性。工作日志法是在完成工作以后逐日及时记录的，具有详尽性的特点。

2）可靠性。通过工作日志法所获得的工作信息可靠性很高，往往适用于确定有关工作职责、工作内容、工作关系、劳动强度方面的消息。

3）失真性。工作日志是由工作任职者自行填写的，信息失真的可能性较大，任职者可能更注重工作过程，而对工作结果的关心程度不够。运用这种方法进行工作分析对任职者的要求较高，任职者必须完全了解工作的职务情况和要求。

4）烦琐性。这种方法的信息整理工作量大，归纳工作烦琐。

（2）工作日志法的优缺点。工作日志法的优点包括：信息可靠性强，适于确定有关工作职责、工作内容、工作关系、劳动强度等方面的信息；所需费用较低；采取逐日或在工作活动后记录，可避免遗漏，收集到最详尽的数据。

工作日志法的缺点包括：将注意力集中于活动过程，而不是结果；使用这种方法必须要求从事这一工作的人对此项工作的情况与要求很清楚；使用范围较小，只适用于工作循环周期较短、工作状态稳定无大起伏的职位；信息整理的工作量大，归纳工作烦琐；工作执行人员在填写时，会因为不认真而遗漏很多工作内容，从而影响分析结果，另外在一定程度上填写日志会影响正常工作；若由第三者进行填写，人力投入量就会很大，不适于处理大量的职务；存在误差，需要对记录分析结果进行必要的检查。

🖎 小实务 3-2　工作日志填写范例

工作日志填写说明：

1. 请您在每天工作开始前将工作日志放在手边，按工作活动发生的顺序及时填写，不可在一天工作结束后一并填写。

2. 要严格按照表格的要求进行填写，不要遗漏那些细小的工作活动，以保证信息的完整性。

3. 请您提供真实的信息，以免损害您的利益。

4. 请您注意保留工作日志，防止遗失。

谢谢您的合作！

　　月　日　　　　工作开始时间　　　　　　工作结束时间　　　　　岗位名称

序号	工作活动名称	工作活动内容	工作活动结果	时间消耗	备注
1	复印	复印文件	4 张	6 分钟	存档
2	起草文件				
3	参加会议				
4	接待				

填写人签名：

5. 关键事件法

关键事件法又称关键事件技术（Critical Incident Technique，CIT），是指确定关键的工作任务以获得工作上的成功。关键事件是使工作成功或失败的行为特征或事件（如成功与失败、盈利与亏损、高效与低产等），关键事件法要求分析人员、管理人员、本岗位人员，将工作过程中的"关键事件"详细地加以记录，并在大量收集信息后，对岗位的特征和要求进行分析研究的方法。

📖 小知识 3-1 关键事件法的发展历程

关键事件法是由美国学者弗拉赖根和贝勒斯在 1954 年提出的。1955 年，J·弗拉纳根和 R·伯恩斯报道了关键事件法用做评价和发展工作成绩的过程。1959 年，F·赫茨伯格，1963 年，P·史密斯和 L·肯德尔创制了关键事件量表，包括有关行为的参照评估量表、综合标准量表和加权对照表等，推动了评估工作成绩的方法的发展。M·布拉德在《行为期望量表发明者带来的有价值的副产品》一文中，介绍了关键事件法是怎样用于组织原则调查的。此外，关键事件法还用于改进工作环境，注意生产安全和提高操作效率等领域。

（1）运用关键事件法的基本原则。关键事件法包含了三个重点：第一，观察；第二，书面记录员工所做的事情；第三，有关工作成败的关键性的事实。

运用关键事件法的主要原则是认定员工与职务有关的行为，并选择其中最重要、最关键的部分来评定其结果。它首先从领导、员工或其他熟悉职务的人那里收集一系列职务行为的事件，其次描述"特别好"或"特别坏"的职务绩效。这种方法考虑了职务的动态特点和静态特点。

对每一事件的描述内容包括：导致事件发生的原因和背景；员工的特别有效或多余的行为；关键行为的后果；员工自己能否支配或控制上述后果。

在大量收集这些关键事件以后，可以对它们做出分类，并总结职的关键特征和行为要求。关键事件法既能获得有关职务的静态信息，也可以了解职务的动态特点。

（2）应用关键事件法的场合。在职务分析信息的收集过程中，往往会遇到这样的问题：工作者有时并不十分清楚本工作的职责、所需能力等。此时，职务分析人员可以采用关键事件法。具体的方法是，分析人员可以向工作者询问一些问题，如"请问在过去的一年中，你在工作中所遇到比较重要的事件是怎样的？你认为解决这些事件的最为正确的行为是什么？最不恰当的行为是什么？你认为要解决这些事件应该具备哪些素质？"等。对于解决关键事件所需的能力、素质，还可以让工作者进行重要性的评定。例如，让工作者给这些素质按重要性排队；按五点量表打分；或者给定一个总分（如 20 分）让工作者将其分摊到各个能力、素质中。

（3）关键事件法的注意事项。

1）调查的期限不宜过短。

2）关键事件的数量应足以说明问题，事件数目不能太少。

3）正反两方面的事件要兼顾，不得偏颇。

（4）关键事件法的优缺点。关键事件法的主要优点是研究的焦点集中在职务行为上，因为行为是可观察的、可测量的，同时，通过这种职务分析可以确定行为的任何可能的利益和作用；它为你向下属人员解释绩效评价结果提供了一些确切的事实证据；它还确保你在对下属人员的绩效进行考察时，所依据的是员工在整个年度中的表现（因为这些关键事件肯定是在一年中累积下来的），而不是员工在最近一段时间的表现；保存一种动态的关键事件记录可以使你获得一份关于下属员工是通过何种途径消除不良绩效的具体实例。

关键事件法的缺点主要包括：费时，需要花大量的时间去收集那些关键事件，并加以概括和分类；关键事件的定义是显著的对工作绩效有效或无效的事件，但是，这就遗漏了平均绩效水平。而对工作来说，最重要的一点是要描述"平均"的职务绩效，利用关键事件法对中等绩效的员工就难以涉及，因而全面的职务分析工作就不能完成；不可单独作为考核工具，必须跟其他方法搭配使用，效果才会更好。

6. 工作实践法

工作实践法，是指工作分析人员直接参与某一职务的工作，从而细致、全面地体验、了解和分析该职务的职务特征及任职要求的方法。

与其他方法相比，实践法的优势是可获得岗位要求的第一手真实、可靠的数据资料，获得的信息更加准确。由于分析人员本身的知识与技术的局限性，其运用范围有限，只适用于较为简单的、短期内可掌握的工作的工作岗位分析，或者专业性不是很强的职位分析，不适于需进行大量的训练或有危险性工作的分析。

7. 资料分析法

在正常工作过程中，企业往往会积累大量的有关资料，如员工出勤、工作量、绩效考核、产品消耗、产品质量、以前已做的职务分析等。为了降低工作分析的成本，就要尽可能利用这些现有的资料，以便对每个工作的任务、责任、权利、工作量、任职资格等有一个大致的了解，为进一步调查奠定基础，这就是资料分析法。例如，有的企业通过日常作业统计，如对每个生产工人出勤、产量、质量、消耗的统计，对工人的工作内容、工作量有更深的认识。它是建立工作规范的重要依据。资料分析法一般适合现有资料比较丰富的工作职务分析。

3.3.2　职位分析问卷

1. 职位分析问卷的含义

职位分析问卷（Position Analysis Questionnaire，PAQ），是一种结构严谨的工作分析问卷，是目前最普遍和流行的人员导向职务分析系统。它是 1972 年由普渡大学教授麦考密克（E. J. McCormick）、詹纳雷特（P. R. Jeanneret）和米查姆（R.C. Mecham）设计开发的。设计者的初衷在于开发一种通用的、以统计分析为基础的方法来建立某职位的能力模型，同时运用统计推理进行职位间的比较，以确定相对报酬。目前，国外已将其应用范围拓展到职业生涯规划、培训等领域，以建立企业的职位信息库。

2．职位分析问卷的项目

职位分析问卷包含 194 个项目，其中 187 个项目被用来分析完成工作过程中员工活动的特征（工作元素），另外 7 个项目涉及薪酬问题。

所有的项目被划分为信息输入、思考过程、工作产出、人际关系、工作环境、其他特征六个类别。职位分析问卷给出每个项目的定义和相应的等级代码。

（1）信息输入，包括工人在完成任务过程中使用的信息来源方面的项目。

（2）思考过程，工作中所需的心理过程。

（3）工作产出，识别工作的"产出"。

（4）人际关系，工作与其他人的关系。

（5）工作环境，完成工作的自然和社会环境。

（6）其他特征，其他工作的特征。

职位分析问卷工作元素的分类如表 3-1 所示。

表 3-1　职位分析问卷工作元素的分类

类　别	内　容	例　子	工作元素数目
信息输入	员工在工作中从何处得到信息，如何得到	如何获得文字和视觉信息	35
思考过程	在工作中如何推理、决策、规划，信息如何处理	解决问题的推理难度	14
工作产出	工作需要哪些体力活动，需要哪些工具与仪器设备	使用键盘式仪器、装配线	49
人际关系	工作中与哪些有关人员有关	指导他人或与公众、顾客接触	36
工作环境	工作中自然环境与社会环境是什么	是否在高温环境或与内部其他人员冲突的环境下工作	19
其他特征	与工作相关的其他的活动、条件或特征是什么	工作时间安排、报酬方法、职务要求	41

3．职位分析问卷的使用

（1）计分方法。在应用这种方法时，职位分析人员要依据六个计分标准对每个工作要素进行衡量，给出评分。这六个计分标准是：信息使用程度、工作所需时间、对各个部门及各部门内各个单元的适用性、对工作的重要程度、发生的可能性，以及特殊计分。

（2）进行核查。使用职位分析问卷时，要用六个评估因素对所需要分析的职务一一进行核查。核查每项因素时，都应对照这一因素细分的各项要求，按照职位分析问卷给出的计分标准，确定职务在职务要素上的得分。

图 3-5 展示了"信息输入"这一类别中的部分工作元素，以及每个工作元素用"信息使用程度"这一计分标准进行的 5 点制评价。

信息使用程度：NA 不曾使用 1 极少 2 少 3 中等 4 重要 5 不重要

信息输入

工作资料来源（请根据任职者使用的程度，审核下列项目中各种来源的资料）

工作资料的可见来源

__4__ 书面资料（书籍、报告、文章、说明书等）

__2__ 计量性资料（与数量有关的资料，如图表、报表、清单等）

__1__ 图画性资料（如图形、设计图、X 光片、地图、描图等）

__1__ 模型及相关器具（如模板、钢板、模型等）

__2__ 可见陈列物（计量表、速度计、钟表、画线工具等）

__5__ 测量器具（尺子、天平、温度计、量杯等）

__4__ 机械器具（工具、机械、设备等）

__3__ 使用中的物料（工作中、修理中和使用中的零件、材料和物体等）

__4__ 尚未使用的物料（未经过处理的零件、材料和物体等）

__3__ 大自然特色（风景、田野、地质样品、植物等）

__2__ 人为环境特色（建筑物、水库、公路等，经过观察或检查以成为工作资料的来源）

图 3-5 职位分析问卷范例

从图 3-5 中可以看到，书面资料被评定为第 4 等级，这说明书面材料（如书籍、报告、文章、说明书等）在工作中扮演了重要角色。

用这六个方面的工作元素和六个计分标准，就可以决定某一职位在具有决策、沟通能力，执行技术性工作的能力，身体灵活性与体力活动，操作设备与器具的能力，处理资料的能力及相关的条件这五个方面的性质。也就是说，职位分析问卷可以将工作按照这五个基本尺度进行排序并提供一种量化的分数顺序或顺序轮廓。

根据这五个基本尺度，就可以得出工作的数量性剖面的分数，职位与职位之间可相互比较和划分工作簇的等级，也就是说，职位分析问卷可以使你用这五个尺度对每项工作测量出一个量化的分数。于是管理者就可以运用职位分析问卷所给出的结果对工作进行对比，以确定哪种工作更富有挑战性，然后依据这一信息来确定每种工作的奖金或工资等级。应当注意，职位分析问卷并非职位说明书的替代品，但前者有助于后者的编制。

4. 职位分析问卷的优缺点

职位分析问卷的优点包括：职位分析问卷同时考虑了员工与工作两个变量因素，并将各工作所需要的基础技能与基础行为以标准化的方式罗列出来，从而为人力资源调查、薪酬标准制定等提供了依据。大多数工作皆可由五个基本尺度加以描绘，所以职位分析问卷可将工作分为不同等级。由于职位分析问卷可得出每一（或每类）工作的技能数值与等级，所以它还可以用来进行工作评估及人员甄选。另外，职位分析问卷不需修改就可用于不同组织、不同工作，使得比较各组织间的工作更加容易，也使得工作分析更加准确与合理。

职位分析问卷的缺点包括：由于问卷没有对职位的特定工作进行描述，所以职位行为的共同性就使得任务间的差异较模糊，因此不能描述实际工作中特定的、具体的任务活动；可读性不强，只有具备较高文化水平的人才能理解其中的项目，使用范围产生限制；花费很多时间，成本很高，程序非常烦琐。

3.4 连锁企业工作说明书

工作分析通过对信息的收集、分析与综合，最终要形成工作分析的成果——工作描述和工作规范。工作描述以书面的形式明确了连锁企业各个职位的工作性质、工作任务、工作职责与工作环境等要求。工作规范则根据工作分析所提供的信息，说明任职者的资格，如个人特质、条件、所受教育等。两者可以作为两个文件来写，也可以合并成一个文件——工作说明书。全面、准确的工作说明书在人力资源管理中起着重要的作用，是人力资源管理活动的基本依据。

3.4.1 连锁企业工作描述

工作描述又称职务描述、工作说明，是指用书面形式来对组织中各类职位的工作性质、工作任务、工作职责与工作环境等所做的统一要求。它应该说明任职者应做些什么、如何去做，以及在什么条件下履行其职责。一个名副其实的工作说明书必须包括该项工作区别于其他工作的信息，提供有关工作是什么、为什么做、怎么样及在哪儿做的清晰描述。它的主要功能是让员工了解工作的概要，建立工作程序与工作标准，阐明工作任务、责任与职权，有助于员工的聘用与考核、培训等。工作描述的基本内容是用来说明工作本身的要求，主要包括以下内容。

1. 工作识别

工作识别主要是指可以区分本工作与其他工作的基本信息，主要包括工作名称、所在部门、工作编号、岗位类别、直接上级、所辖人数等。

（1）工作名称。工作名称是指一组在重要职责上相同的职位总称，是工作标志中最重要的项目。工作名称往往暗示了该工作在社会组织中的地位，反映了工作职责本质，同时指明了任职者在有组织等级制度下的相关等级。

（2）工作编号。工作编号又称岗位编号、工作代码。一般按工作评估与分析的结果对工作进行编码，目的在于快速查找所有的工作。例如，在某企业中，某一职位的编号为 MS—04—TS—08，其中 MS 表示市场销售部（Marketing Sales），04 表示普通员工，TS 表示职位属于技术支持类，08 表示市场销售部全体员工的顺序编号。

2. 工作概要

工作概要是指用简练的语言文字阐述工作的总体性质、工作的中心任务及要达到的工作目标。例如，对于连锁门店店长的工作来说，其工作可概述为："负责处理门店里的一切事务，带领全体员工努力工作，完成门店的各项经营目标。"

3. 工作职责与任务

工作职责又称工作任务，是工作描述的主体。工作职责逐条指明工作的主要职责、工作任务、工作权限，即工作人员行为的界限等。为使效率最大化，工作职责应该在时间和重要性方面进行优化，指出每项职责的分量或价值。

📖 **小知识 3-2　工作分析中职责描述常见动词举例**

对象或主体	常用的动词
计划、制度	编制、制订、拟定、起草、审定、转呈、转交、提交、呈报、存档、提出意见
信息、资料	调查、收集、整理、分析、归纳、总结、提供、汇报、通知、发布、维护、管理
思考行为	研究、分析、评估、发展、建议、参与、推荐、计划
直接行动	组织、实行、执行、指导、控制、采用、生产、参加、提供、协助
上级行为	主持、组织、指导、协调、指示、监督、控制、牵头、审批、审定、批准
下级行为	核对、收集、获得、提交、制作
其他	维持、保持、建立、开发、准备、处理、翻译、操作、保证、预防、解决

4．工作权限

工作权限即工作的权力范围，界定任职者在工作内容活动上的权限范围，如决策的权限、监督他人的权限及经费预算的权限等。

5．工作关系

工作关系是指任职者与组织内外其他人之间的情况。它包括：该项工作受谁监督；此工作监督谁；此工作可晋升的职位、可转换的职位及可迁移至此的职位；与哪些部门职位发生联系等。

6．工作环境与条件

工作环境更多的是指工作所处的物理环境，如工作可能在户外进行（如建筑工地），可能在低温中进行（如冰库中），工作也许长时间地持续（如银行出纳员），或者有强烈的气味、噪声和压力（如急救室护士）等。具体来说，包括工作场所、工作环境的危险性，以及职业病、工作的时间、工作的均衡性、工作环境的舒适程度。

7．工作时间

工作是否是正常班制，是否需要经常出差，等等。

表 3-2 以门店店长为例，说明工作描述的编写内容。

表 3-2　门店店长的工作描述

工作名称	门店店长	所属部门	门店运营部
职务等级	3 级	薪酬级别	6 级
直接上级	区域经理	直接下级	柜台长、组长等
所辖人数	7 人	本职定员人数	1 人
职位编号	Md113－88	说明书编号	SHMmd－001
审　批　人	×××	审批日期	×××
工作概要	负责处理门店里的一切事务，带领全体员工努力工作，完成门店的各项经营目标		

工作职责	1. 负责门店的经营管理 2. 对总部下达的各项经营指标的完成情况负责 3. 监督门店的商品进货验收、仓库管理、商品陈列、商品质量管理等 4. 执行总部下达的商品价格变动计划 5. 执行总部下达的促销计划与促销活动安排 6. 掌握门店销售动态，及时向总部提出建议 7. 监督与改善门店各部门商品的防损管理 8. 监督和审核门店的会计、收款等作业 9. 负责门店员工考勤、仪容、仪表和服务规范执行情况的监督与管理 10. 负责门店员工的人员考核，提出职位提升、降级和调动等建议		
工作权限	责任范围		
	汇报责任	直接上报：1人	间接上报：2人
	督导责任	直接督导：7人	间接督导：8人
	培养责任	培养下级	现场指导 提供外部学习的机会
		专业培养	组织学习安全知识、业务知识、法律法规
	成本责任	电话费用	控制在企业额定内
		办公用品	控制有关办公耗材，保证大型办公用品安全
	保密责任	门店的薪酬等级及员工工资保密，对企业其他保密事项保密	
	权力范围		
	审核权	对门店编制内招聘及工资发放有审核权	
	解释权	对参与或亲自制定的规章制度有解释权	
	财务权	对限额使用的资金有批准权	
	监察权	对本门店各项业务有管理、指挥、指导、监督、检查权	
	考核权	对本人工作职责范围内的工作有考核权	
工作关系	内部主要关系	所受监督	重大问题接受区域经理的指导和监督
		所施监督	对本门店员工工作表现和绩效实施监督
		合作关系	与总部各部门进行合作、沟通
	外部主要关系	同政府相关部门和社会团体等进行合作	
	可直接晋升	区域经理	
	可轮换	总部各部门副部长	
	可降级	柜台长、组长等	
工作场所	室内、办公室		
工作时间	白天、8小时左右、可随时加班		

3.4.2　连锁企业工作规范

工作规范又称岗位规范或任职资格。它反映职位对承担这些工作活动的人的要求，是人们为了完成这些工作活动所必须具备的知识、技能、能力和其他特征的目录清单，明确了组织对人的要求。它包括"显性"任职资格（涉及教育、工作经验、工作技能、培训等要求）及"隐性"任职资格（主要体现为对工作能力的要求）。

1. 管理职位工作规范内容

管理职位工作规范内容一般包括两类、13 项。

（1）知识要求。知识要求是指胜任本职位工作应具有的知识结构和知识水平。它由以下六项组成。

1）最低学历。

2）专门知识。胜任本职位工作所具有的专业基础知识与实际工作经验。

3）政策法规知识，即具备的政策、法律、规章或条例方面的知识。

4）管理知识，应具有的管理科学知识或业务管理知识。

5）外语水平，因专业、技术或业务的工作需要，对一种或两种外语应掌握的程度。

6）相关知识，本职位主体专业知识以外的其他知识。

知识要求可采用精通、通晓、掌握、具有、懂得、了解六级表示法来进行评定。

（2）能力要求。能力需求是指能胜任本职位工作应具有的素质条件，一般包括以下七项。

1）理解判断能力。对有关方针、政策、文件指令、科学理论、目标任务的认识与领会程度，对本职工作中各种抽象或具体问题的分析、综合与判断方面应具备的能力。

2）组织协调能力。组织本部门人员开展工作及与有关部门人员协同工作的能力。

3）决策能力。从系统的整体出发，对方向性、全局性的重大问题进行决断的能力。

4）开拓能力。对某一学科、业务或工作领域进行研究、开发、创新、改革的能力。

5）社会活动能力。为开展工作在社会交往、人际关系方面应具有的活动能力。

6）语言文字能力。在撰写论著、文章，起草文件、报告，编写计划、情况说明、业务记录，讲学、演说、宣传方面，应具有的文字和口头语言表达能力。

7）业务实施能力。在具体贯彻执行计划任务的过程中，处理工作业务，解决实际问题的能力。

表 3-3 以门店店长为例，说明工作规范的编写内容。

表 3-3　门店店长的工作规范

1. 学历及专业			
最佳学历	管理类学士	最低学历	大专
专业要求	连锁经营管理、企业管理、人力资源管理等		
资格证书	学历证书、学位证书、经营管理师等资格证书		
年龄要求	年龄	30 岁以上	性别、民族不限

续表

2. 知识和业务能力	
必备知识	连锁经营管理、企业管理、人力资源管理、市场营销等
外语要求	英语听、说、读、写能力达到国家四级及以上水平
计算机要求	熟练掌握办公软件操作，国家二级以上
劳动法等法规	熟悉有关劳动法、商品法、竞争法等相关法律法规
薪酬福利政策	了解国家颁布的薪酬福利规定及其他地方政策法规
3. 工作经验	
所需工作经历	3年以上销售企业或外资企业门店工作经历
4. 能力、素质要求	
必备能力	组织协调能力、沟通能力、团队能力、综合分析能力、创新能力等
其他能力	较强的社交能力、良好的执行能力、准确的判断能力
个人素质	积极热情、公正无私、善于言辞、服务意识强、忠诚度高、认真负责

2．员工职位工作规范内容

员工职位工作规范主要有以下三项内容。

（1）应知。胜任本职位工作所具备的专业理论知识，如所使用机器设备的工作原理、性能、构造、加工材料的特点和技术操作规程等。

（2）应会。胜任本职位工作所应具备的技术能力，如使用、调整某设备的技能，使用某种工具、仪器、仪表的能力等。

（3）工作实例。根据"应知"、"应会"的要求，列出本职位的典型工作项目，以便判定员工的实际工作经验，以及应知、应会的程度。

 知识测试题

一、单项选择题

1．连锁企业工作分析的时机不包括（　　）。

A．连锁企业新建立时　　　　　　B．工作发生变动时

C．存在问题隐患时　　　　　　　D．连锁企业即将发生变革时

2．以下适用于各类工作的分析方法是（　　）。

A．面谈法　　　　　　　　　　　B．问卷法

C．访谈法　　　　　　　　　　　D．工作日志法

3．要求分析人员、管理人员或本岗位工作人员详细记录工作中引起异常优良绩效和异常不良绩效的行为事件的方法是（　　）。

A．工作日志法　　　　　　　　　B．关键事件法

C．资料分析法　　　　　　　　　D．工作实践法

4.（　　　）不适用于脑力劳动成分比较高的工作，以及处理紧急又偶然的工作的工作分析。

A．观察法　　　　　　　　　　　B．问卷调查法

C．工作日志法　　　　　　　　　D．关键事件法

二、多项选择题

1．连锁企业工作分析准备阶段的工作包括（　　　）。

A．确定工作分析的目的　　　　　B．制定工作分析计划

C．培训工作分析人员　　　　　　D．成立工作分析小组

2．下列关于职位分析问卷的描述正确的是（　　　）。

A．职位分析问卷是一种结构严谨的工作分析问卷

B．职位分析问卷是一种人员导向型的职务分析问卷

C．职位分析问卷花费很多时间和成本

D．职位分析问卷可以用于描述实际工作中的特定的、具体的任务活动

3．工作分析的成果包括（　　　）。

A．工作说明书　　　　　　　　　B．工作规范

C．工作描述　　　　　　　　　　D．任职资格说明书

三、简答题

1．进行连锁企业工作分析有何重要意义？

2．连锁企业工作分析的程序是什么？

3．连锁企业工作分析常见的定性方法有哪些？

4．简述工作描述的主要内容。

5．简述工作规范的主要内容。

 案例分析

是否需要工作分析

李明是似家连锁酒店的新任人力资源部经理，他希望能够立即在公司中开展工作分析。在其接任后的第 6 个星期，他就将工作分析问卷发给员工，但是，填写的结果令人迷惑不解。从基层员工（客房服务员、餐饮服务员、前台等）那里得到的关于其工作的反馈，与从他们的直接上级那里得到的大不相同。管理者所列出的都是比较简单的和例行的工作职责，而一般员工却认为自己的工作非常复杂，而且经常有偶然事件发生，自己必须具备各种技能才能处理好工作。

管理者与员工对工作的不同理解更加坚定了李明进行工作分析的信息，他想通过这次工作分析活动使管理者和一般员工对工作的认识达成一致，出现的争论和错误达到最少。

问题：

（1）似家连锁酒店是否应该进行工作分析？为什么？

（2）针对似家连锁酒店的情况应该采取何种方法才能使工作分析的效果更加有效？

 实训项目

调查本地某连锁企业的岗位设置情况，并根据所学内容选择某一岗位进行工作分析，形成工作说明书。

步骤及要求：

（1）拟订工作分析计划。

（2）成立工作分析小组，分配小组各成员任务。

（3）选择进行工作分析的具体部门和岗位。

（4）选择合适的方法进行工作分析。

（5）根据分析，编写工作分析报告和工作说明书。

第 4 章

连锁企业员工招聘管理

引导案例

得胜公司管理人员招聘困惑

得胜公司是一家发展中的公司，它创立 15 年，拥有 10 多家连锁店。在过去的几年中，从公司外部招聘来的中高层管理人员中，大约有 50%的人员不符合岗位的要求，工作绩效明显低于公司内部提拔起来的人员。在过去的两年中，从公司外聘的中高层管理人员中有 9 人不是自动离职就是被解雇。

从外部招聘来的商业二部经理因年度考评不合格而被免职之后，终于促使董事长召开了一个由行政副总裁、人力资源部经理出席的专题会议，分析这些外聘的管理人员频繁被更换的原因，并试图得出一个全面的解决方案。

首先，人力资源部经理就招聘和录用的过程做了一个回顾，公司是通过职业介绍所，或者在报纸上刊登招聘广告来获得职位候选人的，人员挑选的工具包括一份申请表、三份测试（一份智力测试和两份性格测试）、有限的个人资历检查及必要的面试。

行政副总裁认为，他们在录用某些职员时，犯了判断上的错误。他们的履历表看上去挺不错，他们说起话来也头头是道，但是工作几个星期之后，他们的不足就明显地暴露出来。

董事长则认为，根本问题在于没有根据工作岗位的要求来选择适用的人才，"从表面上看，几乎所有我们录用的人能够完成领导交办的工作，但他们很少在工作上有所作为、有所创新"。

人力资源部经理提出了自己的观点，他认为公司在招聘时过分强调了人员的性格特征，而并不重视应聘者过去在零售业方面的记录。例如，在 7 名被录用的部门经理中，有 4 人是来自与其任职无关的行业。

行政副总裁指出，大部分被录用的职员都有某些共同的特征。例如，他们大都在 30 多岁，经常跳槽，多次变换自己的工作；他们都雄心勃勃，并不十分安于现状；在加入公司后，他们中的大部分人与同事关系不是很融洽，与直属下级的关系尤为不佳。

会议结束时，董事长要求人力资源部经理："彻底解决公司目前在人员招聘上存在的问题，采取有效措施从根本上提高公司人才招聘的质量！"

问题：得胜公司管理人员的招聘有什么问题？造成这些问题的原因是什么？你对该公司管理人员的招聘有哪些更好、更具体的建议？

通过本章的学习，学生应该掌握以下内容：

1. 明确连锁企业员工招聘的意义与流程；
2. 掌握连锁企业员工招募的渠道；
3. 掌握连锁企业员工甄选的方法；
4. 熟悉连锁企业员工录用的程序；
5. 了解连锁企业员工招聘评估的内容与方法。

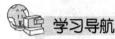

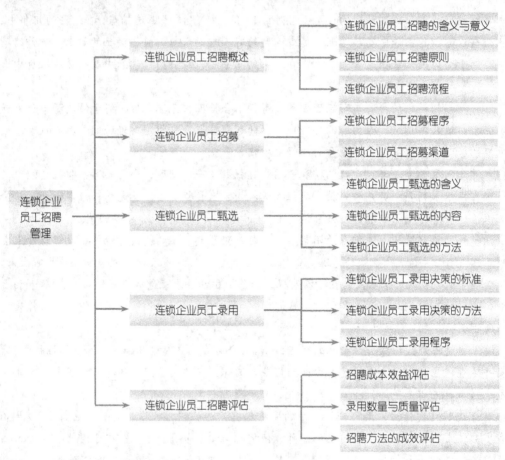

职业指导

近年来，中国通过各种渠道扩大内需、刺激消费的政策使得连锁企业发展极为迅速，但与此同时，中国的连锁企业却掉进一个怪圈：一方面，加速跑马圈地；另一方面，连锁企业人才流动率过高，供不应求，存在巨大缺口。很多连锁企业面临"有高薪、无人领"的尴尬境地。人才将成为未来中国连锁企业竞争的焦点之一，也将成为制约未来连锁企业发展的瓶颈。要打破人才瓶颈，无非两个途径：一是外部招聘，二是内部培养。因此，能否吸引并选拔到优秀的人才已成为连锁企业生存与发展的关键。人力资源的吸纳功能因此就越发显得重要，而这项功能正是通过员工招聘管理来实现的。

4.1 连锁企业员工招聘概述

4.1.1 连锁企业员工招聘的含义与意义

1. 连锁企业员工招聘的含义

员工招聘，简称招聘，是指"招募"与"聘用"的总称。连锁企业员工招聘是连锁企业为了自身发展的需要，根据人力资源规划和工作分析的要求，通过各种可行的手段和媒介，向公众发布招聘信息，并按照一定的标准、程序和方法来招募、聘用连锁企业所需人力资源的全过程。

西方有句俗语："你可以训练火鸡爬树，但不如直接雇用一只松鼠。"这句话形象地说明了连锁企业人员招聘的重要性。连锁企业员工招聘主要包括两个方面：一是向应聘者说明"工作是什么"；二是选择"适合工作的人"。

2. 连锁企业员工招聘的意义

（1）招聘工作是连锁企业人力资源管理活动的基础。如果把人力资源看成一个系统中的输入与输出转换机制，那么招聘工作就位于人力资源系统的输入环节。也就是说，招聘工作的质量直接影响连锁企业人才输入和引进的质量，这是人力资源管理的第一关口。招聘工作是连锁企业人力资源管理活动的基础，一方面，招聘工作直接关系连锁企业人力资源的形成，有效的招聘工作将在提高员工素质和结构的同时，提升连锁企业的核心竞争力；另一方面，招聘工作是人力资源管理其他环节工作的基础，因此，招聘工作实际上决定着连锁企业今后的成长与发展。

（2）招聘工作是一项树立企业形象的对外公关活动。招聘，尤其是外部招聘，从一开始就要准备招聘材料，这些材料中包括很多连锁企业发展的基本情况介绍、发展方向、政策方针等。同时，通过各种媒体将这些信息发布出去，一方面，使连锁企业获得所需要的人才；另一方面，可以起到宣传企业形象，扩大企业知名度的作用。

（3）招聘工作影响着连锁企业的人员流动。连锁企业的人员流动受到多种因素的影响，招聘工作是其中很重要的一个因素。招聘过程中传递的信息真实与否，会影响应聘者进入企业以后的流动。如果向外传递的信息不真实，只展现企业好的方面，却隐瞒一些不好的方面，员工进入企业以后就会产生较大的失落感，这样会降低他们对企业和工作的满意度，从而导致人员较高的流动率；相反，如果传递的信息比较客观真实，就会有助于降低人员的流动率。同时，招聘与连锁企业岗位相匹配的员工可以有效地降低员工流失率，反之，则会增加员工流失率。

此外，合理的招聘有助于员工的合理流动，增添企业活力和提升企业运行效率。

（4）招聘工作直接影响着人力管理费用。有效的招聘工作，既能节省连锁企业招聘活动的费用，又能招收到符合连锁企业需要的优秀人才，而且因为招收的人员适合连锁企业工作，会减少连锁企业在培训和能力开发方面的支出，从而有效地降低了人力资源管理的费用。

4.1.2 连锁企业员工招聘原则

1. 公开公平公正原则

公开原则，是指在连锁企业员工招聘工作中要把招聘单位、职位名称、招聘数量、入职资格和条件、测评的方法和内容等相关信息均面向社会公众通告周知，公开进行。公开原则的作用在于一方面使连锁企业招聘工作置于社会监督之下，有利于防止不正之风的出现，另一方面给所有应聘者提供公平竞争的机会，有利于连锁企业广纳人才。

公平原则，是指在连锁企业员工招聘工作中对所有应聘者应一视同仁，不得人为地制造各种不平等限制或条件（如性别歧视等）和各种不平等的优惠优先政策。要不拘一格地把各方面的优秀人才招聘到连锁企业中去。

公正原则，是指在连锁企业员工招聘工作中对来自不同渠道的应聘者要公正对待，对不合格的特殊人员不应给予照顾。在招聘过程中，招聘部门人员应保证廉洁公正，使应聘人员有平等竞争机会，否则不仅会影响录用人员的素质及连锁企业以后的绩效，而且会严重损害连锁企业形象、滋生腐败之风。

2. 因事择人原则

因事择人原则是连锁企业员工的招聘应以职位的空缺和实际工作的需要为出发点，以职位对人员的实际要求为标准来招募、录用各类人员。无论是连锁企业招多了人还是招错了人，都会给连锁企业带来很大的负面影响，除了增加人力成本、工作低效率等看得见的损失，由此导致的人浮于事等情况还会不知不觉对连锁企业的企业文化造成不良影响，并降低连锁企业的经营管理的整体效率。因此，按照因事择人原则进行员工招聘也是提高人员使用效率和企业工作效率的内在要求。

3. 全面考核原则

全面考核原则，是指对应聘者从品德、知识、能力、智力、心理、过去工作的经验和业绩进行全面考核。一个人能否胜任某项工作或发展前途如何，是由其多方面因素决定的，特别是心理等非智力因素对一个人的未来发展起着很重要的作用。

4. 竞争择优原则

竞争择优原则是指在员工招聘中引入竞争机制，在对应聘者进行全面考核的基础上，按照考核的成绩择优选拔录用员工。只有通过竞争考核和择优录用人才，才能使人才脱颖而出，吸引真正的人才，起到激励的作用。

5．能岗匹配原则

人的能力有大小，本领有高低，工作有难易，要求有区别。能岗匹配原则，是指连锁企业招聘工作不一定要招聘到最优秀的人才，而应量才录用，要做到人尽其才、用其所长、职得其人，这样才能够持久、高效地发挥人力资源的作用。

6．效率优先原则

连锁企业经营管理活动的核心目的是不断提高企业的经济效益。企业各项活动的进行都离不开这一核心。效率优先原则，是指连锁企业招聘要以效率为中心，要根据不同的招聘要求灵活运用适当的招聘形式，用尽可能低的招聘成本招聘到高素质、符合连锁企业需要的人员。

4.1.3　连锁企业员工招聘流程

连锁企业员工招聘流程，是指从企业出现空缺到新员工正式进入企业工作的整个过程。这是一个系统而连续的程序化操作过程，同时涉及人力资源管理部门及企业内部各用人部门及相关环节。为了使员工招聘工作科学化、规范化，应当严格按照一定流程来组织招聘工作，这对招聘人数较多或招聘任务较重的连锁企业尤为重要。连锁企业员工招聘流程主要包括招聘准备、招聘实施和招聘评估三个阶段。

1．招聘准备阶段

招聘准备阶段的主要任务包括确定招聘需求，明确招聘工作特征和要求，制定招聘计划和招聘策略等。

确定招聘需求是要准确地把握连锁企业对各类人员的需求信息，确定员工招聘的种类和数量。首先，由连锁企业统一进行人力资源规划或由各部门根据长期或短期的实际工作需要提出人力资源需求。其次，由人力需求部门填写"人员需求表"。每个企业可根据具体情况制定不同的人员需求表，但必须依据工作说明书制定。一般来说，人员需求表包括：所需人员的部门、职位；工作内容、责任、权限；所需人数及录用方式；人员基本情况（年龄、性别等）；要求的学历、经验；希望的技能、专长；其他需要说明的内容。最后，由人力资源管理部门审核，对人力资源需求及资料进行审核和综合平衡，对有关费用进行评估，提出是否受理的具体建议，并报送主管部门审批。

根据批准确定的人员需求，人力资源部门要制定相应的招聘工作计划。制定人员招聘计划为组织人力资源管理工作提供了一个基本框架，尤其为人员招聘工作提供了客观的依据、科学的规范和实用的方法，能够避免人员招聘过程的盲目性和随意性的发生。有效的招聘计划，离不开对招聘环境的分析，包括对企业外部环境的分析，如对经济环境、劳动力环境、法律法规等的分析研究，还包括对企业内部环境的分析，如企业的战略发展规划、财务预算、企业文化等。招聘计划一般包括：计划录用人数及达到规定录用率所需要的人员；从候选人应聘到雇用之间的时间间隔；人员招聘基准；人员招聘来源；招聘费用预算。

招聘策略是招聘计划的具体体现，是为实现招聘计划而采取的具体策略。在招聘中，必须结合连锁企业的实际情况和招聘对象的特点，给招聘计划注入有活力的东西，这就是招聘策略。

招聘策略主要包括招聘人员策略、招聘范围策略、招聘时间策略、招聘地点策略、招聘宣传策略等。

2．招聘实施阶段

招聘实施阶段是整个招聘工作的核心，也是最为关键的一环，招聘实施阶段先后经历招募、甄选、录用三个步骤。

（1）人员招募。根据招聘计划所确定的用人条件和标准进行决策，采用适宜的招募渠道和相应的招募方法，吸引合格的应聘者，以达到适当的效果。一般来说，每类人都有自己习惯的生活空间和喜欢的传播媒介，因此，连锁企业要想吸引符合标准的人员，就必须选择相对应人员所喜欢的招募途径。

（2）人员甄选。人员甄选是指连锁企业从人、事两个方面出发，使用恰当的方法，从众多的候选人中挑选最适合职位的人员的过程。在人员甄选过程中，不能仅仅是进行定性比较，应尽量以工作岗位职责为依据，以科学、具体、定量的客观指标为准绳。

（3）人员录用。人员录用是依据人员甄选的结果做出录用决策并进行人员安置的活动，主要包括录用决策、发录用通知、办理录用手续、签订劳动合同等。在这个阶段，招聘者和求职者都要做出自己的决策，以便达到个人和工作的最终匹配。

3．招聘评估阶段

要了解招聘工作是否达到预期目的，其效果如何，就需要对招聘工作进行评估。招聘评估阶段主要包括三个方面内容：一是对招聘的成本效益进行评估；二是对照招聘计划对实际招聘录用的结果（数量和质量两个方面）进行评价总结；三是对招聘方法的成效进行评估，以便发现招聘中的问题，进而有利于连锁企业不断改进招聘方式，以指导下一轮招聘工作高质量地进行。

4.2 连锁企业员工招募

连锁企业在制定了较为详细的招聘计划之后，下一步就需要进行人员招募，即通过各种方法尽可能多地吸引应聘者前来应聘。

4.2.1 连锁企业员工招募程序

连锁企业员工招募程序主要包括成立招募领导小组、选择员工招募渠道、发布招募信息、接待应聘者并获取相关信息资料。

1．成立员工招募领导小组

在员工招募过程中，成立一个以比所聘岗位级别高的职员为组长的领导小组，可有利于员工招募工作的统筹和协调，保证员工招募的公平与公正，并确保员工招募工作较好地开展。一般来说，招募不同的岗位人员，领导小组成员的构成也不同。招募普通职员，领导小组可由待聘岗位所在部门主管、人力资源部主管及招募专员三部分人员组成；招募管理人员，领导小组必须由企业负责人力资源的副总裁、待聘岗位的直接上司、人力资源部主管等人员组成。

2. 选择员工招募渠道

员工招募的渠道主要有内部招募和外部招募两种。选择不同的员工招募渠道，所采用的方法也就不一样。同时，不同的员工招募渠道，具有不同的优势与局限性。

3. 发布招募信息

企业的招聘计划决定了招募信息发布的范围、渠道、方式和时间。完整的招募信息应包括：工作岗位的名称、有关工作职责的简单而明确的阐述；说明完成工作所需的技巧、能力、知识和经验；工作条件；工作报酬和享受的福利；申请的时间和地点；如何申请等。发布招募信息应注意以下三个方面：第一，招募信息应客观实际；第二，应根据招募对象可能的范围来确定招募信息发布的范围；第三，在条件允许的情况下，招募信息应尽早发布，这样有利于缩短员工招募进程，而且有利于使更多的人获取信息，增加应聘者人数。

4. 接待应聘者并获取相关信息资料

连锁企业在发布招募信息之后，招募工作人员应积极做好应聘者接待工作，并获取应聘者相关信息资料。在员工招募工作中，会收到许多应聘者的求职简历。在应聘者递交求职简历的同时，企业都应要求应聘者填写一份报名表，从而获得应聘者一定的信息。应聘人员报名表一般包含应聘者基本信息（如姓名、性别、身体状况、联系方式等）、教育背景（如毕业院校、专业及最高学历等）、个人履历、工作经历、技能特长、个人特性（如兴趣爱好）、家庭状况、工资期望及奖惩情况等。通过应聘者个人简历和报名表，企业可以收集应聘者的一些个人信息。这些一方面可以为应聘者将来的入职提供一定的档案基础，另一方面可以为人员的初步筛选提供依据。

前沿话题 4-1　微招聘

2014 年 5 月 23 日微博正式发布"微招聘"，标志着微博正式进军招聘领域。微招聘根植于微博社交平台，通过数据挖掘，对企业和个人求职者进行精准匹配，不仅为企业提高了招聘效率，也为求职者就业提供了便捷。同时，微招聘可以为企业雇主品牌的传播提供巨大的帮助。微招聘创始团队全部来自中国著名的互联网企业，团队秉承"以人为本"的原则，正在通过自己的实际行动，开启中国社交招聘的新时代。

微招聘无疑架起了用人单位和应聘者之间"点对点"的新桥梁。

微招聘将运用大数据技术，根据职位要求，自动匹配、推荐候选人。对求职者而言，微招聘会主动将求职信息推送给符合条件的候选人，做到精准定向推送，形成企业和人才的真正互动，让选才变简单，求职更顺畅。

微招聘使用的是碎片化简历模式，系统会不定期向使用用户推送消息，让用户做一些简单的问答，随后用户可将其保存为最新简历。注册用户还可以以发送微博状态的形式发一些求职信息，系统会自动将其推荐给相关企业，粉丝也可帮转发。

微招聘可以覆盖微博 1 亿潜在求职者，并且可以基于微博的大数据挖掘优秀人才，精准触达目标候选人，还可以将招聘信息通过微博关系网快速传播。

4.2.2 连锁企业员工招募渠道

与人力资源供给的来源相对应，人员招募渠道有两种形式：内部招募和外部招募。内部招募和外部招募对连锁企业人力资源的获取具有同等重要的地位，两种方式是相辅相成的。某一个职位空缺究竟是由招募内部人员还是外部人员来填补，要视人力资源供给状况、招募的人力资源政策和工作的要求而定。

1．内部招募

内部招募是指从连锁企业内部提拔那些能够胜任的人员来充实企业中的各种空缺职位。实际上，企业中绝大多数工作岗位的空缺是由企业的现有员工填充的，因此企业内部是最大的员工招募来源。

（1）工作公告。工作公告是企业常用的内部招募方法，是一种向员工通报现有工作空缺的方法。工作公告列出工作的特性，如资格要求、主管的情况、工作时间表、薪酬等级等，并将公告置于企业的墙报、布告栏、企业内部网站等企业人员都可以看到的地方，以便所有相关人员均有机会申请空缺职位，通过这种途径既为有才能的员工提供成长发展的机会，同时又体现公平竞争原则。

一般来说，工作公告经常用于非管理层员工的招聘，特别适合普通员工的招聘。工作公告法的优点在于让企业内更多的人了解此类信息，为企业员工职业生涯的发展提供更多的机会，可以使员工脱离原来不满意的工作环境，也促使企业主管们更加有效地管理员工，以防本部门员工的流失。工作公告法的缺点在于花费的时间较长，可能导致岗位较长时间的空缺，影响企业的正常运营，而员工也可能由于盲目的变换工作而丧失原有的工作机会。再者，如果企业内部不具有适合的人选，则可能导致招聘目标无法顺利实现。

（2）档案法。人力资源部门都有员工档案，从员工档案可以了解到员工在教育、培训、经验、技能、绩效等方面的信息。当企业内部出现岗位空缺时，档案法可以帮助用人部门与人力资源部门寻找合适人员补充职位。档案法的优点是可以在整个企业内发掘合适的候选人，对内部人员晋升来说非常重要，如果经过适当的准备，且档案包含的信息比较全面，采用这种方法比较便宜和省时。但是这种方法对档案信息要求比较高，档案信息必须准确、可靠，同时档案信息必须全面，同时由于档案记录这一渠道对员工的透明度小、影响力小，员工参与较少，所以，这一渠道常与其他渠道结合使用，以起到相互补充的作用。

（3）员工推荐。员工推荐可用于内部招募，也可用于外部招募。它是由本连锁企业员工根据企业的需要推荐其熟悉的合适人员，供用人部门和人力资源部门进行选择和招募。员工推荐优点在于由于推荐人对用人单位及被推荐者的情况都比较了解，使得被推荐者更容易获得企业与岗位的信息，便于其决策，也使企业更了解被推荐者，因而这种方法较为有效，成功的概率较大。员工推荐的缺点在于这种方法会比较主观，容易受个人因素的影响，引荐人可能因为种种原因，如裙带关系、内部小团体等而引荐并不适合企业需要的人选。因而在通过此渠道招募员工时，应注意克服这些缺点，以求任人唯贤。在国外，一些著名公司如思科、微软等都采取鼓励措施，鼓励员工积极推荐适合公司需要的人才加入公司。

2．外部招募

（1）广告招募。广告招募即通过报纸、杂志、广播电视等媒体向社会发布企业空缺岗位广告并招募员工。它适用于所有工作岗位的招聘，是最为普遍、最为广泛的员工招募渠道。由于招聘广告的读者不仅有工作申请人和潜在的工作申请人，还有客户和一般大众，所以广告法在一定程度上也影响着连锁企业形象。

在实施广告招募中，有两个需要重点考虑的问题：选择什么样的广告媒体和如何设计广告。广告媒体的选择取决于招募工作岗位的类型。一般来说，可选择的广告媒体很多，常见的媒体有报纸、杂志、广播电视、互联网、印刷品等。表 4-1 列出了几种常见广告媒体的优缺点及其适用范围。

表 4-1　常见广告媒体优缺点及其适用范围

媒体类型	优　点	缺　点	适用范围
报纸	发行量大，成本低；广告大小机动灵活；信息传达迅速；分类广告清晰易辨；可限定特定的招募区域	读者群不固定，针对性差；保留时间短，易被人忽略或错过；制作效果差	潜在求职者集中于某一区域并通常阅读报纸找工作，几乎适用于各类职位
杂志	印刷质量好；保存时间长，可不断重读；信息容量较大，且广告大小弹性可变，专业杂志可到达特定的职业群体手中	传播周期较长；短时间里难见成效；发行的地域可能较为分散；广告的预约期长	适用于招募各类专业人员
广播电视	招募信息易引起注意；受众面广，创造的余地大，可产生较强的视听冲击力；利于自我形象宣传	成本高；只能传递简短的信息，缺乏持久性；无法选择特定的候选人群	当印刷广告效果不佳时使用；可用于提升企业形象；可用于迅速引起注意
互联网	成本较低；覆盖面广；方便快捷，不受时间、空间限制；广告设计、制作灵活	信息过多，容易被忽视；有些人不具备上网条件或计算机使用能力	各种类型的人员招募；跨国企业的全球招募
印刷品	制作精美，容易引起求职者的兴趣和诱发行动	宣传力度有限；如无保存价值，容易被随手丢弃	在就业交流会、公开招聘会上布置的海报、标语、旗帜或向求职者散发的招募宣传材料

另外，广告设计的好坏将直接影响到可获得的应聘者的数量和素质。一则好的广告应该遵循 AIDA 四个原则，即注意（Attention）、兴趣（Interesting）、欲望（Desire）和行动（Action）。广告要注意措辞准确、内容详细、条件清楚、能吸引人。广告中应该介绍连锁企业的基本情况、

职位的情况、应聘人员的基本条件要求、报名时间和地点、报名需携带的证件、材料及其他相关注意事项。需要注意的是，广告中应包含让求职者马上申请职位或与企业联系的内容，如联系地址或网址等，这样可以使有兴趣的人采取行动。

（2）人才中介机构招募。人才中介机构招募即连锁企业通过各级劳务市场、职业介绍所、各种人才市场和猎头公司等中介进行员工招募。当企业需要招募初中级人才或急需的人才时，通常会通过各级劳务市场、职业介绍所和各种人才市场等搜寻所需人才；当企业需要物色一些高级技术人员或管理人才时，企业则往往委托猎头公司寻找合适的人才。

（3）校园招募。校园招募即连锁企业在各大专院校招聘应届毕业生（含专科生、本科生和研究生）。众所周知，应届毕业生属于潜力型人选，是大多数专业管理人员和工程技术人员的主要来源。通常，企业通过校园招聘会、院校就业网站、校园就业信息海报和院校就业指导部门（或学生部门）等渠道发布招聘信息，并吸引应届毕业生参加应聘。在选择院校时，企业首先必须了解空缺岗位的需要与院校所具有的专业的相关性；其次应结合企业自身的特点和战略，恰当地在一定区域内选择院校。

此外，很多连锁企业和一些大专院校建立了长期的合作关系，为学生提供实习机会，还有的则通过定向培养、委托培养等方式直接从学校获得所需要的人才。因为有了学生在连锁企业实习的经历，连锁企业对学生的素质和能力有一定的认识和评价，所以第一次就招募到合适人选的机会也很大。当然，通过连锁企业与学校建立合作关系，委派企业员工到学校做讲座、在专业指导委员会中担任职务等方法可以提高连锁企业在学生中的影响力，从而吸引更多的优秀大学生到连锁企业就业。

（4）网络招募。随着计算机及网络技术的发展，产生了通过计算机网络进行招聘的方法，即通过在互联网上发布招聘信息，征集应聘者。连锁企业自己的网站是一种非常好的招聘渠道，在自己网站长期设置招聘栏目吸引求职者浏览自己企业的网站，不仅为企业招聘服务，而且增加了企业的广告效应和企业知名度。此外，还有一些专门提供招聘服务的专业网站，如中华英才网、智联招聘、无忧网等，这些网站都有大量的注册企业会员，企业在需要招募人才时可以很方便地将自己的相关信息在网上发布出去。

网络招募的优点在于成本低、覆盖面广、时间周期长、联系快捷方便等。由于这些明显的优点，现在越来越多的企业都在使用网上资源。有一项研究报告显示，《财富》500强企业中使用网络招募的已占88%；而另一家美国公司的调查显示，绝大多数企业希望求职者通过电子邮件而不是邮寄传送个人简历。但网络招募也暴露出一些问题：信息量大，鱼龙混杂，大大增加了招募筛选的难度和强度；由于信息不对称及网络的虚拟性造成招聘者与应聘者的信息有时难辨真伪；网络招募还涉及隐私权问题，个人或企业在网络上输入的信息有可能被他人窃取和利用，从而造成损失。这些问题应引起连锁企业和招募者及求职者的注意。

3．内部招募和外部招募优缺点比较

连锁企业在进行员工招募时，需要考虑员工招募的渠道。内部招募和外部招募各有优缺点，不同企业填补职位空缺的方式和习惯是不尽相同的。内部招募和外部招募是相辅相成的。采取

哪种方式，要视连锁企业具体选聘目的和环境条件来定。内部招募和外部招募优缺点比较如表 4-2 所示。

表 4-2　内部招募和外部招募优缺点比较

招聘渠道	优　点	缺　点
内部招募	被聘者可以迅速展开工作；可提高被聘者的士气；有利于保证选拔的正确性；可降低招募的风险和成本；有利于激励其他员工的士气、调动工作积极性；充分利用内部资源；成功的概率高；有利于维系成员对企业的忠诚	易出现思维和行为定式，缺乏创新性，从而使企业丧失活力；易造成"近亲繁殖"；招致落选者的不满；不利于被聘者展开工作；易引起内部争斗；选择范围有限，企业中最合适的未必是职位最合适的
外部招募	为企业注入新鲜血液；有助于突破企业原有的思维定式、利于企业创新；人际关系单纯；有利于平息和缓和内部竞争者之间的紧张关系	被聘者需较长的"调整适应期"；对内部员工造成打击；被聘者可能对企业文化不适应；被聘者的实际工作能力与选聘时的评估能力可能存在较大的差距

研究表明，企业在招募人员时最好采取内外部相结合的办法。具体的是偏向于内部还是外部，取决于企业战略、职位类别和企业在劳动市场上的相对地位等因素的影响。对于招募企业的中高层管理人员而言，内部与外部招聘都是行之有效的方法，在实践过程中并不存在标准答案。一般来说，对于需要保持相对稳定的企业中层管理人员，可能更多地需要从企业内部获得提升，而高层管理人员在需要引入新的风格、新的竞争时，可以从外部引进合适的人员。

小资料 4-1　沃尔玛全方位招聘策略

沃尔玛青睐本土人才，坚持推行人才本土化。在沃尔玛中国区目前超过 99%的员工都来自本土。在招聘上，沃尔玛采用了全方位渠道，有内外两个平台。

外部平台：报纸广告、人才市场、网络招聘、猎头都是沃尔玛用来招聘的手段，不同层面的员工招聘渠道有所不同。管理层员工的招聘综合使用各种渠道；招聘基础员工时，倾向于与各地正规职业介绍所合作，以保护应聘者权益。同时，沃尔玛每年会有校园招聘，到国内一些知名院校招聘一部分优秀应届毕业生加盟。

内部平台：招聘时，人力资源部门会充分利用各种内部关系网络，如员工的人际关系网络、前员工的人际网络等进行人员的推荐；同时，沃尔玛内部有一个信息丰富的"人才银行"，储有大量人才信息，必要的时候，招聘人员会像猎头那样主动在"人才银行"搜索所需要的人才，就相当于公司内部有个小猎头。

4.3　连锁企业员工甄选

连锁企业员工甄选是企业获取高质量人力资源的关键。员工甄选是整个招聘工作中最关键环节，也是整个招聘工作中技术性最强、难度最大的一个环节。从 20 世纪 50 年代开始，在西方发达国家，企业招聘工作的重心就已经从寻找和吸引人员转移到了筛选方面。筛选在整个招聘过程中占据核心地位。如果不能有效地从招募所网罗的人员中选择最优秀的，或者不能把不合格人员排除在企业大门外，而是等他们进入企业之后再去应付，这就会直接或间接地给连锁企业带来严重的时间、金钱和效率损失，甚至会造成一些法律上的困扰。

4.3.1 连锁企业员工甄选的含义

连锁企业员工甄选即连锁企业人员选拔，是指连锁企业通过运用一定的工具和手段对已经招募到的求职者进行鉴别和考察，区分他们的人格特点与知识技能水平，预测他们的未来工作绩效，从而最终挑选出企业所需要的、恰当的职位空缺填补者。有效的员工甄选可以降低员工招募的风险，有利于人员的安置和管理，为员工的未来发展奠定基础。

4.3.2 连锁企业员工甄选的内容

候选人的任职资格和对工作的胜任程度主要取决于他所掌握的与工作相关的知识、技能、个人的个性特点、行为特征和个人价值观取向等因素。因此，员工甄选是对候选者的这几方面进行测量和评价。

1. 知识

知识是系统化的信息，可以分为普通知识和专业知识。普通知识也就是人们所说的常识，而专业知识是指特定职位所要求的特定的知识。在员工甄选过程中，专业知识通常占主要地位。应聘者所拥有的文凭和一些专业证书可以证明他掌握的专业知识的广度和深度。知识的掌握可分为记忆、理解和应用三个不同的层次，会应用所学知识才是连锁企业真正需要的。所以，员工甄选时不能仅以文凭为依据判断候选人掌握知识的程度，还应通过笔试，测试等多种方式进行综合考察。

2. 能力

能力是引起个体绩效差异的持久性个人心理特征。通常将能力分为一般能力与特殊能力。一般能力是指在不同活动中表现出来的一些共同能力，如记忆力、想象力、观察力、注意力、思维能力等。这些能力是人们完成任何一种工作都不可缺少的能力。特殊能力是指在某些特殊活动中所表现出来的能力，如连锁企业管理者就需要具有较强的人际能力、分析能力、管理能力等，也就是人们常说的专业技能。对应聘者的一般能力的测试可以使用专门设计的量表，如智商测试量表等。专业技能的测试常采用实际操作的方法，如招聘文秘可以让应聘者打字、速记等。可以采用评价中心的方法测试应聘者的专业技能。

3. 个性

每个人为人处世总有自己独特的风格，这就是个性的体现。个性是指人的一组相对稳定的特征，如气质、性格等。这些特征决定着特定的个人在各种不同情况下的行为表现。个性与工作绩效密切相关。例如，性格急躁的人不适合做秘书、会计等需要耐心细致的精细工作，性格内向，不善于交际的人不适合做公关、销售等工作。个性特征通常采用自陈式量表或投射量方式来衡量。

4．动力因素

员工要取得良好的工作绩效，不仅取决于他的知识、能力水平，还取决于他做好这项工作的意愿是否强烈，即是否有足够的动力促使员工努力工作。在动力因素中，最重要的是价值观，即人们关于目标和信仰的观念。具有不同价值观的员工对不同企业文化的相融程度不一样，企业的激励系统对他们的作用效果也不一样。所以，企业在招聘员工时有必要对应聘者的价值观等动力因素进行鉴别测试。动力因素通常采用问卷测量的方法进行。

4.3.3　连锁企业员工甄选的方法

连锁企业员工甄选通常采用初步筛选、笔试、面试、心理测试和评价中心等方法对应聘者的知识、能力、个性和动力因素进行评价，判断其是否胜任工作岗位。

1．初步筛选

对求职者进行初步筛选是通过简历或求职者填写的申请表来完成的。

筛选简历时要注意以下几个问题。一是分析简历结构。简历的结构在很大程度上反映了应聘者组织和沟通能力，结构合理的简历都比较简练，一般不超过两页。二是重点看客观内容。简历的内容大体上可以分为两部分：主观内容和客观内容。在筛选简历时注意力应放在客观内容上，客观内容主要包括个人信息、受教育经历、工作经历和个人成绩四个方面。三是判断是否符合职位技术和经验要求。在客观内容中，首先要注意个人信息和受教育经历，判断应聘者的专业资格和经历是否与空缺岗位相关并符合要求。四是审查简历中的逻辑性。在工作经历和个人成绩方面，要注意简历的描述是否有条理，是否符合逻辑。五是对简历的整体印象。通过阅读简历，招聘人员问问自己是否留下了好的印象。另外，标出简历中感觉不可信的地方，以及感兴趣的地方，面试时可询问应聘者。

申请表的筛选方法与简历的筛选有很多相同之处，但也有其特殊的地方。一是判断应聘者的态度。在筛选申请表时，首先要筛选出那些填写不完整和字迹难以辨认的材料，为应聘不认真的应聘者安排面试，纯粹是在浪费时间，可以将其筛选掉。二是关注与职业相关的问题。在审查申请表时，要估计背景材料的可信程度，要注意应聘者以往经历中所任职务、技能、知识与应聘岗位之间的联系，在筛选时要注意分析其离职的原因、求职的动机，对那些频繁离职人员加以关注。三是注明可疑之处。不论是简历还是应聘申请表，很多材料都会或多或少地存在内容上的虚假。在筛选材料时，应该用铅笔标明这些疑点，在面试时作为重点提问的内容之一加以询问。为了提高应聘材料的可信度，必要时应检验应聘者的各类证明身份及能力的证件。

还需要注意的是，由于简历和招聘申请表所反映的信息不够全面，招募工作人员往往凭个人的经验和主观臆断来决定参加复试的人员，带有一定的盲目性，所以应该在条件允许的情况下，尽量让更多的人参加复试。

2．笔试

笔试是一种与面试对应的测试，是考核应聘者学识水平的重要工具。这种方法可以有效地测量应聘者的基本知识、专业知识、管理知识、综合分析能力和文字表达能力等素质及能力的差异。它是一种最古老而又最基本的员工甄选方法，至今仍是企业经常采用的选拔人才的重要方法。

笔试的优点是，一次能够出十几道乃至上百道试题，考试的题目较多，对应聘者知识、技能和能力的考核的信度和效度都较高；可以大规模地对应聘者进行同时甄选，因此花时间少，效率高；对应聘者来说，心理压力较小，较易发挥水平；同时，成绩评定比较客观，且笔试试卷易于保存。笔试的缺点是，笔试不能直接与应聘者面对面沟通交流，不能全面地考察应聘者的工作态度、品德修养，以及企业管理能力、口头表达能力和操作技能等。因此，笔试虽然有效，但还必须采用其他测评方法，如行为模拟法、心理测验法等以补其短。一般来说，在连锁企业的员工甄选中，笔试往往作为应聘者的初次筛选，成绩合格者才能继续参加面试或下一轮测试。

笔试最薄弱的环节是命题技术，主要表现为命题的主观随意性，试题质量不高。因此，笔试一定要有命题计划，即根据工作分析得出有关岗位工作人员所需的知识结构，然后设计出具体的测试内容、范围、题量、题型等。此外，试题要有明确的记分标准，各个考题的分值应与其考核内容的重要性及难度成比例。阅卷时，阅卷人要客观、公平、不徇私情。

3．面试

面试是一种经过组织者精心设计，在特定场景下，以招聘者对应聘者的面对面交谈与观察为主要手段，由表及里测评应聘者的知识、能力、经验等有关素质的一种人员甄选方法。面试是连锁企业挑选员工的一种重要方法。面试给企业和应聘者提供了进行双向交流的机会，能使企业和应聘者之间相互了解，从而双方都可更准确做出聘用与否、受聘与否的决定。

（1）面试的特点。面试与笔试等员工甄选手段相比，具有以下几个显著的特点。

1）面试内容的灵活性。面试内容对于不同的应聘者来说是相对变化的、灵活的，具体表现在以下几个方面：面试内容因应试者的个人经历、背景等情况的不同而无法固定；面试内容因工作岗位不同而无法固定；面试内容因应试者在面试过程中的面试表现不同而无法固定。所以，从面试官角度看，面试内容既要事先拟订，以便提问时"有的放矢"、"不打无准备之仗"，又要因人因事（岗位）而异，灵活掌握，既要让应聘者充分表现自己的才华，又不能完全让应聘者信马由缰、海阔天空地自由发挥，最好是在半控制、半开放的情况下灵活把握面试内容。

2）面试交流的直接互动性。与笔试、心理测验等人员甄选方式不同，面试中应聘者的语言及行为表现，与面试官的评判是直接相连的，中间没有任何中介转换形式。面试中面试官与应聘者的接触、交谈、观察也是相互的，是面对面进行的。主客体之间的信息交流与反馈也是相互作用的。而笔试、心理测验中，一般对命题人、评分人严加保密，不让应聘者知道。面试的这种直接性提高了面试官与应聘者间相互沟通的效果与面试的真实性。

3）面试以谈话和观察为主要工具。谈话是面试过程中的一项主要工具。在面试过程中，作为面试官，主要向应聘者不断地提出各种问题。作为应聘者，主要是针对面试官提出的问题进行回答。在面试过程中，面试官正确地把握问题技巧十分重要。他不仅可以直接地起到有针对性地了解应聘者某一方面情况或素质的作用，而且对于驾驭面试进程，净化面试主题，营造良好的面试心理氛围，都有重要影响。观察是面试过程中的另一项主要工具。在面试中，要求面试官善于运用自己的感官，特别是视觉和听觉。运用视觉主要是观察应聘者的非语言行为，它不仅要求面试官在面试中要善于观察应聘者的非语言行为，而且要能指明应聘者的行为类型，进而借助于人的表象层面推断其深层心理。对应聘者非语言行为的观察，主要有两个方面：一是面部表情的观察，二是身体语言的观察。在面试过程中，听觉的功用也十分重要。在面试过程中，面试官应倾听应聘者的谈话，对应聘者的回答进行适度的反应，当应聘者的回答与所提问题无关时，可进行巧妙的引导。在倾听应聘者的谈话时，应边听边思索，及时归纳整理，抓住关键实质之处。对应聘者的谈话进行分析，例如，是否听懂了面试官的提问，是否抓住了问题的要害，语言表达的逻辑性、层次性、准确性等。还可根据应聘者讲话的语音、语速、腔调等来判断应聘者的性格特征等。例如，声音粗犷、音量较大者多为外向性格；讲话速度快者，多为性格急躁者；爱用时髦、流行词汇者大多虚荣心较强等。

小资料 4-2　面试微表情

微表情的概念最早是由美国心理学家保罗·埃克曼在 1969 年提出的，后来随着美剧《别对我撒谎》而流行起来。微表情是指下意识的短暂表情，最短只有 1/25 秒。微表情对职场生涯有多重要？一份由大学生心理咨询专业委员会发布的《中国大学生面试压力调查》显示，95%的面试官着重考察应聘者的心理素质与抗压能力；82%的面试者在面试时会出现表情僵硬、挠头等压力"微表情"，对其面试结果造成负面影响。

信息的传递有 70%是靠非语言符号进行的。面试时，面试官会参考微表情，主要考察两点：面试者的自信及所回答内容的可信度；综合考虑其展现的性格特征，考量其是否符合职位需要。面试时的微表情及其反映的信息举例说明：微笑——自信；指尖搭成塔尖——深具自信；微偏头微笑——自在友善；摸鼻子——思考；手指摩擦手心——焦虑；咬指甲——缺乏安全感；把玩领带或项链——心神不宁；抿嘴唇——窘迫；眼睛向上看——迟疑；扶眉骨——羞愧；双手抱臂——不安；嘴微张，眼睁大——错愕；手插口袋——紧张；撇嘴唇——不屑；挠头——不知所措；眼睛左顾右盼——害怕。

4）面试评价的主观性。面试的评价往往带有较强的主观性，面试成绩的评定易受到主观性因素的干扰。面试考官的评价往往受到个人主观印象、情感和知识经验等诸多因素的影响，使得不同考官对同一位应聘者的评价会有差异，而且可能各有各的评价依据。面试评价的主观性使面试信度和效度受到质疑。另外，由于人的素质评价是一项非常复杂的工作，考官可以把自己长期积累的经验运用到面试评价中。从这个角度来说，面试的主观性也是有其独特价值的。面试试题一般都是主观性命题，没有标准答案，只要能回答得"自圆其说"，不像笔试那样一般都是客观性命题，有明确的客观标准。

📖 **小知识 4-1　影响面试的心理效应**

面试官在面试时不可避免地会受到主观的心理效应的影响。心理学家奥里·欧文斯先生认为："大多数人录用的是他们喜欢的人，而不是最能干的人，大多数决策者在面试的最初 5 分钟内就做出了录用与否的决定，并把面试的其余时间用来使他们的选择自圆其说。"因此，专业的面试官在面试时会注意调整以下影响面试的心理效应。

异性效应：面试官受异性吸引，尤其对外表气质佳、言谈举止得体的异性容易产生好感。

首因效应：面试官对候选人的第一印象作用很大，在面试开始 3 分钟内，85% 的面试官已做出决定。

晕轮效应：面试官容易被候选人的亮点所吸引，忽视观察其他方面，往往会忽略候选人的全部特点。

对比效应：面试官在连续面试多名候选人时，做出的面试评估会受面试的前一个候选人的影响，并会有无意识地对前后候选人进行比较的心理趋向。

序位效应：面试官在连续面试多名候选人时，会对最初和最后面试的候选人印象特别深刻。

中央趋热效应：面试官对连续面试的多名候选人评分时，当对候选人的评估感觉没有把握时，打的分数往往集中在中间段。

惺惺相惜效应：面试官倾向于认同自己的"同类"（如同爱好、同气质、同校、同宗教、同族等），而更适合招聘职位的"异己"被拒之门外。

（2）面试的程序。在整个员工甄选流程中，面试是一个重要阶段，其具体活动内容包括以下五个阶段。

1）面试前的准备阶段。准备阶段包括确定面试的目的，科学地设计面试问题，选择合适的面试类型，确定面试的时间和地点等。面试考官要事先确定需要面试的事项和范围，写出提纲。并且在面试前要详细了解应聘者的资料，发现应聘者的个性、社会背景及对工作的态度、是否具有发展潜力等。

2）面试开始阶段。面试时应从应聘者可以预料的问题开始发问，如工作经历、文化程度等，然后再过渡到其他问题，以消除应聘者的紧张情绪。只有这样才能营造和谐的面试气氛，有利于观察应聘者的表现，以求全面客观地了解应聘者。

3）正式面试阶段。正式面试时，面试官可以采用灵活的提问和多样化的形式来交流信息，进一步观察和了解应聘者。此外，面试官还应该察言观色，密切注意应聘者的行为和反应，对所提的问题、问题间的交换、问话时机及对方的答复都要多加注意。提问题可根据简历或申请表中发现的疑点，先易后难逐一提出，尽量营造和谐自然的环境。

4）结束面试阶段。面试结束之前，在面试考官确定问完了所有预计的问题之后，应该给应聘者一个机会，询问应聘者是否有问题要问，是否有要加以补充或修正之处。不管录用与否，均应该在友好的气氛中结束面试。如果对某一对象是否录用有分歧时，不必急于下结论，还可以安排第二次面试。同时，要整理好面试的记录表。

5）面试评价阶段。面试结束后，应根据面试记录表对应聘者进行评估。评估可采用评语式评估，也可采用评分式评估。评语式评估的特点是可对应聘者的不同侧面进行深入的评价，能反映每个应聘者的特点，但缺点是应聘者之间不能进行横向比较。评分式评估则是对每个应聘者相同的方面进行比较，其特点正好与评语式相反。

（3）面试的方法。面试的方式主要有结构化面试、非结构化面试、系列式面试、小组面试、压力面试等。

1）结构化面试。结构化面试是根据预先准备好的许多有一定结构体系的题目，从中抽取部分问题进行提问。这种方式不易遗漏重要问题，可以减少面试者的偏见。由于向所有应聘者提出的是结构基本相同的问题，所以彼此间就有一个统一的比较标准。

2）非结构化面试。非结构化面试是指在面试过程中，随机提问，不遵循特别形式，谈话可以向各个方向展开。

3）系列式面试。系列式面试是指由几个面试官分别对候选人进行面试并形成自己意见的过程。每个面试官都从自己的角度观察求职者，提出不同的问题，并形成对求职者独立的评价意见。在这种面试中，每个面试官依据评价标准对候选人进行评定，然后将这些评定结果进行综合比较分析，最后共同做出录用决策。

4）小组面试。小组面试是由一组面试官对应聘者进行面试。应聘者一般是几个人同时进行。小组面试允许每位应聘者从不同角度提出问题，类似记者在新闻发布会上的提问。

5）压力面试。压力面试是指面试官有意制造紧张，以了解求职者将如何面对工作压力。面试官通过提出生硬的、不礼貌的问题故意使求职者感到不舒服，针对某一事项或问题做一连串的发问，打破沙锅问到底，直至无法回答。其目的是确定求职者对压力的承受能力、在压力前的应变能力和人际关系能力。压力面试通常用于对招聘要承受较高心理压力的岗位的人员的测试。

4．心理测试

心理测试是根据心理学原理设计程序，对心理因素进行测量。心理测试一般测量比较有代表性的问题。心理测试类似问卷，不同之处是心理测试要求被试者最好地完成测验，而问卷则只要求被试者平常发挥就行。一个实用的心理测试必须具备信度和效度。心理测试主要包括能力测试、人格测试、兴趣测试。

（1）能力测试。能力测试是用于测评从事某项特殊工作所具备的某种潜在能力的一种心理测试。能力测试可以有效地测量人的某种潜能，从而预测他在某职业领域中成功和适应的可能性，或者判断哪项工作适合他。这种预测作用体现在：什么样的职业适合某人；为胜任某岗位，什么样的人最合适。能力测试的内容一般可分为普通能力测试、特殊职业能力测试和心理运动机能测试。

（2）人格测试。人格是由多种人格特质构成的，大致包括体格与生理特质、气质、能力、动机、价值观与社会态度等。人格对工作成就的影响是极为重要的，不同气质、性格的人适合于不同种类的工作。人格测试的目的是了解应聘者的人格特质。对于一些重要的工作岗位如主要领导岗位，为选择合适的人才，则需进行人格测试。因为领导者失败的原因，往往不在于智力、能力和经验不足，而在于人格的不成熟。

（3）兴趣测试。职业兴趣揭示了人们想做什么和喜欢做什么，从中可以发现应聘者最感兴趣并从中得到最大满足的工作是什么。霍兰德的职业兴趣测试将人们的兴趣分为六类：现实型、智慧型、常规型、企业型、社交型和艺术型。

5．评价中心法

评价中心法是近几十年来西方企业中流行的一种选拔和评价高级人才，尤其是中高层管理人员的一种综合性人才测评技术。评价中心技术自 20 世纪 80 年代开始传入我国，并在我国企业和国家机关的人员招聘与选拔中起到了一定的作用。

评价中心涉及的范围主要有个人的背景调查、管理能力和行为评价等。评价中心是以评价管理者素质为中心的测评活动，其表现形式多种多样。从测评的主要方式来看，有投射测验、面谈、情境模拟、能力测验等。但从评价中心的内容来看，主要有公文筐测试、无领导小组讨论、角色扮演、演讲、案例分析、事实判断等形式。下面主要介绍公文筐测试、无领导小组讨论、角色扮演这三种常用的测评形式。

（1）公文筐测试。公文筐测试，也称公文处理，是评价中心技术中最常用、最具特色的工具之一。该方法是对实际工作中管理人员掌握和分析资料、处理各种信息，以及做出决策的工作活动的一种抽象和集中。公文筐测试在假定的环境下实施，该情境模拟企业发生过的实际业务、管理环境，提供给受测人员的信息包括信函、人事备忘录、待审批的文件、政府法令公文、客户关系等数十份资料。测验要求受测人员以管理者的身份，在规定的条件下，对各类公文进行处理，形成公文处理报告。通过应试者在规定的时间和条件下处理过程的行为表现和书面报告，对被试者的分析判断能力、组织与统筹能力、决策能力、心理承受能力和自控能力等进行评价。

（2）无领导小组讨论。无领导小组讨论是指运用松散群体讨论的行为，快速诱发人们的特定行为，并通过对这些行为的定性描述、定量分析及人际比较来判断被评价者素质特征的人事测评方法。无领导小组讨论一般将一定数量的一组被评人（基本上是每组 5~8 人）集中起来，让他们就给定的问题进行一定时间长度的讨论，讨论中各个成员处于平等的地位，并不指定小组的领导者。评委根据被评人左右局势的能力和发言的内容，对被评人进行评价。无领导小组讨论的目的，是考察被评人在需要小组成员共同合作才能成功完成的任务中表现出来的各种综合能力特征。

（3）角色扮演。在人才测评中，根据被测者可能担任的职务，编制一套与该职务实际工作典型场景形似的测试项目，将被试者安排在模拟的、逼真的工作环境中，要求被试者按照该职务职责的要求合理地处理矛盾和问题。在测试实施中，一般由主测者设置一系列尖锐的人际矛盾或人际冲突，由测评者向被测者提供相关材料，要求若干被测者分别扮演不同的角色，被测者在准备后，结合自身的情况和观点，即兴地运用语言、动作、表情、姿态等向其他被测者表达自己的意愿、观点，去处理各种问题和矛盾。主测者通过被测者扮演不同角色时表现出来的行为进行观察和记录，测试其素质和能力。主要考察被测者的全面思考问题、收集信息、综合分析问题的能力，组织协调能力，口头表达能力，洞察力，说服能力，感染力，以及非言语沟通能力等。同时，也可能考察被测者的自信程度、进取心、责任心、灵活性、情绪控制等个性特点和行为风格。然后对照标准化的评分标准对其行为进行归类和鉴定，得出被测者在各项指标上的分数，最后根据被测者的得分情况来确定其在相关素质维度上的水平，从而为人员的选拔、聘任等人事决策提供重要的参考。

4.4　连锁企业员工录用

当应聘者经过层层筛选后，下一个步骤就是员工录用。连锁企业员工录用是指连锁企业从招募、甄选阶段层层筛选出来的求职者中选择符合企业需要的人，做出最终录用决定，通知合格人员报道并办理入职手续的过程。这项工作是招聘工作的关键环节，将直接决定企业吸收的人力资源的素质。

员工录用决策，是指通过科学的程序和方法，对岗位和候选人相互之间进行权衡，实现人适其岗、岗得其人的合理匹配的过程。员工录用决策做得成功与否，对招聘有着极其重要的影响。如果决策失误，则可能使整个招聘过程功亏一篑，不仅企业蒙受重大的经济损失，还会因此延误企业的发展。

4.4.1　连锁企业员工录用决策的标准

从理论上讲，连锁企业员工录用决策的标准是以工作描述与工作说明书为依据而制定的，又称因事择人。这应该是录用效果最佳的方法。但在现实中，它将随着招聘情况的不同而有所改变，有可能出现人选工作和人与工作双向选择现象。

1．以人为标准

以人为标准即从人的角度，按每人得分最高的一项给其安排职位，这样做可能出现同时多人在该项职位上得分都高，结果因只能选择一个而使优秀人才拒之门外的情况。

2．以职位为标准

以职位为标准即从职位的角度出发，每个职位都挑选最好的人来做，但这样做可能导致一个人同时被好几个职位选中。

3．以双向选择为标准

由于单纯以人为标准和单纯以职位为标准均有欠缺，所以结合使用这两种方法，即从职位和人双向选择的角度出发，合理配置人员。这样的结果有可能并不是最好的人去做每个职位，也不是每个人都安排到其得分最高的职位上去，但因其平衡了两方面的因素，又是现实的，从总体的效果来看是好的。

4.4.2　连锁企业员工录用决策的方法

一般来说，连锁企业员工录用决策的方法主要有下面几种。

1. 多重淘汰式

多重淘汰式中每种测试方法都是淘汰性的，应聘者必须在每种测试中都达到一定水平，方能合格。该方法是将多种考核与测验项目依次实施，每次淘汰若干低分者。针对企业用人标准，全部通过考核项目者，再按最后面试和测验的实得分数，排除名次，择优确定录用名单。

2. 补偿式

补偿式中不同测试的成绩可以互为补充，最后根据应聘者在所有测试中的总成绩做出录用决策。例如，分别对应聘者进行笔试与面试选择，再按照规定的笔试和面试的权重比例综合算出应聘者的总成绩，决定录用人选。值得注意的是，由于权重比例不一样，录用人选也会有差别。

3. 结合式

结合式中有些测试是淘汰性的，有些是可以互为补偿的。应聘者通过淘汰性的测试后，才能参加其他测试。

值得强调的是，连锁企业员工录用决策的所有方法都可用来选择潜在的员工，但决定使用哪种方法，一般要综合考虑时间限制、信息与工作的相关性，以及费用等因素，对相对简单或无需特殊技能的工作采用一种方法就行了。但是，对于大部分岗位来说，通常需要采用多种方法，相互结合、扬长避短，提高员工录用决策的科学性和正确性。

4.4.3 连锁企业员工录用程序

连锁企业员工录用的一般程序是背景调查、健康检查、发放录用通知书、签订劳动合同。

1. 背景调查

背景调查是通过各种正常的、符合法律法规的方法和途径，获得拟录用者背景资料的相关信息，并对获得的信息与拟录用者所提供的简历信息进行统计和对比，以作为连锁企业人力资源管理部门对员工录用与否的参考依据。背景调查的方法包括电话访谈、要求提供推荐信等。

背景调查的主要内容包括以下三个方面。一是学位学历。在应聘中，最常见的一种说谎方式就是在受教育程度上作假。因为在很多招聘的职位中都会对学历提出要求，所以有些没有达到学历要求的求职者就有可能对此进行伪装。二是工作经验。除了应届毕业生之外，企业往往把应聘者的工作经验看作一个非常重要的指标。过去工作经验调查主要是侧重了解受聘时间、职位和职责、离职原因、薪酬等问题。了解工作经验的最好方式是向过去的雇主了解，还可以向应聘者过去的同事和客户了解。三是过去的不良记录。主要调查应聘者过去是否有违法犯罪或违纪等不良行为。

进行背景调查时，要注意把重点放在与应聘者未来工作有关的信息上，尽量从各种不同的渠道验证信息，避免偏见，同时要注意避免侵犯应聘者的个人隐私。

2. 健康检查

健康检查一般是委托医院进行。健康检查的目的是确定应聘者的身体状况能否适应工作的要求，特别是能否满足有些工作对应聘者身体素质的特殊要求，还可以降低缺勤率和事故，发现员工可能不知道的传染病。健康检查通常放在所有选择方法之后进行，主要是为了节约费用。

3．发放录用通知书

通过各种途径招聘并经过测试和面试等一系列环节而最终确定录用的人员，由连锁企业人力资源部门向其发出录用通知。录用通知书一般包括：有关工作和聘用条件的详细说明；有关企业的人事制度和规定；明确上班报道时间和注意事项等。

在这里要说明的是，在确定录用名单后，要及时通知录用人员，同时也要及时通知未被录用者。答复未被录用者是树立企业形象的一个重要途径。通知未被录用者的方法一般有两种：一种是通过电话用委婉的语言通知对方；另一种是用正式信函的方式告知对方。

📝 小实务 4-1　员工录用通知书

_____先生/女士：

很高兴通知您，经过最终面试，您已被××股份有限公司录用。在此对您加盟××股份有限公司表示欢迎，并请您于 20××年××月××日上午××时来公司报到，公司需要您在来公司报到时提供以下材料：

1. 原单位离职证明，由原单位盖章（入职当天请提交）；
2. 身份证原件及复印件一张；
3. 最高学历证书、学位证书和相关职称证书原件及复印件一张；
4. 两张 1 寸证件照。

预祝您在新的工作岗位上愉快、进步！

此致

××股份有限公司

人力资源部

20××年××月××日

📝 小实务 4-2　不录用通知书

_____先生/女士：

值本企业招聘职工之际，很感谢您的应聘。

您在面试时的良好表现，给我们留下了深刻印象。但基于企业录用名额有限，经慎重考虑，暂不录用您为我企业职工，非常遗憾。

祝您早日找到更理想的工作。对您热诚应聘我们的企业，再次表示感谢。

此致

××股份有限公司

人力资源部

20××年××月××日

4．签订劳动合同

被录用者携带录用通知书和其他材料到企业人力资源部门注册报到。试用合格后，与连锁企业正式签订用工合同。劳动合同是企业与员工建立劳动关系的保障。企业在签订劳动合同时，不仅要考虑企业及相关职位的具体情况，还要符合《劳动法》《劳动合同法》等法律法规。企业与应聘者双方签字后，合同生效。在履行合同的过程中，只要一方出现违背合同的行为，另一方就可以通过法律手段保障其权益。

4.5 连锁企业员工招聘评估

招聘评估是招聘管理过程的最后一个环节，也是必不可少的一个环节。随着连锁企业人力资源市场竞争日趋激烈，为了更精确地评估招聘渠道的吸引力和有效性，改进招聘的筛选方法，降低招聘成本，从而提高招聘工作绩效，提高新聘用员工的质量，连锁企业越来越关注招聘定量评估。招聘定量评估包括招聘结果的成效评估和招聘方法的成效评估。其中，招聘结果的成效评估是指招聘成本效益评估、录用数量与质量评估；招聘方法的成效评估主要是指招聘方法的信度和效度评估。

4.5.1 招聘成本效益评估

招聘成本效益评估是指对招聘中的费用进行调查、核实，并对照预算进行评价的过程。它是鉴定招聘效率的一个重要指标。

1．招聘成本

招聘成本分为招聘总成本与招聘单位成本。招聘总成本即人力资源的获取成本，它由两部分构成。一部分是直接成本，主要包括招募费用、选拔费用、录用员工的家庭安置费用和工作安置费用、其他费用（如招聘人员差旅费、应聘人员招待费等）。另一部分是间接费用，主要包括内部提升费用、工作流动费用。招聘单位成本是招聘总成本与实际录用人数之比。如果招聘实际费用少，录用人数多，意味着招聘单位成本低，相反，则意味着招聘单位成本高。

2．成本效用评估

成本效用评估是对招聘成本所产生的效果进行的分析。它主要包括招聘总成本效用分析、招募成本效用分析、人员选拔成本效用分析和人员录用成本效用分析等。

招聘总成本效用=录用人数÷招聘总成本
招募成本效用=应聘人数÷招募期间的费用
选拔成本效用=被选中人数÷选拔期间的费用
人员录用效用=正式录用人数÷录用期间的费用

3．招聘收益成本比

招聘收益成本比既是一项经济评价指标，也是对招聘工作的有效性进行考核的一项指标。招聘收益成本比越高，则说明招聘工作越有效。

招聘收益成本比=所有新员工为企业创造的总价值÷招聘总成本

4.5.2　录用数量与质量评估

1．录用数量评估

录用员工数量的评估是对招聘工作有效性检验的一个重要方面。通过数量评估，分析在数量上满足或不满足需求的原因，有利于找出各招聘环节中的薄弱之处，改进招聘工作；同时通过录用人员数量与招聘计划数量的比较，为人力资源规划的修订提供了依据。

录用人员的数量评估可用录用比、招聘完成比、应聘比三个数据来表示。其计算公示如下：

录用比=录用人数÷应聘人数×100%

招聘完成比=录用人数÷计划招聘人数×100%

应聘比=应聘人数÷计划招聘人数×100%

录用比例越小，说明录用者的素质可能越高；当招聘完成比大于等于 100%时，说明在数量上完成或超额完成了招聘任务；应聘比说明招募的效果，该比例越大，则招聘信息发布的效果越好。

2．录用质量评估

录用人员的质量评估实际上是对录用员工在人员选拔过程中对其能力、潜力、素质等进行的各种测试与考核的延续，也可根据招聘的要求或工作分析中得出的结论，对录用人员进行等级排列来确定其质量。其方法与绩效考核方法相似。当然，录用比和应聘比这两个数据也在一定程度上反映了录用人员的质量。

4.5.3　招聘方法的成效评估

招聘方法的成效可以从信度和效度两个方面来评估。信度和效度也是对招聘方法的基本要求，只有信度和效度达到一定水平的测试，其结果才可以作为录用决策的依据。

1．招聘的信度评估

信度是指招聘的可靠性程度，具体指某项测试结果的稳定性和一致性。通常这一指标又具体体现为稳定系数、等值系数、内在一致性系数。

（1）稳定系数是指用同一种测试方法对一组应聘者在两个不同时间进行测试的结果的一致性，一致性可用两次结果之间的相关系数来测定。此法不适用于受熟练程度影响较大的测试，因为被测试者在第一次测试中可能记住了某些测试题的答案，从而提高了第二次测试的成绩。

（2）等值系数是指对同一应聘者使用两种对等的、内容相当的测试的结果之间的一致性。如对同一应聘者使用两张内容相当的个性测试量表时，两次测试结果应当大致相同。等值系数可用两次结果之间的相关程度（相关系数）来表示。

（3）内在一致性系数是指把同一个（组）应聘者进行的同一测试分为若干部分加以考察，各部分所得结果之间的一致性。这可用各部分结果之间的相关系数来判别。

2．招聘的效度评估

效度是指招聘的有效性，具体指用人单位对应聘者真正测到的品质、特点与其想要测的品质、特点的符合程度。因为一个测试必须能测出它想要测定的功能才算有效。效度主要有预测效度、内容效度、同测效度。

（1）预测效度反映了测试用来预测将来行为的有效性。通过对应聘者在选拔中所得分数与其被录用后的绩效分数相比较来了解预测效度，若两者相关性越大，则说明所选的测试方法、选拔方法越有效，进而可用此法来进一步评估、预测应聘者的潜力。

（2）内容效度即某测试的各个部分对于测量某种特性或做出某种估计有多大效用。在测内容效度时，主要考虑所用方法是否与想测试的特性有关，如招聘打字员，测试其打字速度和准确性、手眼协调性和手指灵活度的操作测试的内容效度是较高的，因为准确性、灵活性是打字员应具备的职业特性，是特别需要测定的。内容效度多用于知识测试与实际操作测试中。

（3）同测效度是指对现在员工实施某种测试，然后将测试结果与员工实际工作绩效考核得分作比较，若两者相关性很大，则说明此测试效度高。这种方法不适用于选拔员工时的测试，因为这种效度是根据现有员工测试而得出的，而现在员工所具备的经验、对企业的了解等，是应聘者所缺乏的，所以，应聘者可能因缺乏经验而得不到测试的高分，从而错误地被认为其是无潜力或能力的，而事实可能并非如此。

知识测试题

一、单项选择题

1．连锁企业人员招聘的直接目的是为了（　　　）。

A．招聘到精英人才　　　　　　　B．获得组织所需要的人才

C．增加企业人力资源储备　　　　D．提高企业的影响力

2．高级技术人才和高级管理人才的招聘采用（　　　）效果比较好。

A．网络招聘　　　　　　　　　　B．猎头公司

C．人才市场　　　　　　　　　　D．校园招聘

3．一般来说，（　　　）招聘环节所面对的人数最少。

A．录用　　　　　B．面试　　　　　C．笔试　　　　　　D．求职申请

4．无领导小组讨论属于（　　　）。

A．能力测试　　　　B．人格测试　　　　C．评价中心技术　　　D．面试

二、多项选择题

1．外部招募的优点是（　　　）。

A．选择范围大，有利于选拔到一流人才

B．可给企业带来新的思想、观念

C．有利于打破近亲繁殖和部门利益

D．有利于激发企业内部竞争

2．招募普通员工的招募领导小组成员一般可以包括（　　　）。

A．待聘岗位部门主管　　　　　　B．人力资源部主管

C．人力资源副总　　　　　　　　D．招聘专员

3．面试有很多方法，下列属于面试的方法的有（　　　）。

A．结构化面试　　　　　　　　　B．非结构化面试

C．小组面试　　　　　　　　　　D．正式面试

三、简答题

1．连锁企业员工招募渠道主要有哪些？

2．连锁企业人力资源应如何筛选简历？

3．连锁企业员工甄选应考察哪些方面的内容？

4．连锁企业员工录用应遵循什么程序？

 案例分析

如何选择合适的主管

安达连锁机构是南方的一家全国性大型连锁机构，其华东部负责人苏铁掌管着上海、南京、杭州、济南、合肥、南昌六个省级片区的主管人员，而每个主管人员又分管着该片区的 6～8 家营业店。

最近，苏铁遇到一件棘手的事情。他花了很大力气从爱玛企业集团挖来的手下爱将，其中一个片区的主管甄利小姐，突然辞职，应聘了金宇公司的北方区总经理。甄利小姐可是一个难得的人才：漂亮、细心周到、精明能干。苏铁慧眼识才，将她从一个商店的经理聘用过来，并给予提拔重用。甄利小姐也不负期望，在不长的时间内，就打造出一支优秀的团队，使自己所管辖的片区业绩迅速攀升，将另外六个片区远远抛在后面。现在该怎么办？去哪里找能干的主管来顶替甄利呢？

苏铁为甄利辞职之事感到突然，有些恼火和沮丧。然而，作为一位负责人，他必须迅速调整情绪和振作起来。他拿起电话，向甄利表示了祝贺，并就她的继任者问题交换了意见。随后，苏铁在自己管辖的一个小片区中挑选了一位主管调到甄利原来负责的片区，并开始着手寻找合适的继任人以填补该片区的主管空缺。

苏铁从档案资料中查看到，该片区主管的岗位职责包括：确保达到公司订立的整洁、服务和产品质量的标准；监管商店经理的工作并评价其绩效；提供片区的月份、季度和年度收入和成本预估；为总部或下属商店经理提出节约开支建议；协调进货；与供应商协商广告合作方案；参与同工会的谈判。

问题：

（1）苏铁应选用哪一种招募渠道来选取主管？为什么？

（2）应该选用哪些人员来进行该项招聘工作？为什么？

 实训项目

进行课堂模拟招聘。提前给学生布置课堂模拟招聘任务，实训周期为1~2周，模拟面试课堂用时为两个学时，其余时间进行发布招聘广告，准备面试题目、编写实训报告等。

步骤及要求：

（1）分组并进行角色分工，学生组成招聘方和应聘方，招聘方再具体进行分工。

（2）招聘方制定招聘方案，尤其是设计面试题目，应聘方进行应聘准备，如制作简历等。

（3）进行课堂模拟面试。

（4）任课教师对整个模拟招聘过程进行总结点评。

（5）学生编写实训报告。

第 **5** 章

连锁企业员工培训管理

康佳集团的新员工入职培训

康佳集团自成立之始，就相当重视新员工的入职培训，一直把它作为集团培训体系中的重点，给予了相当的关注，而且还专门成立康佳学院来统筹安排并规划新员工的入职培训。多年新员工入职培训的组织实践，使康佳学院针对企业用工的特点，摸索出了一套行之有效的新员工入职培训方案，最大限度地发挥了新员工培训的作用，使新入职的员工通过康佳学院的系统培训，能够迅速转变成为具有康佳企业文化特色的企业人，敬业爱岗，为企业的发展做出了应有的贡献。康佳集团新员工入职培训的最大特色是能够针对不同的新员工类型，规划出不同的新员工培训方案，而且，运用多种培训手段和培训方式来实施新员工培训。

康佳集团针对新员工的学历、岗位及工作经验的不同，将新入职的员工分成一线员工入职培训、有经验的专业技术人员入职培训和应届毕业生入职培训三种类型，不同的类型培训内容和培训重点也各有不同。

（1）一线员工的入职培训。针对一线员工的入职培训，除了共同性的企业文化、人事福利制度、安全基本常识、环境与质量体系等内容以外，还规划了一线优秀员工座谈、生产岗位介绍、生产流程讲解、消防安全演练等课程，而且采用师带徒的方式，指定专人对新员工进行生活和工作方面的指导。

（2）专业技术人员的入职培训。对于有经验的专业技术人员的入职培训，除了共同性的必修内容外，更多地增加了企业环境与生产线参观、企业历史实物陈列室讲解，集团未来发展规划、团队建设与组织理解演练、团队与沟通技能训练、销售与开发介绍及公司产品销售实践等课程。

（3）应届毕业生的入职培训。对于应届毕业生的入职培训，除了一些共同的课程外，还针对其特点，安排有校友座谈、公司各部门负责人讨论、极限挑战、野外郊外等活动，同时，还规划有三个月生产线各岗位轮流实习、专业岗位技术实习等内容，采取导师制的方式，派资深员工辅导新员工进行个人生涯规划设计，并对整个一年的工作实习期进行工作指导与考核，使其能尽快熟悉企业，成为真正的企业人。

另外，针对企业用工的特点，康佳还配合人力资源部，对不定期招聘的单个新员工采取报到教育的方式。每个新招聘的员工，不管是从何时进入企业，在办理入职手续之前，必须经过康佳学院的报到教育。由康佳学院指派专人进行个别的单独培训，培训时间安排为三小时，培训内容安排有作为一个新入职的员工必须掌握的内容，如上下班时间与规定、公司基本礼仪、办公室规定、公司基本组织架构等。只有等新员工人数达到康佳学院规定的培训人数后，才针对新员工的类型，组织实施新员工入职培训。

通过不同形式、不同内容的新员工入职培训方案的实施，有效地贯彻了集团公司选才、用才、留才的人力资源宗旨，并且通过培训，缩短了新入职人员在公司的实习过程，使部分有能力、有才干的人能够很快脱颖而出，成为公司的骨干，降低了招聘成本，规避了选才风险，成为公司人力资源管理中最为重要的一环。

问题： 康佳集团的新员工入职培训有哪些方式？你对该公司新员工入职培训方式有哪些更好、更具体的建议？

本章学习目标

通过本章的学习，学生应该掌握以下内容：

1. 了解连锁企业员工培训的含义与基本程序；
2. 掌握连锁企业员工培训需求分析的方法；
3. 熟悉连锁企业员工培训计划设计的程序；
4. 掌握连锁企业员工培训的方法；
5. 明确连锁企业员工培训效果评价方法。

学习导航

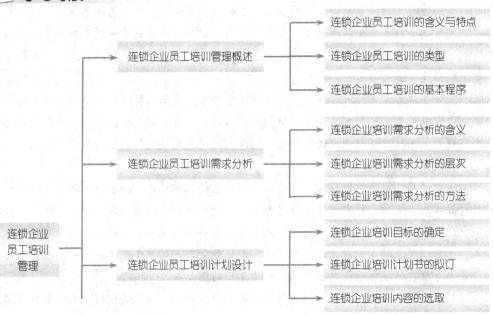

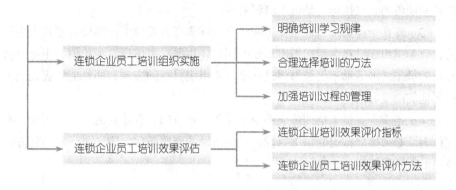

 职业指导

连锁企业员工培训管理的本质是采用各种方式对员工进行有目的、有计划的培养和训练，使员工不断地更新知识、开拓技能，更好地胜任现职工作，从而促进连锁企业目标的实现。吸引并培养优秀的人才已成为连锁企业生存与发展的关键。因此，连锁企业人力资源的育人功能就越发显得重要，而这项功能正是通过员工培训管理来实现的。当前，包括连锁企业在内的很多企业对具备员工培训管理实操能力的专职或兼职人才的需求持续增加。因此，掌握培训管理相关理论和实践知识，从事企业培训管理相关工作，具有很大的职业发展空间。

5.1　连锁企业员工培训管理概述

5.1.1　连锁企业员工培训的含义与特点

1. 连锁企业员工培训的含义

连锁企业员工培训是指连锁企业为开展业务及培育人才的需要，采用各种方式对员工进行有目的、有计划的培养和训练的管理活动，其目标是使员工不断地更新知识，开拓技能，改进员工的动机、态度和行为，使其适应新的要求，更加完美地胜任现职工作或担负更高级别的职务，从而促进连锁企业组织效率的提高和组织目标的实现。

连锁企业员工培训的目标可以从两个层面来考察：从连锁企业方面看，员工培训是要把员工知识和能力不足、员工态度不积极而产生的机会成本的浪费控制在最小限度；从员工个人方面看，通过培训可以提高自身的知识水平和工作能力，达到员工自我实现的目标。

2. 连锁企业员工培训的特点

（1）连锁企业员工培训的主要目的是提高员工的绩效和有利于实现组织的目标。当一个连锁企业提出一项培训计划时，必须准确地分析培训成本和收益，考察它对连锁企业组织目标实现的价值。

（2）连锁企业员工培训的直接任务是提高员工的知识、技能，改进员工的工作态度和行为，体现在育道德、树观念、传知识和培能力四个主要方面。其中，前两者是软性的、间接的，后两者是硬性的、直接的，是员工培训的重点。

（3）连锁企业员工培训是员工职业发展和实现自我价值的需要。现代人力资源管理理论认为，一个组织成员在为组织做出贡献的同时，也要尽力体现自身价值，不断自我完善和发展。有效的员工培训活动不仅能够促进连锁企业组织目标的实现，而且能够提高员工的职业能力，拓展他们的发展空间。

（4）连锁企业员工培训是连锁企业开展的有目的、有计划的、有针对性、有步骤的系统管理行为。必须确立特定的培训目标，提供特殊的资源条件，遵循科学的培训方法和步骤，进行专门的组织和管理。

5.1.2　连锁企业员工培训的类型

连锁企业员工培训的类型从不同的角度有着不同形式的划分。

1．知识培训、技能培训、态度培训

（1）知识培训。通过培训使连锁企业员工具备完成本职工作所需基本知识，了解组织的基本情况，如组织的发展战略、目标、经营状况、规章制度等。

（2）技能培训。目标是使连锁企业员工掌握从事本职工作的必备技能，如操作技能、处理人际关系的技能、谈判技能等，并以此培养、开发职工的潜能。

（3）态度培训。通过这方面的培训建立连锁企业与员工之间的相互信任，培养员工对连锁企业的忠诚，培养员工应具备的精神状态和工作态度，增强组织观念和团队意识。

2．导向培训、在职在岗培训、在职脱产培训

（1）导向培训。导向培训又称新员工培训，指对刚被招聘进连锁企业、对内外情况生疏的新员工指引方向，使之对新的工作环境、条件、人际关系、应尽职责、规章制度、组织期望有所了解，使其尽快融入企业的一系列培训活动中。新员工导向培训应首先让新员工感受到企业重视他们的到来；其次要让他们对企业和他们即将从事的工作有较为详细的了解；最后要让新员工对企业的发展前途与自己的成功机会产生深刻的认识。新员工导向培训的深层意义在于培养员工对企业的归属感，包括对企业从思想上、感情上及心理上产生认同、依附和投入，这些是培训员工对企业的忠诚、承诺和责任感的基础。

（2）在职在岗培训。在职在岗培训是指在工作中直接对员工进行培训，它是通过聘请有经验的工人、管理人员或专职教师指导员工边学习边工作。在职在岗培训是一种历史悠久、采用最普遍的培训方式，也是一种比较经济的方式。在职在岗培训不仅使员工获得完成工作所需要的技能，还可以传授给员工其他技能，例如，如何解决问题、如何与其他员工沟通、学会倾听、学习处理人际关系等。

（3）在职脱产培训。在职脱产培训是指有选择地让部分员工在一段时间内离开原工作岗位，进行专门的业务学习与提高的培训方式。其形式有举办技术训练班、开办员工业余学校、选送员工到正规院校或国外进修等。脱产培训花费往往较高。

前沿话题 5-1　未来八大培训变革

以移动学习为主的互联网玩法，对传统培训带来了颠覆性冲击，一场以新技术为核心的培训变革即将来临。以下是未来培训八大变革方向。

（1）培训+多元化。鉴于互联网+时代"新事物"的不确定，培训与发展的一个重要职责就是对"新知识"的引入，以消除组织对未知的恐惧进而用新知识创造新的竞争优势。

（2）培训+核心组织基因。在新的背景下，培训经理应引入新的能力从根本上超越竞争对手。从现有的商业生态的角度去看，未来组织中有三大核心能力是至关重要的。这三种能力分别是产品设计能力、品牌运营能力以及用户体验能力。

（3）培训+自驱化。在未来最大的学习变革莫过于从被动培训到主动学习的转变，因此在组织内部开展培养有自我学习意识与自我学习能力的变革讲师将是未来五年人力资源所肩负的重要使命。

（4）培训+敏捷化。在业务与知识高速迭代的今天，培训适用性在不断地降低，而基于业务单元的在岗辅导或许将成为更有效的方式。

（5）培训+岗位小秘。岗位小秘是基于人工智能的趋势思考。岗位小秘的核心是用一对一或一对多的模式实现你问我答的工作辅助模式。岗位小秘的最大意义是在于通过人工或者人工智能的方式随时随地地回答员工的问题，这将是最好的学习。

（6）培训+外置大脑。互联网与智能移动终端给人类学习带来的一个巨大进步就是减少了对记忆的要求。因此在组织学习的设计中，如何将工作知识装到员工手机中，而当员工需要的时候能够方便地调取出来，并且阅读非常通俗易懂的知识将是基于未来学习的一种思考逻辑。

（7）培训+智化。在未来越来越多的解决问题的方法会被 App 或软件所取代，因此聪明的教学设计者一定懂得把结构性的知识融入软件中辅助员工解决问题，而替代员工通过学习解决问题。

（8）培训+新技术。新技术给行业带来的进步是巨大的，甚至有些技术可以"代替"学习，正逐渐地走进我们的视野真正实现了"Learning by doing"的数字智能，由此来看传统的教学设计理论将受到巨大挑战。

小资料 5-1　苏宁电器的新员工入职培训

苏宁的每位新员工都要通过入职后的"三关"培训，即文化关、制度关和经验关。

文化关的培训内容一般为企业文化和在苏宁工作的基本应知应会，以便帮助员工尽快了解企业，成为真正的苏宁人。制度关则是由各执行部门帮助员工了解公司的各项流程标准。苏宁非常强调制度的执行，公司认为只有严格执行流程标准制度，才能百分之百地为客户提供优质的服务。最后是经验关，员工需要到具体岗位上体验并掌握相应的工作技能。这种经验主要来源于两个环节：一是亲自体验开店流程，从中加深对苏宁连锁模式及经营管理思路的理解；二是参与各种节日促销活动，理解不同节日促销活动的运作模式和工作内容。

3．各层次培训、各职能培训

（1）各层次培训。各层次培训，也称纵向培训，是指对经营及管理的各层次（上层、中层、下层）和各项职能部门员工所进行的培训。

（2）各职能培训。各职能培训，也称横向培训，是指对经营及管理的各职能部门（业务、生产、人事、财务、研究开发等）所进行的培训，目的是使员工明确各职能部门的职业分工、操作规程、权责范围。

小资料 5-2　日本麦当劳公司的人才培育体系

日本麦当劳公司是由美国麦当劳公司和藤田商社各出资 50%而设立的合资公司。由于藤田经营管理得法，该公司已成为世界性麦当劳连锁机构所注目的对象。就藤田的经营手腕而言，最出色的是在人力资源管理及培训方面。

日本麦当劳利用计时工作人员，其占的比例在 95%以上。本来在这个行业中，业余打工人员占的比例就比较高，一般来说为 50%左右，相比之下，麦当劳不但高居榜首，而且数字比其他企业高出许多。利用业余计时工作人员，人事费用虽然可以节省，但日常服务、质量管理、环境清洁等，就会显得力不从心了。麦当劳解决这些问题的办法是：对新进计时打工人员，进行从新生讲习到汉堡大学的系统培训。进入公司之后，职员从见习员、服务员、训练员、接待员、组长到经理，循序渐进，一层层向上挑战。入店的基本训练过程完成后接受实地考核。若通过了测验，就算完成了训练程序。若还想追求更高的职位，上面还有更高的分职训练课程。

此外，凡是正式加入麦当劳公司职员行列的，就要开始三个月的在职训练。在店里待满三个月以后，再接受汉堡大学初级班进修十天。毕业后到店里，这时公司会准备管理发展计划手册，内容是以具体的活动内容和行动目标为中心构成的一个训练手册，包括人才管理、设备维修、能源管理、财务管理等内容，在每科目大标题下都有阅读、讨论、实践的功课，从这些活动中消化麦当劳的教材。等精通这些内容后，便可以升任中心经理了。

5.1.3　连锁企业员工培训的基本程序

从人力资源的开发与管理来看，培训管理有一套严格的整体流程。有效的企业培训管理流程包括培训准备阶段、培训规划阶段、培训实施阶段、培训评价阶段四个阶段，如图 5-1 所示。

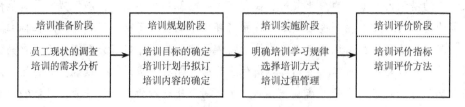

图 5-1　有效的企业培训管理流程

1．培训准备阶段

培训准备阶段是在员工现状调查的基础上，进行培训需求分析，从而为有针对性、有实效的培训活动奠定基础。

2．培训规划阶段

培训规划阶段的主要工作包括培训目标的确定、培训计划书的拟订，以及培训详细内容的确定。这主要是为合理有序的培训活动实施做好准备。

3．培训实施阶段

培训实施阶段最重要的工作是确保受训者在良好的学习氛围中、在各种有效培训活动形式中获取新的知识与技能，实现培训目标。为此，需要了解培训学习的规律及员工培训学习的特殊性，选择合适的培训方式，并制定严格的培训计划。

4．培训评价阶段

培训评价阶段的目的是掌握受训者是否通过培训有了进步与改进，对培训的投入—产出效益做出价值评估，为进一步改进现有培训工作提供科学依据。

5.2　连锁企业员工培训需求分析

5.2.1　连锁企业培训需求分析的含义

需求是企业预期应该发生的事情和实际发生的事情之间的差距，这一差距就是"状态缺口"。企业提出的员工能力水平要求就是"理想状态"，而员工本人目前的实际水平即"目前状态"，两者之间的差距就是"状态缺口"。企业要努力减小这种"缺口"，就形成了培训需求。

连锁企业培训需求分析是指在规划与设计人力资源培训与开发活动之前，由培训部门与人员收集企业战略、企业与员工的相关数据信息，然后采用一定的分析方法和技术，对整个企业及其成员的目标、知识、能力等方面进行系统的鉴别与分析，以确定企业是否需要进行培训与开发活动的一种活动或过程。它的关键是找出产生培训需求的真正原因，并确定能否通过培训来解决。培训需求分析既是确定培训目标和设计培训规划的前提，也是进行培训评估的基础，是培训活动的首要环节。

培训需求是来自多方面的，包括绩效问题、新技术的应用、法规和制度的变更、员工基本技能的欠缺、客户偏好和要求的变化、新的工作要求等。表 5-1 所示的培训需求确认表，可用来描述培训需求。

表 5-1　培训需求确认表

项　　目	需要具备的	现在已有的	还需要培训的
专业知识			
素质技能			
行为态度			
社交本领			

5.2.2 连锁企业培训需求分析的层次

进行培训的需求分析，一般来说应从组织层次、任务层次、人员层次三方面着手。

1. 组织层次分析

组织层次分析是要从连锁企业经营目标和组织战略出发，在企业的经营战略指引下，对人力资源开发的组织需求进行分析，目的是确定人力资源开发在整个组织中的需求。组织层次分析对人力资源管理有着非常重要的意义，在总体上决定了培训的必要性。

这里需要分析以下两个问题。

（1）企业经营战略分析。对员工进行培训不仅是为了提升员工的知识和技能，更重要的是，为了提升企业的绩效，实现企业的发展战略目标。从战略发展高度预测连锁企业未来在技术、销售市场及组织结构上可能发生的变化，对人力资源的数量和质量的需求状况进行分析，确定适应连锁企业发展需要的员工能力，从而明确企业今后培训的重点和方向。

（2）企业整体绩效分析。通过对企业整体绩效的评价来确定目前培训的需求，这需要首先设定企业绩效考核的指标和标准，然后将企业目前的绩效和设定的目标或者以前的绩效进行比较，当绩效水平下降或者低于标准时就形成了培训需求的"压力点"，接着要对这些"压力点"进行分析，提炼出现实的培训需求。例如，通过对企业绩效的评价，发现产品的合格率较低，就要对产生这一问题的原因进行分析。如果是由于员工的操作不规范而引起的，就要对员工重点进行操作规范的培训。

2. 任务层次分析

任务层次分析包括任务确定及对需要在培训中加以强调的知识、技能和行为进行的分析。任务分析的目的是确定培训与开发的内容，用以帮助员工圆满地完成任务。任务分析的结果是有关工作活动的详细描述，包括员工执行任务和完成任务所需的知识、技术和能力的描述。这里对工作任务的分析并不同于工作分析，任务层次分析主要研究怎样具体完成各自所承担的职责和任务，即研究具体任职人的工作行为与期望的行为标准，找出其间的差距，从而确定需要接受的培训。

3. 人员层次分析

人员层次分析可帮助培训者确定谁需要培训，即通过分析员工目前绩效水平与预期工作绩效水平来判断是否有进行培训的必要。人员层次分析包括以下几个部分。

（1）分析个体特征，即分析员工是否具有完成工作所应具备的知识、技术、能力和态度。

（2）分析员工曾接受的指导和培训，即分析员工是否得到一些指导和培训，指导与培训的效果怎样等。如果员工有工作必备的知识、能力、态度和行为方式，但缺少必要的指导，其绩效水平也不会高。

（3）分析员工对工作目标和绩效标准的理解程度，即分析员工是否了解工作的目标，是否理解工作绩效标准。有时员工不能达到标准要求的业绩表现，其重要的原因之一是员工不知道他们应该达到什么样的工作目标和绩效水平。

（4）分析员工对绩效奖励的认识程度。如果不知道业绩表现好而受到的各种奖励措施，或者员工认为绩效奖励不具有激励作用，那么他们就不愿执行绩效标准，而且团队行为也不会鼓励员工执行绩效标准。

（5）分析员工工作反馈，即分析员工是否能得到执行工作中的有关信息。如果员工在工作中没人定期向其反馈工作表现，或者员工知道怎样做，但不知道自己做得怎样，其绩效水平也会因缺乏学习动机而趋于下降。

通过对以上三个层次的分析，连锁企业就能明确为什么要进行培训、培训什么内容、培训的目的是什么等问题，并根据企业的实际情况制定相应的培训项目。

5.2.3　连锁企业培训需求分析的方法

1．整体分析法

整体分析法是从连锁企业的整体现实出发，以战略目标为依据确定企业培训需求的方法。整体分析法一般从分析反映企业经营状况的指标开始，如经营环境、利润率、投资回报率、销售利润率、员工流动率、客户满意率、权益报酬率等。通过分析这些指标，找出企业在技术、生产、经营、管理、公众关系等方面的差距，从而确定各种培训需求。整体分析法具有操作方便，容易得出具有普遍意义的培训需求，从而引起高层管理人员重视等优点。但是，这种方法必须以得到充分的数据为基础，并理解掌握它们。然而，得到这些详细真实的数据是比较困难的。

2．任务分析法

任务分析法也称工作分析法或工作盘点法，是依据工作描述和职务说明书，确定员工达到要求所必须掌握的知识、技能和态度。通过系统地收集反映工作特性的数据，对照员工现有的能力水平，确定培训应达到什么样的目标。在职务说明书中一般都会明确规定：每个岗位的具体工作任务或工作职责；对上岗员工的知识、技能要求或资格条件；完成工作职责的衡量标准。

除了使用职务说明书和工作规范外，还可以使用工作任务分析记录表，它记录了工作中的任务及所需要的技能。工作任务分析表通常包括工作的主要任务和子任务、各项工作的执行频率、绩效标准、执行工作任务的环境、所需的技能和知识，以及培训场所等内容。显然，依据上述几方面的信息，对比员工个人的实际状况，就可以找到培训需求了。

3．人员访谈法

人员访谈法通过与有关人员（包括计划的受训者、部门主管、高层领导者等）进行访谈并记录分析，来确定培训需求。表 5-2 是一个用于培训需求分析的高层领导访谈提纲，表 5-3 是一个访谈记录例表。

表5-2　高层领导访谈提纲

1. 你对目前管理团队的整体素质是否满意？

2. 如果不满意，具体表现在哪些方面？

3. 你希望本次培训是进行系统的管理知识讲授，还是就某方面的管理技能进行深入训练？

4. 你期望培训后能看到什么样的效果？

5. 你对于本单位的培训工作有什么指导性建议？

表5-3　访谈记录例表

访谈对象：	职位：
访谈人：	访谈时间：
具体问题：	访谈记录：
员工的性格特征、个人素质如何？	
员工特别出色的知识、技能表现在什么方面	
员工特别需要学习的知识和技能有哪些？	
员工对工作的热忱、关心度如何？	
员工有望取得的成绩或晋升的职位	
对员工参加培训的意见和建议	
其他需要说明的内容	
备注：	
记录人：	日期：

4．问卷调查法

问卷调查法是通过员工填写"培训需求调查问卷"，并对问卷信息进行整理、汇总、分析，从而确定培训需求的方法，这也是连锁企业经常使用的一种培训需求分析方法。这种方法的优点是调查面广，资料来源广泛，收集的信息多，相对省时省力。缺点是调查结果间接取得，如对结果有疑问，无法当面澄清或证实；调查对象很容易受到调查问题的误导，获得的深层信息不够等。但在公共关系专家或统计专家的指导下，可以大大减轻这些缺陷的程度。

运用问卷调查法进行培训需求分析，可以遵循五个步骤，如表5-4所示。

表5-4　问卷调查法的实施步骤

步　骤	内　容	说　明
1	制定调研计划	明确调研目标及任务，并具体化，以便调研紧紧围绕目标展开
2	编制问卷	调研问卷（表）是问卷调查法的基本工具，通常采用选择题和问答题的方式
3	收集数据	发放调研问卷（表），并组织回收、整理
4	处理数据	统计数据，将问题进行汇总、分析
5	得出结论	根据分析结果得出结论，编写调研报告，提交调查结果

5. 绩效分析法

绩效分析法是通过考察员工目前的绩效与组织目标的理想绩效之间存在的差距，然后分析存在绩效差距的原因：是不能做还是不想做，还要进一步分析知识、能力和行为改善方面存在的差距的程度，最后确定培训的具体选择。这种分析法主要围绕"缺陷"展开，也称缺陷分析。通常，员工缺陷有两种：一种是"技能"上的缺陷，称为"不能做"；另一种是"管理"上的缺陷，称为"不想做"。前一种"缺陷"是指员工工作技能、工作技巧、工作熟练程度、业务知识水平等方面的不足；后一种"缺陷"是指员工工作态度、领导层的任务分派和指导、信息沟通与反馈等方面的不足。如果是组织方面的原因造成的"缺陷"，一般不需要培训；如果是属于个人知识、技能和态度方面的原因造成的"缺陷"，则需要进行培训。

6. 观察分析法

观察分析法是亲自看每位员工的工作状况，如操作是否熟练，完成每项工作需要多少时间等，通过仔细的观察，从中分析该员工需要培训的内容。为了提高观察效果，一般要设计一份观察记录表，以作为需求分析的参考依据。该方法虽然简单，但是存在无法克服的缺陷：如果观察者意识到处于被观察状态，易造成紧张，使其表现失常，使观察结果出现较大的偏差；在评价别人时，受个人主观认识的影响，评价人都会犯这样或那样的错误，导致评价结果出现偏差；消耗时间长也是观察法的突出缺陷。

7. 前瞻性培训需求分析模式

前瞻性培训需求分析模式是以连锁企业未来发展需要为依据，确定员工培训需求的方法。随着技术的不断进步和员工在企业中职业发展的需要，即使员工目前的工作绩效是令人满意的，也可能为工作调动或职位晋升做准备、为适应工作内容要求的变化等原因提出培训的要求，甚至员工个人的职业生涯发展计划也会对培训提出前瞻性的要求，同时，在企业发展过程中，会不断地产生对员工更高的知识和能力等方面的要求。

8. 现场取样法

现场取样法一般较多使用于连锁服务性行业的培训需求调查（如饭店、卖场等），是通过选取培训对象现场实际工作的部分片段进行分析，以确定培训需求的一种分析方法。现场取样法主要包括两种形式：拍摄和取样。

（1）拍摄是指在培训对象的工作环境中安装监控录影机、摄像机等拍摄设备，对培训对象的现场工作过程进行实际拍摄，事后通过录影带进行观察分析，得出培训需求结论。

（2）取样又分两种情形：一种是"神秘访客"，即由取样人乔装成顾客，在培训对象不知情的情况下与其进行沟通、合作或买卖活动等，事后以取样人对取样对象工作表现的评价和分析为依据，确定培训需求；另一种是客户录音取样，即选取培训对象与顾客对话的录音为需求分析的依据，总结培训需求的信息和数据。

📖 **小知识** 5-1　企业要做培训需求分析的原因

随着经济的迅速发展，企业对培训越来越重视，对培训的投入也越来越大，然而培训效果却不尽如人意。据统计，目前约有 70%的企业选择了 70%以上不需要的培训课程，也就是说，企业在选择培训时，对自身的需求不明确，不知道自己真正需要的是什么，这直接导致了企业在选择培训时的盲目性，出现了"流行什么学什么，别人学什么我就学什么"，甚至有些企业是老总拍脑门决定培训内容，很多是应急式培训，培训如"救火"，无法规范操作。最终的结果必然是培训不能对症下药，企业花了许多冤枉钱。

企业之所以要进行培训需求分析，是为了能够充分地挖掘企业的培训资源，合理地利用企业的有限投资，最大限度地形成企业的良性培训循环，进而使得企业人力资源队伍的发展能够与企业的发展相吻合，而技术上的要求是能够先于企业的发展而做好准备。如果说人才招聘来就立即可以使用，显然是不现实的，那么培训和发展就是唯一的方法。

5.3　连锁企业员工培训计划设计

确定员工培训需求之后，培训负责人就可以制定培训计划。一个有效的培训计划包括三个方面：连锁企业培训目标的确定；连锁企业培训计划书的拟订；连锁企业培训内容的选取。

5.3.1　连锁企业培训目标的确定

培训目标是根据培训需求分析结果，指出员工培训的必要性及期望达到的效果。好的培训计划可以为培训工作提供明确方向，为确定培训对象、内容、时间、教师、方法等具体操作内容提供依据，并可以在培训之后，对照此目标进行效果评估。从某一培训活动的总体目标到每堂课的具体目标，培训目标可分为若干层次。目标的设置也要注意与连锁企业的宗旨相兼容，要切实可行、陈述准确。

培训目标主要可分为知识传播、技能培养和态度转变三大类。培训目标所指向或预期的培训成果可以分成认知成果、技能成果、情感成果、绩效成果和投资回报率五大类。其中，认知成果用来衡量员工对培训内容中强调的原理、事实、技术、程序或过程的熟悉程度；技能成果用来评价员工在技术或运动技能，以及行为方式上的提高程度，它包括员工对一定技能的学习获得，以及在实际工作过程中的应用两个方面；情感成果用来衡量员工对培训项目的感情认识，以及包括个人态度、工作动机、忍耐力、价值观、顾客定位等在内的情感、心理因素的变化情况，这些因素往往影响或决定个人的行为；绩效成果是用来衡量员工接受培训后对工作绩效的提高情况，绩效成果通常以受训员工的流动率、事故发生率、成本、产量、质量、顾客服务水平等指标的上升或下降来度量；投资回报率是指培训的货币收益与培训成本（包括直接成本和间接成本）的比较，它可以用来评价连锁企业培训的经济效益。

5.3.2　连锁企业培训计划书的拟订

为了获得高层管理者的支持，充分阐明培训的意义、作用与效果，培训部门必须在培训规划阶段进行培训计划书的编制。一般来说，培训计划书的编制应包括以下内容。

1．培训的目的

根据培训需求分析结果，阐明培训活动希望获得的作用效果。

2．培训的对象

确定培训对象，并对培训对象日常工作做出妥善安排协调。

3．培训的时间与地点

培训地点安排要充分考虑交通、学习环境等方面的因素。培训时间要考虑参加培训的员工当前的工作状况，教师是否有时间，列出详细的日程安排。

4．培训的内容

培训内容包括培训的课程及培训的教材。确定培训课程时应注意范围不宜太大，也不宜太窄，应根据培训目的来制定。教材应选用那些适合于企业培训的教材，不要过于理论性，而应着重于操作性，解决具体的问题。有条件的连锁企业，可自己编制培训教材。

5．确定学习的形式

学习的形式有多种多样，常见的有授课、作业、实习、模仿练习、报告、测验等。培训组织可针对不同的学习阶段、学习内容综合选用以上方法。

6．设计控制措施

控制措施是指培训的人员管理措施，如签到登记、例会汇报、流动检查等督促培训活动的方法手段。

7．设计效果的评价方法

具体确定对受训人员的表现，整个培训活动效果的评价方法，常用的有书面测试、实际操作水平测试、参加培训的内在兴趣、受训者的体会等。

8．培训费用预算

培训费用预算是指根据培训所需器材和设备的成本、教材、教具、外出活动和其他各种活动的费用，列出培训费用预算。一般来说，派员工参加企业外部的培训费用都应按培训单位的收费标准来支付。企业内部培训的经费预算则应包括多种项目，常见的是企业内部自行培训、聘请培训师来企业培训和聘请培训公司来企业培训等几种形式，其开支预算是不一样的，主要包括培训师及内部员工的工资、场地费、设备材料的损耗费、教材及资料费用等。培训计划应对所需经费做出详细预算。

小实务 5-1　某公司员工计算机培训计划

根据项目开发需要，现决定对全体开发组成员进行技术培训。

1．培训内容

课程名称	课时数（小时）	讲课老师
Window 操作系统	24	罗青
常用办公软件	24	张琳
数据库系统	24	赵玲
互联网概述	20	李莉

2．培训时间

（1）以一天4课时计算，每门课程需要6天时间，共需23个工作日。

（2）建议时间

上午：8:30—9:30，讲课。

9:30—10:00，技术讨论或休息。

10:00—11:00，讲课。

下午：14:00—15:00，讲课。

15:00—15:30，技术讨论或休息。

15:30—16:30，讲课。

16:30—17:00，技术讨论或休息。

（3）具体日程安排：初步定于3月20日开课。

3．培训形式

（1）讲课形式：集中授课。

（2）考试形式：由于该培训是集中式培训，建议每门授课结束时，采取一次性笔试考试。考试成绩分为优秀、良好、中等、及格和不及格五类，与当月绩效考评挂钩。

4．授课准备

（1）教材：购买教材。

（2）教学工具：使用投影，或白板书写。

5．费用

（1）教材费：共20人，以每人150元计算，需教材费3 000元。

（2）授课补助：以每课时50元计算，共92课时，需补助4 600元。

合计：7 600元。

5.3.3　连锁企业培训内容的选取

根据培训的目的不同，连锁企业员工培训的内容非常广泛，常见的有以下几大类。

1．连锁企业基本状况的培训

连锁企业的基本状况包括企业的发展历程、组织结构、发展现状、发展方向、规章制度，企业的技术水平、效益水平、在同行业中的地位等。这些内容一般用于新进人员的培训。

2. 连锁企业文化方面的培训

连锁企业文化培训包括企业的优秀传统、企业精神、企业形象、价值观、企业伦理、工作行为规范、道德规范、日常行为准则等。这些内容适合全员培训。

3. 知识、技能培训

知识、技能培训包括现工作所需的知识、技能的提高，本行业最新的技术进展，社会发展的最新知识等。这些内容可根据岗位工作需要，选择有关人员培训。

4. 管理知识培训

管理知识培训主要针对连锁企业的管理人员，尤其是工程技术出身的管理人员和新提拔的管理人员。具体内容可以包括各种管理知识，如人事管理知识、财务管理知识、市场营销知识、生产管理知识等。

📖 小资料 5-3　沃尔玛培训内容：实行全面培训策略

在沃尔玛，入职培训、技术培训、岗位培训、海外培训等都是员工的重要培训内容。除此之外，所有管理人员还要接受管理技能与艺术方面的培训。

（1）培训店实习培训。沃尔玛的员工入职培训别具一格，采取的是时间长、重操作、全面性的培训店实习培训。

为了做好入职培训，沃尔玛在全球各地都设立了培训店，如在中国的深圳、长沙和大连就分别成立了培训店。这些店面用于承担相邻城市开设的新店的员工培训工作。沃尔玛一般会在新店开业前半年开始招聘新员工，并组织新员工到培训店接受 3～6 个月的实习培训。

新员工到培训店实习时并不确定具体的岗位，而是接受公司文化、信息系统、业务营运、管理政策等方面的培训，以便全面了解一个卖场是如何运作的。实习培训期间最为重要的培训就是"1—30—60—90 计划"，即在新员工入职的第 1 天、第 30 天、第 60 天、第 90 天分别会有四次侧重点不同的入职培训。沃尔玛认为，员工入职的第 1 天、第 30 天、第 60 天、第 90 天都是非常关键的时期，培训一定要配合员工这个时期的心理变化和对公司、业务了解的变化。例如，新员工入职培训的第 1 天，要接受企业文化的培训，听培训师讲述沃尔玛的创建和发展历史，以培养员工的荣誉感和自豪感。另外，还要知道如何和其他部门的员工进行沟通，并要到各店面进行参观以熟悉公司如何运营等。

（2）关键岗位的技术培训。沃尔玛对关键岗位员工的技术培训从不含糊。例如，沃尔玛的采购经理需要定期接受系统化的技术培训，包括英语交流、谈判技巧、产品认知和产品促销等技能培训。为了提高员工的专业技能，沃尔玛独创了一个新的培训项目，叫作"沃尔玛鲜食学院"。这个学院设置在沃尔玛中国的主要店面中，针对中国人的文化和饮食习惯，培训员工如何制作符合当地人口味的各种面点、菜肴和熟食等食品，以达到增加销售的最终目的。

（3）差别化的岗位培训。沃尔玛针对不同岗位和不同级别的员工有相应的培训计划。英语培训、岗位技能及管理艺术的培训是重要的三个方面。在沃尔玛，管理五个人以上的员工都要接受管理培训。经理岗位的员工上任后，首先要脱产两天，参加"基础领导艺术培训"，各分店的店长以上或 C 级以上的管理者需要进行封闭培训，分上半年和下半年两次课程，为期一个星期。

（4）通往高管之路的海外培训。沃尔玛完善的培训体系中，海外培训是培养和选拔高级人才的重要途径。沃尔顿学院是沃尔玛高级管理人员培训的摇篮。在沃尔顿学院，高级管理人员会接受"国际领导艺术培训计划"。培训的主要内容是领导艺术和店内细节管理。参加完沃尔顿学院的培训后，这些高管还有机会接受更高级别领导艺术培训，或者被送到卡内基学院进一步深造。

5.4 连锁企业员工培训组织实施

培训活动的实施是连锁企业培训活动的关键阶段。要想顺利地实施企业培训活动，需要在培训之前了解学习的规律及员工学习的特殊性；另外，还需要针对培训的不同内容，选择合适的培训方式；为了提高培训的最终效果，还需要制定各种相关的培训管理制度。

5.4.1 明确培训学习规律

制定一个行之有效的培训程序之前，首先要了解学习规律及员工学习的特点。由于培训进程的成败经常与学习的原则相关联，因此，应了解不同培训方式或技巧的使用效果。现代培训要求注意员工学习的以下几个方面规律：应设定学习目标，明确学习要点如课程的路线图；尽可能以有意义的方式表达学习材料，如提供一些丰富多彩的实例；多安排行为示范，通过正确行为的模仿和错误行为的纠正来让员工明确如何去行动；重视员工的个体差异；积极提供机会让员工参与实践；将培训内容的整体学习与部分学习相结合；在时间上将系统学习和分段学习相结合；通过积极的反馈与检查来激发员工的学习动力；通过及时的鼓励让员工产生成就感来实现学习的强化。

由于生理状态与心理状态的原因，成年人在学习过程中有着与年轻学生不同的特点，掌握他们学习的原则，就可以有针对性地运用各种培训方法达到更好的培训效果。员工培训应该旨在建立他们的自尊，而不是破坏他们的自尊。要让员工有机会提问，并回答他们的问题。让他们在小组中与大家分享自己的知识专长和个人经验。在培训中，要让员工自己形成看法，自己找到答案，而不是告诉他们该干什么、什么时候干。最后，为了满足员工对实用性知识的要求，培训中提供的信息和技能要能很快应用在工作中。培训者要选择员工可能面对的实际问题和情境案例，这样员工就能把观念化的信息与实践建议结合起来，并把观念运用在工作中。

5.4.2 合理选择培训方法

要使员工培训更有成效，选择适当的培训方法是非常必要的。下面介绍几种常见的培训方法及其优缺点和适应范围，为连锁企业培训组织者在设计和选择培训方法时提供建议。

1．讲座法

讲座法是主讲者用语言表达给受训者、快速传授知识的途径，是大中专院校主要学习方式之一，它仍是连锁企业员工培训中最普遍的方法。它是一种单向沟通的方式，即从主讲者到受训者，可同时对许多人进行教育培训；讲座的成本较低、花费时间不多；有利于系统地讲解和接受知识，易于掌握和控制培训进度；有利于更深入地理解培训内容。讲座的不足在于：受训者的参与、反馈与工作实际环境的密切联系等因素会阻碍学习和培训效果；培训内容具有强制性，受训者是被动的，如果不引起受训者的重视，则效果不佳；信息的沟通与效果还受主讲者水平影响较大；培训时间和场所比较固定。

2．远程学习

远程学习利用多媒体信息技术或互联网将受训者联系在一起传授知识。远程学习包括电话会议、电视会议、电子文件会议，以及利用计算机进行培训。培训内容可通过电视、电话、互联网或一张可读光盘分发给受训者。受训者与培训者可利用电子邮件、电子留言板或电子会议系统进行交互联系。远程学习是参与培训项目的受训者同时进行学习的一种培训方式，为分散在不同地点的员工获得培训机会，不受时间和地点的限制，也节省培训费用。例如，3M 公司的研发部门进行为期 8 天的录像远程会议培训（培训指导人员来自欧洲和美国），培训费用只需13 000 美元，而不用远程培训方式，则该项培训将花费 100 000 美元。该方法的不足在于：受训者与培训者之间缺乏互动，而且需要一些现场的指导人员来回答某些问题，并对提问和回答的时间间隔做出调整。

3．视听法

视听法是利用幻灯片、电影、录像、录音等视听教材进行培训。这种方法利用人体感觉（视觉、听觉、嗅觉等）去体会，比单纯讲授给人的印象更深刻。录像是最常用的培训方法之一，被广泛运用在提高员工沟通技能、面谈技能、客户服务技能等方面。但录像很少单独使用，往往和其他方法结合使用。

4．在职培训

在职培训是把受训者放到工作岗位上，由师傅、技术人员或管理人员向其示范操作，受训者通过观察并效仿工作的培训方法。与其他方法相比，在职培训投入的时间、资金相对较少，因此是一种很受欢迎的方法。不足之处在于：培训者与受训者完成同一项任务的过程并不一定相同，在传授有用技能的同时也许传授了不良习惯；培训期间风险很大，如新手可能弄坏机器，产品与服务质量下降，招致顾客更多投诉等。在职培训的方法多种多样，主要有"师带徒"、自学、工作轮换等方法。

5．情境模拟法

情境模拟法是指将受训者置于一个模拟的工作环境之中，运用多种评价技术，培训员工某种能力的方法。运用情境模拟法主要培养计划与组织能力、决策能力、人际关系技能、应变能力、学习能力、口头与文字表达能力等。情境模拟法可以针对不同职务要求和必备能力，设计不同的场景，适应不同的组织状况和培训需要，具有针对性。常用的情境模拟试验有工作情境表演、无领导小组讨论等。

情境模拟法是一种代表现实中真实生活情况的培训方法，受训者的决策结果可反映如果其在被"模拟"的工作岗位上工作会发生的真实情况。该方法培训的有效性关键在于模拟设备对受训者在实际工作中使用真实设备时遇到的情形的仿真程度，即模拟设备应与工作环境的因素相同，其反应也要与设备在受训者给定的条件下的反应完全一致。情境模拟法的优点在于：能成功地使受训者通过模拟设备简单练习增强员工的信心，使其能够顺利地在自动化生产环境下工作。不足在于：模拟设备开发很昂贵，而且工作环境信息的变化也需要经常更新，因此，利用仿真模拟法进行培训的成本较高。

最近将计算机模拟软件技术运用于情境模拟领域，它是为受训者提供三维学习方式的计算机技术，即通过使用专业设备和观看计算机屏幕上的虚拟模型，让受训者感受模拟环境并同虚拟的要素进行沟通，且利用技术来刺激受训者的多重知觉。在虚拟现实中，受训者获得的知觉信息的数量、对环境传感器的控制力及受训者对环境的调试能力都会影响到"身临其境"的感觉，可以让受训者进行连续学习，还可以增强记忆。开发虚拟现实培训项目的障碍就是开发成本和设备仿真度。

6. 商业游戏

商业游戏是指在一些仿照商业竞争规则的情境下受训者以个人或团队的方式进行分析、决策，并与其他人或团队竞争的过程。商业游戏主要用于管理技能开发的培训中。参与者在游戏中所作的决策的类型涉及各方面的管理活动，包括上下级关系、营销活动、财务预算等。游戏能够激发受训者的学习动力，如果是分组团队商业游戏那么游戏能够帮助团队队员迅速构建信息框架及培养受训者的团队合作精神；游戏采用团队方式，有利于营造有凝聚力的团队。与情境模拟法相比，游戏法显得更加真实，是一种更有意义的培训活动。

7. 案例分析法

案例分析法是将连锁企业管理过程中实际发生的客观、真实情境，用文字、录音、录像等视听媒介描述出来，让受训者进行分析、思考、讨论和解决问题。它特别适应于开发受训者的分析、综合及评价能力。为使案例分析法更有效，学习环境必须为受训者提供案例准备及讨论案例分析结果的机会；安排受训者面对面地讨论或通过电子通信设施进行沟通，并提高受训者案例分析的参与度。因此，案例研究的有效性基于受训者的意愿和分析能力。

该方法提供了一种问题分析模式。在案例分析过程中，受训者能主动提出问题，表达个人的感受，激发他们的学习兴趣。在讨论中他们可互相取长补短，受训者可得到一些管理方面的知识和原则，有利于受训者参与企业的实际问题的解决；案例还可以使受训者在个人对情况进行分析的基础上，提高承担具有不确定结果风险的能力；通过分析讨论，可强化受训者的理解能力，其效果要优于讲座法和视听教学法。这种方法对培训者和受训者的要求较高；不利于受训者系统掌握知识，一般适用于概念性或原理性知识的把握和学习；分析讨论题选择得恰当与否，直接影响培训效果。

8．角色扮演法

角色扮演法是设定一个最接近现状的培训环境，指定受训者扮演角色，借助角色的演练来理解角色的内容，从而提高积极面对现实和解决问题的能力。

运用这种方法，可以用较低培训费用帮助受训者处在他人的位置上思考问题，可以体验各类人物的心理感受，培养受训者自我控制能力和随机应变能力，从而提高管理人员处理各类问题的能力。但是，这种方法不适于对各类人员的培训，这种方法一般用于改善人际关系和处理冲突事件的训练。

角色扮演不同于情境模拟，主要表现在：角色扮演提供的情境信息十分有限，而情境模拟所提供的信息通常都很详尽；角色扮演注重人际关系反应，寻求更多的信息，解决冲突，而情境模拟注重于人们对环境的反应；情境模拟的受训者的反应结果取决于模拟设施设备的仿真程度，而在角色扮演中结果取决于其他受训者的情感与主观反应。

9．行为模仿

行为模仿是指利用受训者的能力去模仿正确的行为。该方法基于社会学习理论，适合学习某一种技能或行为，不太适合知识、信息的学习。

10．团体学习法

团队学习法是用以提高团队或群体成员的技能和团队有效性的培训方法。它注重团队技能的提高以保证进行有效的团队合作。这种培训包括对团队功能的感受、知觉、信念的检验与讨论，并制定计划以将培训中所学的内容应用于工作中的团队绩效上。该方法最适宜开发与团队效率有关的技能，如自我意识能力、问题解决能力、危机管理能力和风险承担能力等。该方法涉及的是员工实际面临的问题，所以可使学习和培训成果的转化达到最大化。它有利于发现阻碍团队有效解决问题的一些非正常因素。团队学习对员工素质和企业规章制度要求比较高。

以上介绍的各种方法，其适应范围、培训效果等均有所不同。作为管理者或培训者，在实际工作中如何选择合适的、有效的培训方法是至关重要的。

5.4.3　加强培训过程的管理

要想使培训工作取得理想效果，还必须加强培训过程的管理，主要包括以下几个方面。

1．确定培训师

连锁企业要培训一位合格的培训师成本很高，而培训师的好坏直接影响培训的效果。一位优秀的培训师既要有广博的理论知识，又要有丰富的实践经验；既要有扎实的培训技能，又要有高尚的人格。因此，培训师的知识经验、培训师的培训技能，以及培训师的人格特征是判别培训师水平高低的三个维度。香港对培训机构师资方面有严格的规定：须具备一定的理论知识，往往是工程师、讲师、专家或学者，并且本身要经历过教授成人的技能培训，取得任教资格和文凭；一般要求有 5～6 年的实际工作经验，政府和培训机构还常常组织从事培训教育的师资到其他国家和地区进修和参观，并同经济发达国家和地区的工商企业、学校和培训机构交流经验。

美国的职教师资则强调一定要与生产、实际相结合，任教一段时间后必须回到所教生产中去工作一段时间，以了解、掌握新情况，充实教学内容，改革教学方法，提倡师资应来源于从事过实际生产工作的人员。

小资料 5-4　某连锁企业培训教师的选择标准

某连锁企业培训教师的选择标准包括：具备经济管理类和培训内容方面的专业理论知识；对培训内容所涉及的问题应有实际工作经验；具有培训授课经验和技巧；能够熟练运用培训中所需要的培训教材与工具；具有良好的交流与沟通能力；具有引导学员自我学习的能力；善于在课堂上发现问题并解决问题；积累与培训内容有关的案例；掌握培训内容所涉及的一些相关前沿问题；拥有培训热情和教学愿望。

2．确定教材和教学大纲

一般由培训师确定教材，教材来源主要有四种：外面公开出售的教材、企业内部的教材、培训公司开发的教材和培训师编写的教材。一套好的教材应该是围绕目标，简明扼要、图文并茂、引人入胜。教学大纲是根据培训计划，具体规定课程的性质、任务和基本要求，规定知识与技能的范围、深度、结构、教学进度，提出教学和考试（考核）的方法。教学大纲要贯彻理论联系实际的原则，对实践性教学环节做出具体规定。

3．确定培训地点

培训地点一般有以下几种：连锁企业内部的会议室、连锁企业外部的会议室、宾馆内的会议室。要根据培训的内容来布置培训场所。培训者和培训对象对培训环境的评判是从以下因素来考虑的：视觉效果、听觉效果、温度控制、教室大小和形状、座位安排、交通条件和生活条件等。

4．准备好培训设备

根据培训设计事先准备好培训所需设备器材，如电视机、投影仪、屏幕、放像机、摄像机、幻灯机、黑板、白板、纸、笔等。尤其是一些特殊的培训，需要一些特殊的设备。培训设备的添置和安排一般要受培训组织的财务预算制约，但至少要满足培训项目的最低要求。

5．选择培训时间

培训时间的合理分配要依据训练内容的难易程度和培训所需总时间而定。一般来说，内容相对简单的、短期的培训可以使用集中学习，使之一气呵成，而内容复杂、难度高、时间较长的学习，则宜采用分散学习的方法，以节约开支，提高效率。例如，美国有学者曾研究监工如何向工人进行工作指导问题时，将监工分两组，一个组在两周内接受 6 小时的训练，另一组在三天内每天接受 2 小时的训练，结果发现采用分散学习的第一组监工比集中学习的第二组监工在指导新职工时所犯错误少得多。另外，在时间选择上也要要考虑是在白天或晚上、工作日或周末、企业生产旺季或淡季等因素。

6．发出培训通知

发出培训通知，使每个人都确知时间、地点与培训的基本内容。

前沿话题 5-2　微课程的开发与应用

传统意义上的培训过程，大多数还是通过课堂教学的方式来组织，而课堂教学的组织需要受训者的现场参与，才能收到效果。但这样的培训过程，需要花费受训者的时间。即使企业自主开发的培训课程，同样也需要受训者的时间。假如企业自主开发出移动端的微课程，就可以让需要接受培训的员工可以随时随地地观看和学习。微课程的要求，一是需要视频较短，二是视频内容精华，三是观看视频后要有效果。所以，未来的人力资源部门可以适当开发和应用微课程的教学视频来提高企业的培训水平和效果。

5.5　连锁企业员工培训效果评估

培训效果评估是指在培训过程中受训者所获得的知识、技能和其他特点应用于工作中的程度。培训效果可能是积极的，也可能是消极的，这时工作绩效可能出现退步的情况。一般来说，培训内容与以后工作的相似成分越多，就越容易获得积极的效果。西方的企业组织都很重视对员工培训项目的结果进行评估。通过评估，可以了解某一培训项目是否达到了原定的目标和要求，也可以看看培训对象技能的提高或得益，而不仅仅是判断培训目标的实现程度。

5.5.1　连锁企业培训效果评价指标

关于培训效果的测定指标问题，有不少学者对其进行了研究。美国著名学者 D·L·柯克帕特里克（D.L.kirkpatrick）教授提出的四层次框架体系（见表 5-5）就是其中一种。对培训效果的评价，可以采用以下几个评价指标。

表 5-5　柯克帕特里克的四层次评价指标

层　　次	评价指标	观 测 点
1	反应	受训者满意程度
2	学习	知识、技能态度、行为方式方面的收获
3	行为	工作中行为的改进
4	结果	受训者获得的经营业绩

1．反应层次

反应层次是培训效果测定的最低层次，即测定受训者对培训项目的反应，主要了解培训对象对整个培训项目和项目的某些方面的意见和看法。如果受训者对所学内容不感兴趣，就不会认真学习，培训效果也不会好。

测定主要利用问卷来进行，可以设置一些问题，例如，受训者是否喜欢这次培训，是否认为培训师很出色，是否认为这次培训对自己很有帮助，有哪些地方可以进一步改进等。

2．学习层次

学习层次是培训效果测定的第二层次，即测试受训者对所学的原理、技能、态度的理解和掌握程度。这项指标可以用培训后的考试、实际操作测试来考察。主要测定受训者与受训前相比，是否掌握了较多的知识、较多的技能，是否改善了态度等。

3．行为层次

行为层次是培训效果测定的第三层次，即测定受训者经过培训后在实际岗位工作中行为的改变，以判断所学知识技能对实际工作的影响。这是一项考查培训效果的最重要指标。如果受训者把学到的知识运用于工作中，提出更多的合理化建议，改进了工作方法，工作效率明显提高，就说明培训是有效的。

行为层次测定可以通过上级、同事、下级、客户等相关人员对受训者的业绩评价与考核来进行。主要测定这样一些内容：受训者是否运用了培训中的知识、技能，是否改善了工作方法，在受训后工作效率是否有提高等。

4．结果层次

结果层次是培训效果测定的最高层次，即测定受训者对企业经营成果具有何种具体而直接的贡献，评价企业业绩提高程度。结果层次可以通过事故率、产品合格率、产量、销售量、成本、利润等指标进行测定，主要测定企业整体业绩提高程度。这是最重要的一种测定层次。

5.5.2 连锁企业员工培训效果评价方法

评估培训效果的常见方法包括测试比较评估、受训者意见反馈评估、工作标准对照评估、工作态度考察评估和工作绩效考察评估几种形式。

1．测试比较评估

考试是测量受训者通过培训获得知识和掌握技能程度的一种有效办法。一般国家和行业都有一些统一举办的资格考试，如会计师资格考试、律师资格考试、程序员资格考试等，也有一些测量水平的等级考试，如英语等级考试、计算机等级考试等，培训结束后参加这类考试的成绩可以直接反映培训的效果。连锁企业也可以自行组织一些考试，以把握培训的直接效果。

2．受训者意见反馈评估

培训过程中受训者对培训的主观反应是衡量培训效果的一种很有价值的培训效果评估手段。受训者在培训过程中和应用培训结果时会形成一些感受、态度及意见，也是员工培训最宝贵的经验和财富，是作为培训效果评估的有效依据。例如，培训目标是否合理、培训内容是否实用、培训方式是否合适、培训教师是否有水平等，它们可以涉及从培训需求分析到培训计划制度与实施等不同层面，甚至对如培训的时间、场地安排、培训方法等细节性问题都有涉及。

3．工作标准对照评估

对照培训目标，比较受训者在工作数量、质量及态度方面能否达到工作标准来评估。在具体操作过程中，将受训者的工作业绩与培训之前进行比较，也可以比较同类员工受训者与未受训者之间的工作成绩，来达到评估培训效果目的。如果受训者工作的各方面比培训之前或者比未受训者有明显的提高，则说明培训是有效果的。

4．工作态度考察评估

通过观察受训者在培训前后工作态度的变化，如通过培训，受训者在工作中所表现出的热情、组织纪律性和责任心等来评估培训的效果。态度是培训中的一项重要内容，一旦态度端正，员工会自觉地去学习知识、掌握技能。在心理学、教育学和社会学领域都已发展出许多成熟的态度测量量表，可以选择具有较高的效度和信度的量表来测量员工工作态度，评估培训效果。

5．工作绩效考察评估

受训者在培训中所获得的收获最终是要应用于其工作实践之中的，改变培训对象的工作行为，提高他们的实践能力才是培训的目的所在。受训者在培训中获得的知识和技能能否应用于实际工作，切实提高工作绩效，是评价培训效果的重要标准，包括员工受训后工作的积极性、行为的规范性、操作的熟练性、分析解决问题的有效性等。培训结束后，每隔一段时间以绩效考评的方式了解受训者在工作上所取得的成绩，做好考评工作记录，建立一个受训员工绩效考评档案，以此来评估分析培训效果。

 知识测试题

一、单项选择题

1．（　　）作为一种特殊的培训方法，其精髓在于"以动作和行为作为练习的内容来进行设想"，即针对某问题采取实际行动以提高个人及集体解决问题的能力。

　　A．案例分析法　　　　　　　　B．行为模拟法

　　C．角色扮演法　　　　　　　　D．头脑风暴法

2．（　　）是围绕一定的培训目的，把实际中真实的场景加以典型化处理，形成供学员分析和决断的事例，通过独立研究和相互讨论的方式，来提高学员的分析及解决问题的能力的一种培训方法。

　　A．案例分析法　　　　　　　　B．行为模拟法

　　C．角色扮演法　　　　　　　　D．头脑风暴法

3．用来衡量学员对具体培训课程、讲师及培训组织满意程度的评估是（　　　　）。

　　A．反应评估　　　　　　　　　B．学习评估

　　C．行为评估　　　　　　　　　D．结果评估

4．用来衡量学员在知识、技能、概念的吸收与掌握程度的评估是（　　　　）。

　　A．反应评估　　　　　　　　　B．学习评估

　　C．行为评估　　　　　　　　　D．结果评估

二、多项选择题

1. 培训与开发的需求分析主要有（　　　）。

A. 组织分析　　　　　　　　B. 任务分析

C. 人员分析　　　　　　　　D. 战略分析

2. 对培训效果的评价有（　　　）。

A. 反应评估　　　　　　　　B. 学习评估

C. 行为评估　　　　　　　　D. 结果评估

3. 培训需求分析的方法有（　　　）。

A. 观察法　　　　　　　　　B. 访谈法

C. 绩效考察　　　　　　　　D. 文献技术

三、简答题

1. 简述连锁企业员工培训的基本程序。

2. 连锁企业员工培训需求分析的方法主要有哪些？

3. 连锁企业员工培训计划书包含哪些内容？

4. 连锁企业常见的员工培训方法有哪些？

5. 简述连锁企业员工培训效果的评价方法。

 案例分析

如何设计培训项目

五月花制造公司是美国印第安纳一家生产厨具和壁炉设备的小型企业，大约有150名员工，博比是这家公司的人事经理。这个行业的竞争性很强，五月花公司努力使成本水平保持在最低的水平上。在过去的几个月里，公司因为产品不合格问题已经失去了三个主要客户。经过深入的调查发现次品率为12%，而行业平均水平为6%。副总裁提米和总经理考森在一起讨论后认为问题不是出在工程技术上，而是因为操作员工缺乏适当的质量控制培训。考森使提米相信实施一个质量控制的培训项目将使次品率降低到一个可以接受的水平上，然后接受提米的授权负责设计和实施操作这一项目。提米很担心培训课程可能影响生产进度，考森强调说培训花费时间不会超过8个工时，并且分解为4个单元，每单元2小时，每周实施1个单元。

然后，考森向所有一线主管发出通知，要求他们检查工作记录，确定哪些员工存在生产质量方面问题，并安排他们参加培训项目。通知还附有一份讲授课程的大纲。在培训设计方案时，考森为培训项目设定了下述的培训目标：将次品率水平在6个月内降低到标准水平的6%。

培训计划包括讲课、讨论、案例研讨和一部分电影。在准备课程时，教员把他讲义中的很多内容印发给学员，以便学员准备每章的内容。在培训过程中，学员花费了相当多的时间来讨论教材后的案例。

由于缺少场所，培训被安排在公司的餐厅中举办，时间安排在早餐与午餐之间，这也是餐厅的工作人员准备午餐和清洗早餐餐具的时间。

　　本来应该有大约 50 名员工参加每个培训单元，但是平均只有 30 名左右出席。在培训检查过程中，很多主管人员向考森强调生产的重要性。有些学员对考森抱怨说，那些真正需要在这里参加培训的人回车间去了。

　　考森认为评价这次培训最好的方法是看到培训项目结束后培训目标是否已经达到。结果，产品的次品率在培训前后没有明显的变化。考森对培训没有能够实现预定的目标感到非常失望。培训结束 6 个月之后，次品率与培训项目实施以前一样。考森感到自己的压力很大，他很不愿意与提米一起检查培训评估的结果。

　　问题：考森的培训项目设计有哪些缺点和问题？应如何改进？

 ## 实训项目

　　联系两三家连锁企业，对其培训活动的开展情况进行调研。

　　根据实际调研的结果，进行如下问题的分析：

　　（1）如果某一企业的培训活动开展得很好，请你总结其主要特色。

　　（2）如果你调查的某一个或几个企业根本没开展培训活动，请分析该企业忽视或不愿意开展培训活动的主要原因。

　　（3）如果你认为某一个或几个培训活动已经开展，但是效果很差，也请帮助诊断其中的原因，并根据本章所讲的知识，帮助其给出合理化建议。

　　步骤及要求：

　　（1）分组并联系调研企业。

　　（2）制定调研问卷。

　　（3）进行实地调研。

　　（4）学生编写实训报告。

第 6 章

连锁企业员工绩效管理

引导案例

某连锁企业的年终绩效考核

某连锁企业又到了年终绩效考核的时候了，从主管人员到员工每个人都忐忑不安。公司采用强迫分布式的末位淘汰法，到年底，根据员工的表现，将每个部门的员工划分为 A、B、C、D、E 五个等级，分别占 10%、20%、40%、20%、10%。如果员工有一次被排在最后一级，工资降一级，如果有两次排在最后一级，则下岗进行培训，培训后根据考察的结果再决定是否上岗，如果上岗后再被排在最后 10%，则被淘汰。培训期间只领取基本生活费。主管人员与员工对这种绩效考核方法都很有意见。财务部主管老高每年都为此煞费苦心，该部门是职能部门，大家都没有什么错误，工作都完成得很好，把谁评为 E 档都不合适。去年，小田因家里有事，请了几天假，有几次迟到了，但是也没耽误工作。老高没办法只好把小田报上去了。为此，小田到现在还耿耿于怀。今年又该把谁报上去呢？

问题：请问财务部是否适合采用硬性分配法进行绩效考评？为什么？如果重新设计该公司财务部门的绩效考评方案，你认为应该注意哪些问题？

本章学习目标

通过本章的学习，学生应该掌握以下内容：

1. 明确影响连锁企业员工绩效管理的因素；
2. 掌握连锁企业员工绩效评估的方法；
3. 理解连锁企业员工绩效评估过程中的问题；
4. 熟悉连锁企业员工绩效反馈与面谈的过程。

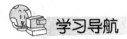

学习导航

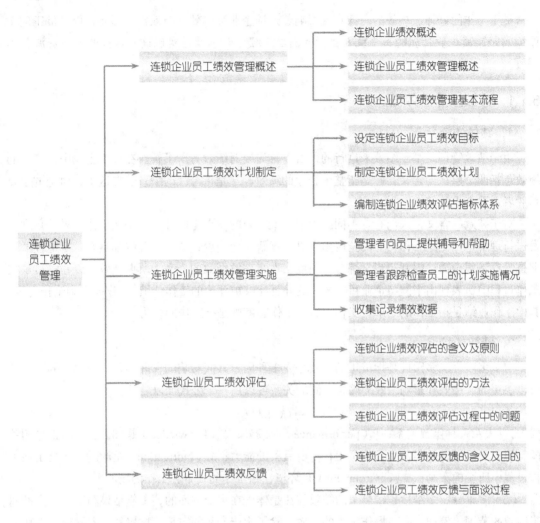

连锁企业员工绩效管理概述
- 连锁企业绩效概述
- 连锁企业员工绩效管理概述
- 连锁企业员工绩效管理基本流程

连锁企业员工绩效计划制定
- 设定连锁企业员工绩效目标
- 制定连锁企业员工绩效计划
- 编制连锁企业绩效评估指标体系

连锁企业员工绩效管理实施
- 管理者向员工提供辅导和帮助
- 管理者跟踪检查员工的计划实施情况
- 收集记录绩效数据

连锁企业员工绩效评估
- 连锁企业绩效评估的含义及原则
- 连锁企业员工绩效评估的方法
- 连锁企业员工绩效评估过程中的问题

连锁企业员工绩效反馈
- 连锁企业员工绩效反馈的含义及目的
- 连锁企业员工绩效反馈与面谈过程

职业指导

　　近年来，绩效考核作为人力资源管理的工具和方法，其对于连锁企业管理的重要性已为广大的管理者所认同。但是，中国连锁企业的绩效却面临尴尬境地：花大力气精心设计出来的考核方案往往被束之高阁，或者在实际运作中举步维艰；各级主管怨声载道，员工议论纷纷。因此，连锁企业对具备绩效管理实操能力的专职或兼职人才的需求持续增加。提高实施绩效管理的能力，对于提升个人职业素养很有帮助，具有很大的发展空间。

6.1 连锁企业员工绩效管理概述

员工工作的好坏、绩效的高低直接影响着连锁企业整体效率与效益，因此，提高员工的工作绩效是连锁企业管理的一个重要目标，而员工绩效管理就是实现这一目标的人力资源管理手段。

6.1.1 连锁企业绩效概述

1．绩效的含义

由于绩效管理是基于绩效来进行的，所以首先要对绩效有所了解。在一个企业中，广义的绩效包括两个层次的含义：一是指整个企业的绩效；二是指个人的绩效。在这里，讨论的主要是后者，即个人的绩效。

对于绩效的含义，人们有着不同的理解，最主要的观点有两种：一是从工作结果的角度出发进行理解；二是从工作行为的角度出发进行理解。应当说，这两种理解都是有一定道理的，但是又都不很全面，因此应当从综合的角度出发来理解绩效的含义。所谓绩效，就是指员工在工作过程中所表现出来的与企业目标相关的并且能够被评价的工作业绩、工作能力和工作态度，其中工作业绩是指工作的结果，工作能力和工作态度则是指工作的行为。

2．绩效的特点

（1）多因性。多因性是指员工的绩效是受多种因素共同影响的，并不是哪个单一的因素就可以决定的，绩效和影响绩效的因素之间的关系可以用一个公式加以表示：

$$P=f(K,A,M,E)$$

式中，f 表示一种函数关系；P（performance）是绩效；K（knowledge）是知识，指与工作相关的知识；A（ability）是能力，指员工自身所具备的能力；M（motivation）是激励，指员工在工作过程中所受的激励；E（environment）是环境，指工作的设备、工作的场所等。

（2）多维性。多维性是指员工的绩效往往是体现在多个方面的，工作结果和工作行为都属于绩效的范围。例如，一名操作工人的绩效，除了生产产品的数量、质量外，原材料的消耗、出勤情况、与同事的合作，以及纪律的遵守等都是绩效的表现。因此，对员工的绩效必须从多方面进行考察。不同的维度在整体绩效中的重要性是不同的。

（3）变动性。变动性是指员工的绩效并不是固定不变的，在主客观条件发生变化的情况下，绩效是会发生变动的。这种变动性就决定了绩效的时限性，绩效往往是针对某一特定的时期而言的。

6.1.2 连锁企业员工绩效管理概述

1．绩效管理的特征

所谓绩效管理，就是为了更有效地实现连锁企业目标，由专门的绩效管理人员运用人力资源管理的知识、技术和方法与员工一起进行绩效计划、绩效沟通、绩效考评、绩效反馈与改进、绩效结果应用五个基本过程。

绩效管理的基本特征主要有以下几个方面。

（1）绩效管理的目的是更有效地实现连锁企业预定的目标。绩效管理本身并不是目的，之所以要开展绩效管理是要更大限度地提高连锁企业的管理效率及组织资源的利用效率，进而不断提高连锁企业绩效，最终更有效地达到连锁企业预定的目标。更有效地实现连锁企业的预定目标是绩效管理的终极目的。

（2）绩效管理的主体是掌握人力资源知识、专门技术和手段的绩效管理人员和员工。绩效管理由掌握专门知识技能的绩效管理者推动，然后落实到员工身上，最终由每位员工的具体实践操作实现。可以看出，绩效管理的主体不仅是绩效管理人员，还包括每位参与绩效管理的员工。

（3）绩效管理的核心是提高连锁企业绩效。绩效管理围绕如何提高连锁企业绩效这个核心展开，从中所涉及的任何具体措施都是为持续改进连锁企业绩效服务的。绩效管理"对事不对人"，以工作表现为中心，考察个人与组织目标达成相关的部分。

（4）绩效管理是一个包括多阶段、多项目标的综合过程。包括绩效计划制定、动态持续的绩效沟通、绩效实施、绩效评估、绩效结果运用等环节的。

绩效管理是以目标为导向，将连锁企业要达到的战略目标层次分解，通过对员工的工作表现和业绩进行诊断分析，改善员工在连锁企业中的行为，通过充分发挥员工的潜能和积极性，提高工作绩效，更好地实现连锁企业各项目标。绩效管理更突出的是过程管理，它以改善行为为基础，通过有计划的双向沟通的培训辅导，提高员工绩效，最终实现提高部门绩效和连锁企业整体绩效的目的。绩效管理对连锁企业来说，是一项管理制度；对管理者个人来说，则是管理技能和管理理念。在进行绩效管理的连锁企业中，绩效管理是贯穿各级管理者管理工作始终的一项基本活动。

2．绩效管理的作用

绩效管理是连锁企业实现其战略目标的有效工具之一，也是人力资源管理其他职能的基本依据和基础。有效的绩效管理可以给连锁企业的日常管理工作带来巨大的好处。绩效管理的作用主要表现在以下几个方面。

（1）绩效管理对管理人员的作用。就连锁企业各级管理人员而言，他们面临许多管理问题。例如，常常因为事物的冗繁和时间管理的不善而烦恼；员工对自己的工作缺乏了解，工作缺乏主动性；员工对应该做什么和应该对什么负责有异议；员工给主管提供的重要信息太少；发现问题太晚以致无法阻止其扩大；员工犯相同的错误等。尽管绩效管理不能直接解决所有的问题，但它为处理好其中大部分管理问题提供了一个工具。只有管理者投入一定的时间，和员工形成良好的合作关系，绩效管理才可以为管理者的工作带来极大的便利。

（2）绩效管理对员工的作用。员工在工作中会产生诸多烦恼：不了解自己工作得好还是不好；不知道自己有什么权力；工作完成很好时没有得到认可；没有机会学习新技能；自己不能做决策；缺乏完成工作所需要的资源等。绩效管理要求有效开展绩效沟通和指导，能使员工得到有关他们工作业绩和工作现状的反馈。而且由于绩效管理能帮助员工了解自己的权力大小，即进行日常决策的能力，从而大大提高了工作效率。

（3）绩效管理对连锁企业的作用。一项调查显示，员工感觉连锁企业需要改进的方面主要集中在：奖惩没有客观依据，晋升有失公平；缺乏足够有效的专业培训和指导；重负面批评和惩罚，轻正面鼓励和奖励；日常工作中缺乏上下级之间的有效授权等。绩效管理提出员工参与制定绩效计划，强化了员工对绩效目标的认同度，在日常工作中通过绩效实施提供有效的工作指导，找出工作的优点和差距，有效制定绩效改进计划和措施，有利于连锁企业业绩的改善和连锁企业目标的实现。同时，绩效管理流程中基于连锁企业战略目标的绩效计划制定、围绕核心能力的员工能力发现和评价等措施有助于连锁企业核心竞争力的构建，有利于连锁企业的持续发展。

6.1.3 连锁企业员工绩效管理基本流程

绩效管理是一个包括多阶段、多项目标的综合过程，它通常被看作一个循环，管理的各个环节不仅密切联系，而且周而复始地不断循环，形成一个持续的过程。绩效管理的基本流程一般包括绩效计划（P）、绩效实施（D）、绩效评估（C）和绩效反馈（A）四个阶段。PDCA 四个阶段构成了一个封闭的循环，各阶段相互依存和匹配。绩效管理系统能否发挥作用，不仅取决于各阶段是否科学，而且取决于各阶段是否衔接和匹配。具体的绩效管理流程如图 6-1 所示。

小资料 6-1　三只老鼠的绩效管理

三只老鼠一同去偷油喝。找到了一个油瓶，三只老鼠商量，一只踩着一只的肩膀，轮流上去喝油。于是三只老鼠开始叠罗汉，当最后一只老鼠刚刚爬到另外两只的肩膀上时，不知什么原因，油瓶倒了，最后，惊动了人，三只老鼠逃跑了。回到老鼠窝，大家开会讨论为什么会失败。

最上面的老鼠说，它没有喝到油，而且推倒了油瓶，是因为下面第二只老鼠抖动了一下，所以它推倒了油瓶。第二只老鼠说，它抖了一下，但它感觉到第三只老鼠也抽搐了一下，它才抖动了一下。第三只老鼠说："对，对，我因为好像听见门外有猫的叫声，所以抖了一下。"哦，原来如此呀！

企业里很多人也具有老鼠的心态。请听一次企业的季度会议。

营销部门的经理 A 说："最近销售做得不好，我们有一定责任，但是最主要的责任不在我们，竞争对手纷纷推出新产品，比我们的产品好，所以我们很不好做，研发部门要认真总结。"

研发部门经理 B 说："我们最近推出的新产品是少，但是我们也有困难呀，我们的预算很少，就是少得可怜的预算，也被财务削减了！"

财务经理 C 说："是，我是削减了你的预算，但是你要知道，公司的成本在上升，我们当然没有多少钱。"

这时，采购经理 D 跳起来："我们的采购成本是上升了 10%，为什么，你们知道吗？俄罗斯的一个生产铬的矿山爆炸了，导致不锈钢价格上涨。"

A、B、C："哦，原来如此呀，这样说，我们大家都没有多少责任了，哈哈哈哈！"

人力资源经理 F 说："这样说来，我只好去考核俄罗斯的矿山了！！"

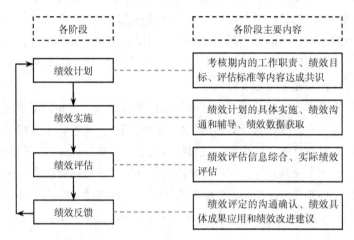

图 6-1　连锁企业绩效管理流程

前沿话题 6-1　绩效管理的发展趋势：绩效云系统

绩效管理很重要的是要有数据依据。通过人力资源计量明晰绩效考核的依据，了解员工的绩效差距，计算绩效管理的投资回报率。移动互联时代，移动互联技术可以实现绩效的实时跟踪，从而进行及时的绩效辅导、沟通和提升。绩效云是一种基于云计算和互联网，以日常工作计划管理为核心，以朱伟博士研创的《811 绩效考核方法》为指导思想的、新型无纸化的、实时的具有明显云时代特色的绩效考核与管理工具，它不仅打破了工作的时间与地理限制，而且可以让所有工作有据可循，让使用者可以随时随地进行工作，显著的为组织管理者节约时间和提升业绩。在绩效云系统中，每个员工都可以参与进来，实现人力资源管理的即时性和交互性。例如，员工有自己的账户，将信息即时输入系统后，主管审核，既让员工有承诺，也要直线经理参与进来。通过绩效云系统，将僵化的绩效管理变成动态的、互动的、数字化的，这是绩效管理的一大趋势。

6.2　连锁企业员工绩效计划制定

绩效计划是绩效管理的第一个环节，也是绩效管理的起点。作为一个连锁企业，要想达到预期的战略目标，连锁企业必须先将战略分解为具体的任务或目标，落实到各个岗位；再对各个岗位进行相应的职位分析、工作分析、人员任职资格分析。这些步骤完成后，各个部门的管理人员应当和员工一起，根据本岗位的工作目标和工作职责，讨论并确定绩效计划周期内员工应当完成什么工作、做到怎样的程度、为何要做这项工作、何时完成、资源如何进行分配等。连锁企业员工绩效计划制定阶段主要内容包括设定连锁企业员工绩效目标、制定连锁企业绩效计划、编制连锁企业绩效评估指标体系。

6.2.1　设定连锁企业员工绩效目标

研究表明，协商一致的、明确的绩效目标通常与更高的组织绩效及个人绩效相对应；高质量地设定绩效目标，可以比泛泛地设定目标产生更高的绩效。根据连锁企业在市场上的定位，明确未来一段时间内的战略目标后，可结合实际情况从战略目标中提炼出绩效目标。从企业层面来说，连锁企业的战略目标需要进行层层分解，依据部门和岗位的职责，由连锁企业内各经营单位和部门各自承担相应的绩效目标；从个人层面来说，由管理者和员工经过讨论协商，设定员工的工作绩效目标和相关能力发展目标。

在此过程中，管理者切忌急功近利地将绩效目标强加给员工，而应该通过沟通来了解员工的困难和顾虑，与员工一起分析实现目标的机会和障碍因素，并承诺上级将提供必要的支持和帮助，从而增强员工对目标的认同感和实现目标的信心。因此，这一环节的关键，是通过员工参与的方式共同设计员工绩效目标。在设定连锁企业员工绩效目标时应遵循 SMART 原则。

（1）明确具体的原则（Specific）。目标必须是明确、具体的。所谓具体，就是责任人的工作职责或部门的职能相对应的工作；所谓准确，就是事先对目标的工作量、达成日期、责任人等都是确定的、可以明确的。

（2）可衡量的原则（Measurable）。绩效目标应是数量化或行为化的，验证指标的数据或信息是可获得的。

（3）可获得的原则（Attainable）。绩效指标在付出努力的情况下是可以实现的，避免设立过高或过低的目标。

（4）现实可行的原则（Realistic）。在现实的物力、人力及个人学习和身体能力、资源的可利用条件下是可行的。

（5）有时间限制的原则（Time-bound）。必须在计划中列入事先约定的时间限制，注重完成绩效指标的特定期限。

6.2.2　制定连锁企业员工绩效计划

员工的绩效目标设定之后，需要制定如何实现这些目标的绩效计划。所谓绩效计划，是指被评估者和评估者双方对员工应该实现的工作绩效进行沟通的过程，并将沟通的结果落实为订立正式书面协议即绩效计划和评估表，它是双方在明晰责、权、利的基础上签订的一个内部协议。绩效计划的设计从连锁企业最高层开始，将绩效目标层层分解到各级子公司及部门，最终落实到个人。对于各子公司而言，这个步骤即为经营业绩计划过程，而对于员工而言，则为绩效计划过程。

绩效计划是在绩效管理过程开始时由部门主管和员工共同制定的绩效契约，是对在本部门绩效管理过程结束时员工所要达到的期望结果的共识，这些期望的结果是用绩效指标的方式来体现的。绩效计划是一个连锁企业根据自身实际情况，结合各个部门的具体工作，将年度重点工作计划层层分解，把总体目标分解到各个部门，确立各个部门的年度目标的过程。绩效计划通常是通过上下级相互沟通、交流而形成的，因此在沟通前，相关部门要事先向分管主任提供必要的信息和背景资料。在编制绩效计划时，每月要在固定的时间召开部门月度例会，在会议上各部门可以与本部门主管沟通，主管提出反馈意见，初步确定计划。沟通的方式原则上不做规定，由各部门自己确定。各类计划经分管主任审定和确认后，由综合科负责汇总下发月度工作计划，并上报办公室人事部月度重点工作。

6.2.3　编制连锁企业绩效评估指标体系

绩效目标确定后，编制绩效评估指标体系时，大多数绩效指标及标准将来源和服务于绩效目标的实现。连锁企业依据实现目标所需的支撑因素，结合工作分析结果，运用绩效评估指标体系设计方法，进行指标分析，最后确定绩效评估指标体系。

一般来说，关于连锁企业绩效评估指标体系的编制，需要注意以下几个问题。

1．评估指标进行量化要有分寸

坚持能够量化的指标一定要量化，不能量化的指标勿勉强量化。例如，"问卷归档率"、"工作流程文件化比率"等指标，工作的确是量化了，但其量化所需的人力与时间将非常不经济；而且过分量化，得出的结果也可能无法真实反映实际情况，反而会使整体绩效评估效果打折扣。

2．评估标准难度要适中

绩效评估的标准要充分考虑员工的能力，不宜过高或过低，即制定的标准要具有一定的难度，但又是员工经过努力可以实现的，通俗地说，就是"跳一跳就能摘到桃子"。若标准过高会让员工觉得可望而不可即，容易丧失工作热情；若标准过低又不利于对员工起到鞭策和激励作用。因此，评估标准应当在员工可以实现的范围内确定。

3．评估指标要切合岗位实际

指标要针对员工所在岗位的具体工作内容、性质、完成这些工作所应履行的工作职责和应具备的能力素质、工作条件等进行分析后再设定，这样才能保证绩效评估标准与实际岗位紧密相关。让评估指标与工作特点相结合，这既有利于提高绩效评估的科学性，也有利于让员工接受绩效评估。

 小实务 6-1　绩效计划协议书参考样本

绩效计划协议书参考样本

姓名：		职位：		部门：		日期：	
关键职责描述：							
（1）							
（2）							
关键绩效指标	标准	权重	自评得分	领导评分	最终得分	备注	
（1）							
（2）							

续表

等级评定	A：优秀（90～100分）；B：良好（70～89分）；C：一般（60～69分）；D：不称职（60分以下）	合计	
所需权重有哪些：			
会遇到何种障碍或困难：			
需要何种支持与帮助：			
其他需要说明的内容：			
单位负责人意见			
绩效计划确认	员工签字：		年　月　日
	主管签字：		年　月　日
考核结果确认	员工签字：		年　月　日
	主管签字：		年　月　日
备注：本表可另加附页			

6.3 连锁企业员工绩效管理实施

制定好绩效计划之后，进入了绩效实施阶段，员工开始按计划开展工作。该阶段在整个绩效管理过程中耗时最长，是连接绩效计划和绩效评估的中间环节。可以说，该阶段是展现管理者管理水平的主要环节，该过程的好坏直接影响绩效管理的成败。具体来说，绩效实施是管理者收集员工工作绩效原始数据，并对员工绩效计划实施过程进行指导和监督，及时发现问题和纠正偏差的过程。绩效实施阶段主要包括三方面的任务，即管理者向员工提供辅导和帮助，管理者要跟踪检查员工的计划实施情况，收集记录绩效数据。

6.3.1 管理者向员工提供辅导和帮助

俗话说，"计划赶不上变化"，"世界上什么都可能发生改变，唯一不变的是变化"。与其他计划一样，绩效计划也是基于对未来的预测而做出的，所以它不是一成不变的。管理者和员工共同制定了绩效计划，不等于绩效计划一定会沿着双方期望的方向和进度进行。需要根据实际情况，如市场的复杂多变和同行竞争等，对绩效计划进行适当调整和修改，当然对计划的调整应当及时地以书面形式记录并保存。

目标和计划的变化增加了员工实现绩效目标过程中的变动因素，需要管理者保持与员工的持续沟通，主动了解员工工作进展情况、存在的问题、遇到的障碍和需要上级提供的帮助，还要分析外部环境变化是否影响了工作目标的实现，判断原定目标是否需要做出调整。总之，在员工遇到他们自己不能解决的困难时，管理者应积极帮助他们寻求解决办法，提高必要的资源支持，并鼓励他们完成任务。管理专家们通常将管理者所扮演的角色定义为"教练"，意味着管理者应该像教练一样对员工进行辅导，帮助员工实现绩效目标。管理者在绩效实施阶段的缺位与失职，正是造成许多连锁企业绩效计划落空的重要原因。

绩效辅导工作的好坏直接决定着绩效管理工作的成败。要想有效地完成绩效辅导，主要做好两方面工作：一是持续不断的绩效沟通，二是数据的收集和记录。其具体步骤包括以下几个方面。

（1）观察和反馈。观察和了解员工的绩效和行为，让员工知道自己绩效的好坏，并给予一定的反馈；或者要求员工改进，或者给予激励，希望保持高绩效。

（2）寻找问题与原因。如果员工绩效没有改进，就要探究其中的原因，同时要求改变具体的行为，并视需要给予帮助。

（3）教导分析。如果绩效仍然没有得到改进，那么管理者就必须运用教导分析的方法找出其中的原因，并且和员工一起克服影响绩效的障碍。

（4）改善计划。和员工一起找出改善业绩的方法，并帮助员工找到问题，改进绩效流程，然后确认这些流程和方法，并固定下来，着眼于更长远的未来员工绩效。

小资料 6-2　绩效管理过程中与员工沟通不可忽视

丁俊以优异的成绩毕业于一所名牌大学。毕业后，他就职于一家管理咨询企业。一天，他的主管老周委派他负责一个重要的调研项目。老周预计这个调研项目大概需要五个月才能完成。他暗中观察着这个年轻人的工作进展，心想：如果他把这个项目干好了，那么等项目完成后就提拔他。

转眼三个月过去了，丁俊敲开了老周的办公室，沉默了一下，然后说道："周主任，非常感谢您给我这样一个锻炼机会，但是这三个月来，我一直处于不确定的迷茫中，这给了我很大的压力。我曾经尝试过与您沟通，但您除了坐在自己的办公室里，就是去和高层主管开会，总共也没有和我讲过几句话。那天我发了一份电子邮件给您，向您讲述了一些工作上的事情，可是很长时间都没有得到您的答复。虽然我可以尽量克服工作上的困难，但是对于很多事情，我是多么想要早一点知道解决办法和您的看法。我想，我没有办法完成这个项目……我本来打算在这里长期工作下去，现在我不得不改变主意。我已经接受了另一家企业的一份工作。我会用两个星期左右时间交接工作，从 12 月 1 日开始我将到新的企业上班。对不起。"

6.3.2　管理者要跟踪检查员工的计划实施情况

管理者要跟踪员工计划实施情况，确保员工的行为和目标保持一致，并根据实际情况的变化对目标和计划及时进行调整。可以说，跟踪、辅导是绩效实施阶段的主要任务，可采用正式和非正式的方法来保证任务的完成。其中，正式的方式通常是事先计划和安排好的，主要形式有正式的书面报告、一对一的正式面谈、定期例会。

1. 正式的书面报告

书面报告是绩效管理中比较常用的一种正式沟通方式。它是指员工使用文字或图表的形式向管理者报告工作进展、反映问题的一种沟通方式，可以是定期的，也可以是不定期的。定期的报告按照间隔时间通常有年报、季报、月报、周报、日志。例如，某连锁企业员工月度绩效报告格式如表 6-1 所示。

表 6-1 某连锁企业员工月度绩效报告

本月目标/计划	现　状	困难与问题	解决建议	需要的支持	备　注
关键事件（重大事件）	说明事件一： 说明事件二：				

2．一对一的正式面谈

针对工作进展出现的问题，管理者与员工定期地进行一对一的面谈，是另一种跟踪员工工作绩效的正式方法。采用该方式，面谈前应陈述清楚面谈的目的和内容。其主要优缺点如表 6-2 所示。

表 6-2 一对一正式面谈的优缺点

优　点	缺　点
• 员工容易与管理者产生亲近感 • 可对某些书面很难表述的事情进行沟通 • 管理者可及时回答并解释员工的提问 • 沟通障碍少，程度较深	• 面谈时容易带个人感情色彩 • 对管理者的沟通技能有很高要求，一旦沟通失败，可能引起员工反感、不满，甚至抵触 • 增加管理者工作负担

3．定期例会

定期例会是一对多的会谈形式。该方式的优缺点如表 6-3 所示。

表 6-3 定期例会的优缺点

优　点	缺　点
• 满足团队交流、实现信息共享的需要 • 员工工作任务彼此关联，相互影响，定期共同参加会议，有利于相互了解工作进展情况 • 节约管理者时间，避免一对一面谈浪费时间	• 部分员工人云亦云，应付开会 • 一些员工可能碍于会议的场面，不愿发表自己与同事不同的真实想法 • 管理者应当是积极的倾听者，不宜先定调表态，否则不利于员工各抒己见

4．非正式的方法

除了书面报告、一对一面谈或定期例会等正式方法外，非正式的方法在工作开展过程中也很重要。非正式方法是指未经计划的沟通方式。平时工作、生活中偶然的、随意的交谈也可以传递工作进展信息，如非正式的交谈、食堂就餐时的闲聊、郊游或聚会时的谈话等。可见，非正式沟通方法形式多样、无处不在，相比较于正式的方法，非正式的沟通不需要刻意准备，显得更轻松，也更容易让人接受。

6.3.3　收集记录绩效数据

绩效实施阶段作为绩效评估的前一个环节，必然要为后一个环节提供准备。对员工绩效评定需要建立在客观事实的基础上。那么，这些客观事实与数据如何获得呢？绩效实施阶段就承担着收集、记录反映员工绩效的行为、结果的关键事件的任务。收集数据的效果，将直接关系到后续绩效评估的公正性，进而关系到依据评估结果所制定的人力资源管理决策的正确性。

对员工绩效评估的数据收集范围包括工作业绩、工作能力、工作态度三个方面。

1．工作业绩

工作业绩主要是收集反映员工完成任务的结果等数据资料，如工作数量、工作质量、工作效率和目标完成程度等。工作业绩重点收集的数据如表 6-4 所示。

表 6-4　工作业绩数据收集

考核项目	重点考察的内容
任务完成度	是否以公司的战略方针为准则，依照计划目标将业务完成，使其成果的质与量均达到要求的标准
工作质量	无论业务处理的过程或成果是否正确，都达到了标准的要求，可以信赖
工作数量	规定期间内的业务处理量或数额是否达到标准或计划内要求的水平；工作的速度或时效的把握情况如何
研究能力	为了执行工作业务是否经常组织有关的调查研究，并将研究成果运用在业务上
理解判断力	是否能正确把握工作中存在的问题，做出适当正确的判断
计划能力	为了达到目标，能从理论与实际的结合方式进行密切的分析，提出有创造性的方案或能否结合工作环境和条件提出计划
领导能力	为了提高下属的知识、技能水平能否做出指导或启发，能否与下属沟通，互信互赖，同心协力的一起工作，从而指导下级，统帅全局，提高效率
协调能力	为了达到目标，能否与企业员工围绕生产经营管理中出现的各种问题进行圆满的沟通协调

2．工作能力

工作能力收集反映员工达到连锁企业所期待职能水平的行为表现等资料，如业务知识、执行能力、理解能力、文字表达能力、规划能力、组织领导能力、沟通协调能力、培养下属能力等。工作能力重点收集的数据如表 6-5 所示。

表 6-5　工作能力数据收集

考核项目	重点观察的内容
经验阅历	生活、社会的经验阅历如何？知识与经验丰富的程度，思想认识水平高深的程度，对外界事物分析、判断、理解的能力如何？目光是否短浅或远大

考核项目	重点观察的内容
知识	业务所需要的"实际知识"、"相关知识"及"社会的常识"的程度
技能熟练程度	执行本岗位工作的技能熟练程度、感知力、识别力、耐力要求
判断力	以正确的知识技能经验为依据，能准确把握事物的现状，及时做出正确的结论，以及随机应变地采取相应对策的能力及程度
理解力	以知识、经验为依据，能把握业务中发生的事物的本质，能充分理解其内容，以至对将来可能发生的变化，有从容应对的能力及程度
创新能力	经常保持不断探索的心态、灵活运用业务上的知识经验并能改善业务，对业务的发展有自己独到见解和创意的能力及程度
改善力	能面对目前的有关问题，研究改善、提高效率或创造新的业务处理方式，以及采用何种手段、方法等的思考能力及程度
企划力	能对企业发生的事件进行综合分析，并在理论上找到依据，使其系统化，为了实现工作目标，提出具体的对策和计划的能力及程度

3. 工作态度

工作态度收集反映员工工作完成过程的资料，如全局意识、责任感、纪律性、积极性、自我发展意识等。工作态度方面重点收集的数据如表 6-6 所示。

表 6-6　工作态度数据收集

考核项目	重点观察的内容
积极性	是否经常主动地完成各种业务工作，不用指示或命令，也能自主自发地努力工作，不断改善工作方法
热忱	是否在执行业务之际，以高度的热忱面对挑战，认真而努力工作，表现出不达目的绝不罢休的态度
责任感	是否能自觉地尽职尽责工作，在执行公务时，无论遇到何种困难都能不屈不挠、永不停止。对自己或下属的工作或行为，应自始至终地表现出负责的态度
纪律性	是否遵守有关规定、惯例、标准或上司的指示，忠于职守、表里一致，有秩序地进行工作
独立性	是否在职权范围之内，能进行自我管理，不依赖上级或同事，能在准确判断之下，自主自立，自信地处理业务
协调性	是否能以普通一员协调好上下级、同级及外界的关系，并能创造和谐的工作环境，圆满完成上级指派的工作

6.4　连锁企业员工绩效评估

6.4.1　连锁企业绩效评估的含义及原则

1．连锁企业绩效评估的含义

绩效评估是一套正式的、结构化的制度和方法，它用来衡量、评价、反馈并影响员工的工作特性、行为和结果，它是指对员工在工作过程中表现出来的工作业绩（工作的数量、质量和社会效益等）、工作能力、工作态度，以及个人品德等进行评价，并用之判断员工与岗位的要求是否相称。评估不仅是对员工工作绩效的评估，它还应确保员工的工作活动及工作产出能够与连锁企业的目标保持一致。通过绩效评估，可以评价员工的实际工作效果并对其进行针对性的奖励和惩罚、了解员工的发展潜力，最终实现员工与连锁企业的共同发展。

2．考评者组成

考评者的选择就是选择谁来进行评估，也就是解决考评关系中考评主体与考评客体如何划分的问题。一般而言，在连锁企业实践中，通常是通过以下几种人员作为考评工作的主体来建立考评机制的。

（1）直接主管。绩效评估大都是由直接主管进行或参与进行的。连锁企业通常在制度上规定直接主管对于下级拥有评估的责任和权力。直接主管对下属的工作最熟悉（有的主管甚至以前就从事下属目前的工作），可以把握评估的重点及关键。主管考评权与他们拥有的奖励和惩罚下属的权力是相应的。

（2）工作者自身。员工本人对自己进行评估具有重要意义。自我评估有利于员工对连锁企业评估的认同，减少他们的逆反心理，增强员工参与意识；有利于员工明确自己的长处和短处，加强自我开发；能够在评估中不断总结经验，从而改进工作方法。不过，调查显示，员工自我评估一般比他人评估高，很少有人会自我贬低，容易形成极端分布。因此，这种方法不可单独进行。

（3）同事。同事进行的评估，在某些方面有特殊作用，如工作方式和工作态度。同事之间的工作相关性强，相互之间在一起共事，沟通较多，比较了解关于工作和行为的有效信息。但在同事评估时，有时可能因为个人关系而产生感情偏差，或者出现通过"轮流坐庄"获得奖励或避免惩罚的不负责任的行为。

（4）下级。由下级对员工进行评估也有重要意义。尤其对于其领导能力、沟通能力等方面的评估，往往具有很强的针对性。但也要看到，员工由于顾虑上级的态度及反应，可能不会反映真实情况。为了解决这一问题，应当由专门的部门进行组织，避免因评估结果而使员工受到打击报复。

（5）业务归口部门。企业中专业技术性较强的工作内容，往往由专门的职能部门进行归口管理，如财务部、质量部等。这些部门从特定角度进行绩效评估，在评估工作中具有非常重要的地位。

（6）外请专家。由外请专业人员进行评估有特殊的意义。因为外请人员具有较强的专业技能，同被考评者之间没有利害关系，因而往往比较客观公正，评估结果也容易为员工所认同。但这样做成本较高，而且对于专业性很强的内容，专家也不一定十分了解。

📖 **小知识6-1　360度评估反馈**

360度评估反馈，又称360度考核法或全方位考核法，是指由员工自己、上司、直接部属、同人同事甚至顾客等从全方位、各个角度来评估人员的方法。评估内容可能包括沟通技巧、人际关系、领导能力、行政能力……通过这种理想的评估，被评估者不仅可以从自己、上司、部属、同事甚至顾客处获得多种角度的反馈，也可从这些不同的反馈清楚地知道自己的不足、长处与发展需求。360度评估反馈从多个角度收集信息，使评估结果更准确、更可被接受，这些优点能让现代企业的每位员工都可以从中获益。实际上，它在各级别的员工身上都得到了不同程度的运用。

360度评估反馈自20世纪80年代以来，迅速为国际上许多企业所采用。在《财富》排出的全球1 000家大公司中，超过90%的公司应用了360度考核法。例如，美国能源部、IBM、摩托罗拉、诺基亚、福特、迪士尼、麦当劳、美国联邦银行等部门都把360度评价模式用于人力资源管理和开发。事实上，360度工具的流行并不限于大公司，据一项对美国企业较大规模的调查显示，65%以上的公司在2000年采用了这种多面评估的评定体系，比1995年的调查结果40%上升了许多。

3．连锁企业员工绩效评估的原则

在进行连锁企业员工绩效评估时，一定要做到科学、公正、客观，这样的评估才有意义。为此，应该遵守以下八项原则。

（1）制度化原则。连锁企业的绩效评估要作为连锁企业的一项制度固定下来，同时评估的标准、程序、责任等都要有明确的制度规定，并在操作中严格地按照制度的规定进行。这样，绩效评估才会有其权威性。

（2）公开化原则。评估的内容标准要公开，使员工认识到所有的评估对大家都是一样的，这样才能使员工对绩效评估工作产生信任感，各部门和各员工之间就不会造成人为矛盾。同时每个员工都可以明确了解到工作的要求是什么，这样就可以按照评估的标准来要求自己，提高工作绩效。

（3）客观性原则。要做到评估标准客观、组织评估客观、自我评估客观，不能带有考评者的个人观点，尽量避免掺入主观性和感情色彩。必须用公认的标准，进行客观的评价。唯有客观性，才会保证其公正性。

（4）分层次原则。绩效评估最忌讳的就是：用统一的标准来评估不同的人和不同的工作要求。不同层次的员工，评估的标准和内容是不同的。例如，对一般员工的评估，主要评估其完成工作的数量、质量、效益及工作态度等；而对于主管人员来说，则不仅要评估其完成工作任务的数量、质量及效益，还要评估其企业及各部门目标的实现程度，再就是作为主管人员在计划、决策、指挥、激励、授权、培养人才等方面的成绩。

（5）同一性和区别性相结合原则。在评估相同类别的员工时要用同一标准、同一尺度去衡量，同样的工作内容、工作职位不能用不同标准去评估。例如，连锁企业中不同部门的秘书工作，工作内容大致是相同的，可以用同一种评估标准来进行考核。在评估不同类别的员工时，要注意用不同的标准和尺度去衡量。例如，生产部门可以用产品的产量、合格率、物耗等指标，而销售部门则用销售额、销售费用、回款率等指标来进行衡量。

（6）单头评估原则。一些连锁企业在评估时出现员工与考评者、管理者之间的摩擦，最主要的原因就是在评估时多重评估、多头领导。在连锁企业中最了解员工工作情况的是员工的直接主管。如果在评估时，间接管理者对员工的工作情况妄加指责，就容易造成不公平现象，就会出现摩擦。当然，并不排除间接的上级对评估的结果进行调整修正。

（7）反馈原则。对员工进行评估以后要把评估结果直接告诉员工，使员工能明白自己工作的成绩和不足，同时要向其提供对于今后工作的参考意见。还应及时地将评估结果反馈给企业培训部门，培训部门根据评估结果，有针对性地加强员工培训工作。

（8）差别性原则。评估方法要能评出工作的好坏差别。正常情况下，员工在工作中的成绩是有差别的，评估方法要正确体现出员工工作中的这种差别，使评估带有刺激性，鼓舞员工上进。

6.4.2　连锁企业员工绩效评估的方法

1. 简单排序法

简单排序法即对一批评估对象按照一定标准排出"1、2、3、4……"的顺序。例如，把销售部门所有业务员按销售数量或销售额进行排队，最高的为第一位，最差的排在最后。该方法的优点是简单实用，评估结果也一目了然，具有一定的可信性，可以完全避免趋中倾向或宽严误差。缺点是评估的人数不能过多，以 5~15 人为宜；而且只适用于评估同类职务的人员，应用范围受限，不适合在跨部门人事调整方面应用；另外，这种方法容易给员工造成心理压力。简单排序法的操作步骤如下。

（1）拟订评估的项目。项目的数量和内容，应当根据所评估职务的具体状况进行设计。

（2）评估小组就每项内容对被评估人进行评定，并排出序列。最好的第一名排序为 1，第二名排序为 2，以此类推。

（3）把每个人各自评估项目的序数相加，得出各自的排序总分数，以总序数最小者为成绩最好，即总体情况的第一名。排序的结果，又分为简单排序和分级排序两种做法。前者是根据序数的多少，从小到大排成从第一名到最末一名的排名序列；后者是按序数得分的多少划分为若干等级，如总序数 15 以内的等级属于"优"，16~30 的等级为"良"，31~45 的等级为"中"，46~60 的等级为"及格"，60 以上的等级为"差"。

小资料 6-3　华龙房产公司销售人员的佣金

销售房屋是一件难做的工作，佣金虽高，但行业内竞争激烈。华龙房产公司决定为卖得最好的销售人员提供一笔奖金。经理每个季度都要列出员工个人的销售数量，据此进行排名，并奖励最佳者。结果发生了什么呢？

那些员工开始只干能帮助自己排名第一的事情。他们不干文字工作，电话信息被误传或干脆"消失"。他们为争取一个新客户而竞争，几乎是躲在电话机旁伺机猛扑过去抢电话。他们停止了合作，道德观念消失了，争论变得越来越频繁和激烈。短期看来，某些报告人的销售增加了；然而，从长远看，公司作为一个整体却并不那么成功。由于缺乏内部的团结和合作，公司整体的市场份额被逐步蚕食。

2．交替排序法

交替排序法是依照某些工作绩效评估指标将员工们根据绩效最好和绩效最差分别进行排序。由于从员工中挑选出最好的和最差的比将全体员工排序要容易，所以交替排序法是一种应用比较普遍的工作绩效评估方法。表6-7是一份交替排序绩效评估表。

表6-7　交替排序绩效评估表

评估时所依据的要素：

针对你所要评估的每一要素，将所有员工姓名都列出。将工作绩效评估最好的员工姓名列在第1行的位置上，将工作绩效评估最低的员工姓名列在第20行的位置上；然后再将工作绩效评估次好的员工姓名列在第2行的位置上，将工作绩效评估次差的员工姓名列在第19行的位置上。这样一直将这个交替排序继续下去，直到所要评估的员工都被列出来。

评估等级最高的员工：	11.
1.	12.
2.	13.
3.	14.
4.	15.
5.	16.
6.	17.
7.	18.
8.	19.
9.	20.
10.	评估等级最低的员工：

需要指出的是，上述方法是各个项目的简单相加。由于各个项目有着不同的重要性，更好的做法是将不同的项目确定不同的权重，然后进行加权计算。

3．配对比较法

配对比较法也称相互比较法，就是将所有要进行评估的员工与所有其他员工列在一起，两两配对比较，其价值较高者可得1分，最后将各员工所得分数相加。其中，分数最高者即等级最高者，按分数高低顺序将员工进行排列，即可划定评估等级。此法要将全体员工逐一配对比较，按照逐对比较中被评为较优的总次数来确定等级名次。这是一种系统比较，程序科学、合理。但此法通常只考评总体状况，不分解维度，也不测评具体行为。其结果，也是仅有相对等级顺序。当被考评人达 10 人以上时，对偶比较次数太多，操作起来比较麻烦。该方法具体评估过程如表 6-8 所示。

表 6-8　配对比较法评估过程

被比较对象 比较对象	员工 A	员工 B	员工 C	员工 D	员工 E	得分合计	考核等级顺序
员工 A	—	1	1	0	0	2	3
员工 B	0	—	0	0	0	0	5
员工 C	0	1	—	1	1	3	2
员工 D	1	0	0	—	0	1	4
员工 E	1	1	1	1	—	4	1

4．强制分配法

强制分配法实际上也是将员工进行相互比较的一种员工排序方法，只不过它是对员工按照组别进行排序，而不是将员工个人进行排序。此法是按事物"两头小、中间大"的正态分布规律，确定好各等级在总数中所占的比例。例如，若划分成优、中、劣三等，则分别占总数的 30%、40% 和 30%；若划分成优、良、中、差、劣五等，则分别占 10%、20%、40%、20% 与 10%。然后按照每人绩效的相对优劣程度，列入其中的一定等级。强制分配法的优点是可以克服评估者过分宽容或过分严厉的现象，也可以克服所有员工不分优劣的平均主义。其缺点是如果员工的业绩水平不遵从所设定的分布样式，那么按照评估者的设想对员工进行强制区别容易引起员工不满。

5．关键事件法

员工在工作过程中，常会遇到一些偶发事件、典型事件和重大事件，对这些事件的行为及行为结果的记录是评估员工很有价值的资料和依据。关键事件法是指通过对员工在工作中极为成功或极为失败的事件的观察和分析，来判定该员工在类似事件或在介于关键事件与非关键事件之间可能的行为和表现的方法。关键事件法经常被用来甄别干部的绩效高度和可能获取的晋升机会。它是以书面记录作为评估基础的，被记录的事件既是评估的依据，同时也是向员工反馈的重要内容和向员工提供培训和指导的基础。

关键事件法的优点：可以帮助确认被评估者的长处和不足，为评估结果提供了事实依据，使评估结果真实可信；避免了评估中存在的近期效应，也就是说，依据员工在最近一段时间的表现来确定其绩效的好坏，因为关键事件总是在很长的一段时间积累起来的；对员工提供反馈时，不但因为具体的事件使被评估者更容易接受，而且也可以在绩效面谈时，有针对性地提出改进的意见。

关键事件法的缺点：记录关键事件工作耗时耗力，很难使用该方法比较员工；对关键事件的定义不明确，只能做定性分析，不同的人有不同的理解；容易引起员工与管理者（或记录事

件的人）之间的摩擦。

6．等级鉴定法

等级鉴定法是一种历史最悠久的应用最广泛的员工业绩评估技术。在应用这种评估方法时，评估者首先确定绩效评估的标准，其次对于评估项目列出几种行为程度供评估者选择，如表6-9所示。具体而言，等级鉴定法有三个方面的区别：一是各项选择含义的明确程度；二是上层管理人员在分析评估结果时分辨思想答案的清晰程度；三是对于评估者来说评估项目含义的清晰程度。这种方法所需要花费的成本比较低，容易使用。假定优秀等于5分，良好等于4分，满意等于3分，尚可等于2分，不满意等于1分，于是在对各个评估标准设定了权重之后，员工业绩的评估结果可以加总为用数字来表示的结果，可以进行员工之间的横向比较。等级鉴定法在评估内容的深度方面不如关键事件法，它的主要优点是适应性强，相对比较容易操作、成本比较低。

表6-9　等级鉴定法的范例

员工姓名：		工作部门：		评估者：		日期：		
评估标准	权重（％）	优秀5	良好4	满意3	尚可2	不满意1	得分	
工作质量	25							
评　　语								
工作知识	15							
评　　语								
合作精神	20							
评　　语								
可　靠　性	15							
评　　语								
创　造　性	15							
评　　语								
工作纪律	10							
评　　语								

得分：

7．行为锚定评价法

行为锚定评价法是由等级鉴定法演变而来的。即为每一职务的各评估维度都设计出一个评分量表，并有一些典型的行为描述与量表上的一定的刻度相对应，供评估者在评估时作为参考的依据。由于行为锚定评价法的等级尺度上所附带的关键事件可以使评估者更清楚地理解在不同绩效等级上的差别，所以工作绩效的评估标准更为明确，对工作绩效的评估更加准确，并且可以更好地向被评估者提供反馈。但是它的设计和实施成本比较高，经常需要聘请人力资源管理专家帮助设计，而且在实施以前要进行多次测试和修改，因此需要花费许多时间和金钱。设计行为锚定评价法的步骤是：第一，主管人员确定工作所包含的活动类别或绩效指标；第二，主管人员为各种绩效指标撰写一组关键事件；第三，由一组处于中间立场的管理人员为每个评价指标选择关键事件，并确定每个绩效等级与关键事件的对应关系；第四，将每个评估指标中包含的关键事件从好到坏进行排列，建立行为锚定评价法考核体系。

表 6-10 是为一个学生宿舍的舍监老师建立的行为锚定评价法中"关心学生"指标的评价标准实例。

表 6-10　行为锚定评价法的范例

评价指标：关心学生

指标定义：积极结识住宿的学生，发现他们的需要并真诚地对他们的需要做出反应

评价等级：

最好 1	较好 2	好 3	较差 4	最差 5
当学生面有难色时上前询问对方是否有问题需要一起讨论	为住宿学生提供一些关于所修课程的学习方法上的建议	发现住宿学生时上前打招呼	友好地对待住宿学生，与他们讨论困难，但是随后不能跟踪解决困难	批评住宿学生不能解决自己的困难

8．行为观察评价法

行为观察评价法与行为锚定评价法有一些相似，但它在工作绩效评估的角度方面能比后者提供更加明确的标准。在使用这种评价方法时，需要首先确定衡量业绩水平的角度，如工作的质量、人际沟通技能、工作的可靠性等。每个角度都细分为若干个具体的标准，并设计一个评价表。评估者将员工的工作行为同评价标准进行对照，每个衡量角度的所有具体科目的得分构成员工的评价总分。表 6-11 是根据行为观察评价法为项目工程师工作可靠性设计的评价范例，如果都被评价为"几乎总是"，那么他就可以得到 25 分，从而在工作可靠性上得到"很好"的评价。这种行为观察评价法的主要优点是设计和实施时所需要花费的时间和金钱都比较少；而主要缺点是不同的评估者经常在对"几乎没有"和"几乎总是"的理解上有差异，结果导致业绩评估的稳定性下降。

表 6-11　行为观察法的范例

工作的可靠性（项目工程师）						
1. 有效地管理工作时间						
几乎没有	1	2	3	4	5	几乎总是
2. 能够及时地符合项目的截止期限要求						
几乎没有	1	2	3	4	5	几乎总是
3. 必要时帮助其他员工工作以符合项目的期限要求						
几乎没有	1	2	3	4	5	几乎总是

续表

4. 必要时情愿推迟下班时间和增加周末加班时间						
几乎没有	1	2	3	4	5	几乎总是

5. 预测并试图解决可能阻碍项目按期完成的问题						
几乎没有	1	2	3	4	5	几乎总是

13分及以下	14～16分	17～19分	20～22分	23～25分
很差	差	满意	好	很好

9. 目标管理法

目标管理法是一种综合性的绩效管理方法，而不仅是单纯的绩效评估技术手段。目标管理法是由美国管理学大师彼得·德鲁克提出的，他认为："每项工作都必须为达到总目标而展开。"目标管理是一种领导者与下属之间的双向互动过程。在进行目标制定时，上级和下属依据自己的经验和手中的材料，各自确定一个目标，双方沟通协商，找出两者之间的差距及差距产生的原因；然后重新确定目标，再次进行沟通协商，直至取得一致意见，即形成了目标管理的期望值。

目标管理法的优点较多：由于考核职能由主管人员转移到直接的工作者，所以能保证员工的完全参与；员工的目标是本人参与设定，在实现业绩目标后，员工会有一种成就感；改善授权方式，有利于促进员工的自我发展；促进良性沟通，加强上下级之间的联系。目标管理法是一种适用面较广、有利于整体绩效管理的考核方法。但也有一定的局限性：某些工作难于设定短期目标，因而难于实行；有时员工们在设定目标时偏宽松；一些管理者也对"放权"存在抵触情绪。

⬛ 小资料 6-4　老汉选择接班人

从前，有一位老汉，他有两个儿子。老汉想把家中的财政大权移交给一个儿子，但又不想让任何一个儿子都认为他不公平，因此，他就想出一个办法对他们两兄弟进行考评。一天晚上，老汉把他们叫到面前，每人给了一把很钝的斧头，吩咐道："明天晚饭前，你们每人给我砍两担柴回来。"

老大回家后，心想："这么钝的斧头，要砍两担柴，一天恐怕不够……"于是，他二话没说，就拿起斧头上山砍柴去了。而老二就大不一样了。他回家后，先把斧头磨得锋利，然后美美地睡了一觉。第二天早上，他才去了山上。

晚饭的时候，老大担着两小捆柴有气无力地回来了，一回来扔下柴就回房睡觉去了；老二却担回了满满两捆柴，并且回来后把柴都在院子里码好。把斧头磨好，才去吃晚饭。

毋庸多言，老汉当然选择老二作为接班人。

6.4.3　连锁企业员工绩效评估过程中的问题

绩效评估过程中容易出现导致考核误差的问题，这些问题可以分为两类：一类与考核标准、内容和形式有关，一类与主考人有关。另外还有考核申诉问题及处理，以及考核结果公正、准确的相对性问题。这些问题都影响绩效考核效果，必须对其加以控制和妥善处理，以有效实施连锁企业员工绩效考核。

1. 与考核标准、内容和形式有关的问题

（1）考核标准不明确。当考核项目设置不严谨、考核标准说明含混不清时，人们打分时必然有一定的任意度，这会导致考核的不准确。例如，主管人员可能对"好"、"中"等绩效标准做出非常不同的解释；对于"工作质量"和"首创性"这些要素，不同的评估者同样会产生意义相差很大的理解。可以找到一些方法来对上述不足进行修正。其中，最好的一种办法是用一些描述性的语言对绩效考核要素加以界定。

（2）考核内容不完整。在考核体系中，如果考核内容不够完整，尤其是关键绩效指标有缺失，就不能涵盖主要内容。同时，考核内容、项目设定及权重设置等方面表现出无相关性，随意性突出，常常仅仅体现长官意志和个人好恶，且绩效考核体系又缺乏严肃性，任意更改，难以保证政策上的连续一致性。这样，自然不能正确评估人的真实工作绩效。

（3）不知道为什么要考核。考核目的不明确，有时甚至是为了考核而考核，企业考核方和被考核方都未能充分清楚地了解绩效考核只是一种管理手段，本身并非是管理的目的。

（4）考核方式单一。在人力资源绩效考核的实践中，往往是上级对下属进行审查式考核。要想科学全面地评价一位员工，往往需要以多视角来观察和判断，考核者一般应该包括考核者的上级、同事、下属、被考核者本人及客户等，实施360度的综合考核，从而得出相对客观、全面、精确的考核意见。

（5）员工对绩效考核体系缺乏理解。有的连锁企业在制定和实施一套新的绩效考核体系时，不重视和员工进行及时、细致、有效的沟通，员工对绩效考核体系的管理思想和行为导向不明晰，常常产生各种曲解和敌意，并对所实施的绩效体系的科学性、实用性、有效性和客观公平性表现出强烈的质疑，对体系的认识产生心理上和操作上的扭曲。

（6）考核过程形式化。很多连锁企业已经制定和实施了完备的绩效考核体系，但是每位员工内心都认为绩效考核只是一种形式而已，出现所谓"领导说你行，你就行，不行也行；领导说你不行，你就不行，行也不行"的消极判断，没有人真正对绩效考核结果进行认真客观的分析，没有真正利用绩效考核过程和考核结果来帮助员工在绩效、行为、能力、责任等多方面得到切实的提高。

（7）考核结果无反馈。考核结果无反馈的表现形式一般分为两种：一种是考核者主观上和客观上不愿将考核结果及其对考核结果的解释反馈给被考核者，考核行为成为一种暗箱操作，被考核者无从知道考核者对自己哪些方面感到满意，哪些方面需要改进。出现这种情况往往是考核者担心反馈会引起下属的不满，在将来的工作中采取不合作或敌对的工作态度，也有可能是绩效考核结果本身无令人信服的事实依托，仅凭长官意志得出结论，如进行反馈势必引起巨大争议。另一种是绩效考核无反馈形式是指考核者无意识或无能力将考核结果反馈给被考核者，这种情况的出现往往是由于考核者本人未能真正了解人力资源绩效考核的意义与目的，加上缺乏良好的沟通能力和民主的企业文化，使得考核者没有进行反馈绩效考核结果的能力和勇气。

（8）考核资源的浪费。连锁企业在实施绩效考核中，通过对各种资料、相关信息的收集、分析、判断和评估，会产生各种中间考核资源和最终考核信息资源，这些信息资源本可以充分运用到人事决策、员工的职业发展、培训、薪酬管理及人事研究等多项工作中，但目前很多连锁企业对绩效考核信息资源的利用出现两种极端：一种是根本不用，白白造成宝贵的绩效信息资源的巨大浪费；另一种是管理人员滥用考核资源，凭借考核结果对员工施行严厉惩罚，绩效考核信息成为威慑员工的帮凶，而不是利用考核信息资源来激励、引导、帮助和鼓励员工改进绩效、端正态度、提高能力。

（9）考核方法选择不当。绩效考核方法有很多，这些方法各有千秋。有的方法适用于将业绩考核结果用于职工奖金的分配，但可能难以指导被考核者识别工作上的欠缺；而有的方法可能非常适合利用绩效考核结果来指导连锁企业制定培训计划，但却不适合于平衡各方利益相关者。

2. 主考人方面的问题

小资料 6-5　小张的离职

小张是一家连锁企业的技术人员，他来公司已经两年多了，而且工作业绩也很出色，但一直没有得到加薪或晋升。按小张的主管的话来讲，小张虽然能按时出色地完成工作任务，但是平时自由散漫。

原来，小张从上学时就养成了一种习惯，即喜欢在晚上工作，只有在夜深人静时，他才能进入状态。因此，白天在办公室显得有些心不在焉。因此他的主管在年末考评时不管小张的工作做得如何出色，也不管小张的申辩，总是给小张较差的评价。

如此持续了几年，看着身边的同事一个个得到提升，小张终于忍无可忍，辞职去了另一家公司。后来成为那家公司研发部的经理。

公司因为主管在绩效评估的过程中陷入了误区，而导致了一位优秀人才的流失。事实上，在许多公司的绩效评估中也存在着类似的误区。"察其所以往，知其所以来"，管理人员要在评估中避免这些误区，必先了解这些误区的形成原因及如何避免。

（1）晕轮效应。晕轮效应也称"光环效应"，是指在考察员工业绩时，由于只重视一些突出的特征而掩盖了被考核人的其他重要内容，因而往往影响考核结果正确性的现象。例如，某经理看到某员工经常早来晚走、忙忙碌碌，对他的工作态度很有好感，在年终考核时对他的评价就较高，对他的综合表现甚至对其工作的主要方面却忽视了（如重视营销人员的服务态度好坏而忽视其销售额）。

（2）偏松或偏紧倾向。偏松或偏紧倾向包括宽松和严格两个方面。宽松倾向指考核中所做的评价过高，严格倾向指考核中所做的评价过低，即有些主管人员倾向于从来都对下属员工的工作绩效做较高的评价，而另一些人却倾向于总是给员工较低的评价。这两类考核误差的原因，主要是缺乏明确、严格、一致的判断标准。在评估标准主观性较强并要求评估者与员工讨论评估结果时，很容易出现偏松倾向，因为评估者不愿意由于给下属过低的评价而招致其不满并在以后的工作中变得不合作；当评估者采用的标准比企业制定的标准更加苛刻时，则会出现严格倾向。

（3）居中趋势。居中趋势也称调和倾向或平均倾向，是指大多数员工的考核得分都居于平均水平，并往往是中等或良好水平。这也是考核结果具有"集中倾向"的体现。与过宽或过严倾向相反，考核者不愿意给员工们"要么优秀、要么很差"的极端评价，无论员工的实际表现如何，统统给中间或平均水平的评价。实际上这种中庸的态度，很少能在员工中赢得好感，反而会起"奖懒罚勤"的副作用。

📑 小资料 6-6　张经理的困惑

看着一季度的考核打分统计表，张经理不禁苦笑着摇摇头，将近 90% 的员工的季度考核得分都是满分，只有几个被老总点名批评的员工被扣了几分，即便如此，得分也是 90 分以上（满分 100 分）。

"这真的是本季度公司绩效的真实反映吗？"张经理自问道，不禁想起了去年底方案设计完成时自己踌躇满志的样子……

"这么缜密的体系设计应该可以保证考核的公平、有效，老板也会对我刮目相看了吧，毕竟是专业人力资源管理科班出身，出手不凡嘛！"看着缜密、复杂的指标权重体系、计算公式、操作细则等文件，张经理不禁暗自得意，"到一季度末考核结果出来后，就可以向老板汇报工作成绩了，也算是我新官上任三把火吧，这第一把火一定要烧得好才行……"

而回到现实中，看着这堆考核统计数据，张经理陷入了苦苦的思索："问题到底出在哪里呢？"

（4）首因效应。首因效应是指考核者首次相遇所获"第一印象"最深，先入为主片面看问题的表现。当被考核者的情况与考核者的"第一印象"有较大差距时，考核者就可能存在首因效应而产生偏见，在一定程度上影响考核得分。

（5）近因效应。近因效应是考核者只看到考核期末一小段时间内的情况，而对整个评估期间的工作表现缺乏了解和记录，以"近"代"全"，使考核评估结果不能反映整个评估期内员工绩效表现的合理结果。产生这种情况的原因，通常是考核者对被考核者近期表现印象深刻，或者被考核者在临近评价时有意表现自己以留下较佳印象。

（6）个人好恶。凭个人好恶判断是非，是绝大多数人难以察觉的弱点，甚至是人的一种本能。在考核评价他人时，很多人都会受到"个人好恶"的影响。因此，考核者应该努力反省自己的每个判断是否因个人好恶而导致不公的结论。采用基于事实（如工作记录）的客观考核方法，由多人组成考核小组进行考核，有助于减少个人好恶所导致的考核误差。

（7）成见效应。成见效应也称定型作用，是指考核者由于因经验、教育、世界观、个人背景及人际关系等因素而形成的固定思维，对考核评价结果产生刻板化的影响，通俗的说法是偏见、顽固等。例如，考核者容易对老乡、同学、同职务、战友等产生认同，自觉和不自觉地给予好评。成见效应是绩效考核中的常见问题，需要进行考核培训以及心理辅导，使考核人员纠正可能导致不正确结果的个人错误观念。

6.5 连锁企业员工绩效反馈

绩效评估工作进行完毕之后，并不是意味着绩效管理工作就万事大吉了。作为一个部门的主管要及时地把绩效评估的结果向员工反馈，让每个员工明确自身的优点并继续保持，同时也让每个员工明确自身的缺点并加以更正，这就需要主管人员帮助员工完成这一任务，其具体工作就是通过绩效反馈和面谈来实现的。

6.5.1 连锁企业员工绩效反馈的含义及目的

1．绩效反馈的含义

所谓绩效反馈，就是使员工了解自身绩效水平的各种绩效管理手段。绩效反馈是绩效沟通最主要的形式。同时，绩效反馈最重要的实现手段就是管理者与员工之间的有效沟通。

2．连锁企业员工绩效反馈的目的

主管对员工的绩效情况进行评估后，必须与员工进行面谈沟通。这个环节是非常重要的。绩效管理的核心目的是不断提升员工和连锁企业的绩效水平，提高员工的技能水平。这一目的能否实现，最后阶段的绩效反馈和面谈起了很大的作用。通过绩效反馈面谈可以达到以下几个方面的目的。

（1）对绩效评估的结果达成共识。绩效评估往往包含许多主观判断的成分，即使是客观的评估指标，也存在对于采集客观数据的手段是否认同的问题。因此，对于同样的行为表现，评估者与被评估者由于立场和角色的不同，往往会给出不同的评估。因此，双方对于评估结果的认同必然需要一个过程。对于评估结果达成共识有助于双方更好地对被评估者的绩效表现做出判断。

（2）让员工认识到本绩效期内自己取得的进步和存在的缺点。每个人都有被认可的需要，当员工做出成就时，他需要得到主管的承认或肯定，这会对员工起到积极的激励作用。同时，员工的绩效中可能存在一些不足之处，或者想要维持并进一步改善现有的绩效。通常来说，员工不仅关注自己的成绩和绩效结果，更希望有人指出自己需要改进的地方。通过评估反馈，主管和员工共同分析绩效不足的原因，找出双方有待改进的方面，从而促进员工更好地改进绩效。

（3）制定绩效改进计划。在管理者和员工就评估结果达成一致意见之后，双方应就面谈中提出的各种绩效问题制定一个详细的书面绩效改进计划。在绩效改进计划中，双方可以共同确定出需要解决的问题、解决的途径和步骤，以及员工需要管理者提供的帮助等。

（4）协商下一绩效管理周期的绩效目标和绩效标准。绩效管理是一个往复不断的循环过程，一个绩效周期的结束恰好是下一个周期的开始。因此上一个绩效管理周期的绩效反馈面谈可以与下一个绩效周期的绩效计划面谈合并在一起进行。

6.5.2　连锁企业员工绩效反馈与面谈过程

1．做好绩效反馈与面谈的准备工作

（1）主管人员应做的准备。

1）选择适宜的时间。选择什么时间进行绩效反馈面谈非常重要，主管人员在选择时间时通常要注意以下几个问题：第一，选择双方都有空闲的时间。如果在绩效反馈面谈的时间又安排了其他事情，那么在绩效反馈面谈时双方就难以集中注意力。第二，尽量不要安排在上班、下班的时间。因为刚上班时双方都难以一下子进入状态，而在下班时间，员工则归心似箭，很难集中精力与主管进行交流。第三，时间段安排要适当。例如，半小时到一小时，过长或过短都是不适宜的。第四，时间尽量避开整点。例如，安排在 10 点 10 分开始，而不是 10 点整，这样便于让员工感到时间紧迫，利于时间的控制。确定了面谈时间，主管应提前征询员工的意见，这样一方面是对员工的尊重，另一方面有利于员工做好安排。

2）选择适宜的场所。场所的选择对于绩效面谈的效果影响很大，面谈场所的选择应注意：第一，尽量选择不受干扰的场所，远离电话、电脑、传真机，避免面谈被中途打断，主管应告知秘书，在面谈过程中不要让其他人干扰、打断；第二，场所最好是封闭式的，一般不宜于在开放的办公区进行，相比较而言地点应选择小型会议室较为理想。面谈时门一定要关上，不宜让别人看到里面进行的面谈过程。当然还得注意双方座次的安排，最好不要面对面，目光直接相对，容易给双方，尤其是员工造成较大的心理压力。

3）准备面谈的资料。在进行正式面谈之前，主管必须准备好面谈的所需资料。这些资料包括评估表、该员工的日常工作表现记录、员工的定期工作总结、岗位说明书、薪金变化情况等。沟通之前，主管必须对这些信息非常熟悉。

4）计划好面谈程序和进度。整个面谈的过程应该如何来安排，这也需要事先做好计划。计划的内容包括面谈的过程，要谈哪些内容，内容的先后顺序如何安排，各个部分所花费的时间大致是怎样的等。首先要计划好如何开始。绩效反馈面谈的开场白有各种各样的形式，采取什么样的方式开始面谈要取决于具体谈话的对象和情境。有时需要开门见山，直接切入主题；有时需要一个缓冲带。不妨谈谈天气、生活等，再慢慢进入主题。其次是计划好面谈的过程，也就是在过程中先谈什么，后谈什么。

（2）员工应该做的准备。绩效反馈面谈是一个双向沟通的过程，因此，员工一方也应该做好充分的前期准备。这些前期准备主要包括以下几个方面。

1）收集与先前绩效有关的资料或证据。绩效反馈面谈的过程往往需要员工根据自己的工作目标逐项陈述绩效情况，因此员工需要充分准备好表明自己绩效状况的一些事实依据。

2）准备好个人的发展计划。绩效反馈面谈既注重现在的表现，更注重员工将来的发展。因此，主管人员除了想听到员工对自己过去的绩效的总结和评估，也希望了解到员工自己的未来发展计划。

3）准备好向主管人员提出的问题。绩效反馈面谈是一个双向交流的过程，不但主管人员可以问员工一些问题，员工也可以主动向主管人员提出一些自己所关心的问题。

4）将自己工作安排好。由于反馈面谈可能要占用 1～2 小时的时间，所以应事先安排好工作时间，尽量避免一些重要的事情。如果有非常紧急的事情，应交代同事帮忙处理。

2．绩效考核反馈与面谈的实施

（1）绩效反馈与面谈的原则。当主管和员工关于反馈面谈的资料均准备完毕以后，主管和员工按照原计划在预定的时间和地点，遵循科学的原则，就可以有效地实施反馈和面谈。一般来说，在绩效考核反馈与面谈时应遵循的原则有以下几个方面。

1）建立并维护彼此之间的信任。信赖可以理解为一种适合面谈的气氛。首先，面谈的地点非常重要，必须在一个使彼此都能感到轻松的场合。噪声一定要极小，没有第三者可以看到面谈的两人。要使员工感到自在，主管所说的话或动作要使双方能顺利沟通，使员工无拘无束坦诚地表达意见。此时，来一杯咖啡或红茶有助于制造良好的气氛。在面谈时一定要以一些称赞和鼓励的话打开局面，这种称赞和鼓励可以营造一种轻松、热情、愉快及友好的氛围，使面谈在一种双方都愉快的气氛中开始。

2）清楚说明面谈的目的和作用。清楚地让员工明白此次面谈要做什么，可用较积极的字眼，例如："今天我们面谈的目的是希望大家能一起讨论一下你的工作成效，并希望彼此能有一致的看法，肯定你的优点，也找出哪些地方有待改进，紧接着我们要谈谈你的未来及将来如何合作达到目标。"明确面谈目的，可以消除被评估者心中的疑虑。

3）鼓励员工多说话。在面谈的过程中，应当注意停下来听员工正在说什么，因为你了解的情况不一定就是真实的，鼓励下属主动参与，有利于对一些问题快速达成共识，同时，也便于了解下属的思想动态。

4）注意全身心的倾听。倾听时要以员工为中心，把所有的注意力都放在员工身上，因为倾听不单是对员工的尊重，也是营造氛围、建立信赖、把握问题的关键。

5）避免对立和冲突。在面谈中，员工往往有一种自卫的本能阻挡接受他不愿听的信息，甚至容易为此与主管发生冲突，如果主管利用自己的领导权威强行解决冲突，很可能付出相当大的代价。它可能破坏了员工与管理者之间的信赖，导致以后的沟通难以做到开诚布公。

6）集中于未来而非过去。绩效管理的核心在于未来绩效的提升，而不是像反光镜那样聚焦过去。双方只有关注未来，才能使得员工真心实意地拥护并切实参与到绩效管理当中来，绩效管理才是真正具有激励意义的管理。

7）集中在绩效，而不是性格特征。在绩效反馈面谈中双方应该讨论和评估的是工作绩效，也就是工作中的一些事实表现，而不是讨论员工个人的性格。员工的性格特点不能作为评估绩效的依据；但是，在谈到员工的主要优点和不足时，可以谈论员工的某些性格特征，但要注意这些性格特征必须是与工作绩效有关的。例如，一个员工性格特征中有不太喜欢与人沟通的特点，这个特点使他的工作绩效因此受到影响，由于不能很好与人沟通，影响了必要的工作信息的获得，也不能得到他人很好的配合，从而影响了绩效。这样关键性的影响绩效的性格特征还是应该指出来的。

8）找出双方待改进的地方，制定具体的改进措施。沟通的目的主要在于未来如何改进和提高，改进包括下一阶段绩效目标的确定，以及与员工订立发展目标。

9）该结束时立刻结束。如果你认为面谈该结束时，不管进行到什么程度都不要迟疑。下面情况有任何一种出现均要停止面谈：彼此信赖瓦解了；部属或主管急于前往某个地方；下班时间到了；面有倦容等。此时如果预先预定的目标没能在结束之前达到，也要等下一次再进行。

10）以积极的方式结束面谈。要使员工离开时满怀积极的意念，不要使员工只看到消极的一面怀着不满的情绪离去。

（2）面谈的内容。表 6-12 展示了绩效面谈的内容和顺序，管理者和员工可以以此做好准备。

表 6-12　绩效面谈的内容和顺序

面谈步骤	面谈实施者	主要内容
暖场	管理者	放下其他工作；建立信任的氛围；慰问员工的辛劳；使员工放松心情
进入主题	管理者	告知面谈的目的
告知考核结果	管理者	说明考核的结果；肯定优良之外，指出不足
请员工发表意见	员工	管理者专心倾听；鼓励员工发言；员工陈述自己的绩效并自我评价
讨论沟通	管理者与员工	讨论考核结果与员工自我评价之间的差异，最终达成共识
制定改进计划和下期绩效目标	管理者与员工	设定改进项目；商定下期绩效目标；双方达成一致，避免争议
确认面谈内容	管理者与员工	确认讨论的结果；达成协议项目；双方签名
结束面谈	管理者	表达谢意；期待员工的更好表现
整理面谈记录	管理者	检查面谈的得与失；补充说明事项；依规定呈报
备注：如果面谈没有达成共识，可以结束面谈并商定下次面谈的时间		

3．绩效考核反馈的结果

员工绩效改进计划是绩效反馈的结果，是根据员工绩效评价结果，通过面谈找出员工有待发展和提高的方面，然后，制定一定时期内有关员工工作绩效和工作能力改进和提高的系统计划。通常，在绩效反馈面谈后，管理者和员工之间就确定了下一个绩效周期的改进重点和改进计划。员工绩效改进计划的主要内容有以下几个方面。

（1）需要改进的方面。通常是指在工作能力、方法和习惯等方面，这些有待于改进的地方可能是员工现在水平不足，也可能是未来工作需要。

（2）改进和发展的原因。选择某些项目作为绩效改进的对象，是有一定原因的。一般是员工在这些方面的水平较低而又需要在这些方面表现出较高水平。

（3）目前状况和期望达到的水平。

（4）确定改进措施和责任人。

（5）确定改进的期限。预期时间进度和所需时间的多少。一般为 30 天、60 天或 90 天。

为了帮助员工实现绩效改进计划，管理者应注意的问题主要有：营造一种良好的工作氛围，鼓励、推动员工去实现自己的绩效改进计划；提供员工改进绩效所需要的支持；对员工的绩效改进及时给予一定的奖励，树立员工自信心，激励员工持续改进和提高。

知识测试题

一、单项选择题

1．工作绩效一般是指员工的劳动行为表现及其（   ）。

A．工作表现   B．工作成绩

C．工作结果   D．工作效果

2．在制定绩效管理方案时，应根据（   ）合理地进行方案设计，并对绩效管理方案进行可行性分析。

A．绩效管理目标   B．绩效管理方法

C．绩效管理程序   D．绩效管理对象

3．（   ）是指记录和观察在某些工作领域内，员工在完成工作任务过程中有效或无效的工作行为导致的成功或失败的结果。

A．关键事件法   B．行为观察法

C．行为观察量表法   D．行为定点量表法

4．（   ）是企业根据岗位工作说明书，对员工的工作业绩，包括工作行为和工作效果，进行全面系统考察与评估的过程。

A．行为考核   B．绩效评估

C．人事考核   D．能力考核

二、多项选择题

1．做好绩效反馈与面谈的准备工作中主管人员应做的准备有（   ）。

A．选择适宜的时间   B．选择适宜的场所

C．准备面谈的资料   D．计划好面谈程序和进度

2．在设定连锁企业员工绩效目标时应遵循的原则有（   ）。

A．明确具体的原则   B．可衡量的原则

C．可获得的原则   D．现实可行的原则

E．有时间限制的原则

3．绩效考核过程中，主考人经常犯的错误有（   ）。

A．晕轮效应   B．居中趋势

C．首因效应   D．近因效应

三、简答题

1．简述影响连锁企业绩效管理的因素。

2．连锁企业管理者应该如何做好员工绩效辅导？

3．连锁企业员工绩效考评的常见方法有哪些？

4．连锁企业员工绩效考评的组成者有哪些？

5．简述连锁企业员工绩效反馈面谈的原则。

 案例分析

赛特购物中心绩效考核

赛特购物中心 B2（该楼层主要经营家电、日用品等），过去考核员工是把他的销售业绩、卫生环境、柜台陈列、账册管理等方面的情况汇总在一起考评，根据综合考评的结果来发放奖金。这样就可能出现销售业绩单项突出的个别因素，最后综合评价分数不一定高，奖金不一定拿得多，严重影响了员工的积极性。1998 年 9 月起，中心推出了一套新的改革措施。具体地说，就是首先把总奖金的 40%提出来，作为销售奖金，按销售业绩排序分档，第一名拿一档，第二名拿二档……最后一名，如果是有客观原因（如生病、事假等）而排在最后一名，则可以按序拿最后一名的奖金，如果没有客观原因而排在最后一名，则不能按序拿最后一名的奖金，而是直落到底，拿收底奖金 50 元。其次再把总奖金的 20%提出来，作为销售服务奖，按服务态度分档排序。再其次是拿出总奖金的 5%作为领班奖，奖励领班分配的一些临时性的、不能进入业绩考核的工作。剩下的总奖金的 35%才按过去的办法进行销售、卫生、陈列、账册综合考评。不难看出，新方案与过去最大的不同是突出了员工的销售业绩，并把每个人的业绩摆在明处。

新措施实施后，确实极大地调动了员工销售的积极性，主动迎客热情服务。9 月、10 月销售额连续增长 20%。同时也引出了负效应：一些员工争抢销售，在一定程度上影响了团结；如来了顾客，两人同时争着上去迎接介绍情况；顾客要掏钱了，这个说是我先迎上去的，那个说是听了我的介绍他才买的，也有一些员工平时劳动态度好，只因为不善与顾客沟通表达而销售业绩不突出，被排在了末档上，感到很委屈；排在后面的员工觉得没面子，心理压力较大。

问题：

（1）你是怎样评价这项绩效考评改革措施的负面效应的？

（2）为了消除这些负面影响，你认为还有哪些工作需进一步落实。

 实训项目

联系两三家连锁企业，对其绩效考评活动的开展情况进行调研。根据实际调研的结果，进行如下问题的分析。

（1）如果你认为某一连锁企业的绩效考评活动开展得很好，请你总结其主要特色。

（2）如果你调查的某一个或几个连锁企业根本没开展绩效考评活动，请分析该连锁企业忽视或不愿意开展培训活动的主要原因。

（3）如果你认为某一个或几个连锁企业绩效考评活动已经开展，但是效果很差，也请帮助诊断其中的原因，并根据本章所讲的知识，帮助其给出合理化建议。

步骤及要求：

（1）分组并联系调研连锁企业。

（2）制定调研问卷。

（3）进行实地调研。

（4）学生编写实训报告。

第 **7** 章

连锁企业员工薪酬管理

引导案例

川妹子餐厅薪酬设计问题

川妹子餐厅坐落于 S 市西北地区的一条繁华街道上，餐厅规模不大，陈设幽雅，主要经营正宗的川菜。由于餐厅生意兴隆，餐厅老板程强决定扩大餐厅的规模，由于规模扩大了，服务员和厨师里的帮工人手明显不够，所以程强通过一家人才中介机构聘请了八名员工，其中两名是 40 岁以上的当地下岗妇女，主要帮助厨师打打下手，从事食品的清洁和准备工作，工资为每月 800 元；另一名是他的一位亲戚，工资为每月 850 元。其余五名员工都是 20～30 岁的年轻人，他们或多或少有一些餐厅打工的经验。对于他们，程强则是每月给 600 元。虽然从表面上看，服务员的工资要低于厨房的工作人员，但是，如果服务员尽心尽责，那么他们可能获得的小费也不会少。

但是，营业两个月来，程强逐渐发现了厨房工作人员与服务员之间存在着一种对抗。通过进一步观察，程强发现他们矛盾的焦点是工资。厨房工作人员认为服务员活轻，而且如果没有她们的辛勤劳动，服务员就只能提供冰冷的食物。但是，服务员挣得却比她们多得多，这非常不公平。然而，服务员们却自有他们的看法，他们认为人人都会切菜洗杯子，而他们所提供的服务却是专业化的。当问题一步步激化时，程强决定着手解决这个问题。因为他发现这种争执已经影响到了餐厅的正常营业。有时，客人在餐厅等了很久，菜却迟迟不能上来，原因就是心怀不满的厨房工作人员故意拖延时间，致使造成多次客人愤然离席。

事实上，由于以前餐厅规模小，员工基本上都是他的亲戚朋友，主厨廖辉也是以合伙人的身份在餐厅工作的，与他的私人关系也非常好，所以他们合作的这两年一直没有出现过什么不愉快。而程强本人也一直认为经营餐饮业最主要的是原材料的采购、确保菜肴的质量等方面，对员工的管理没有过多关注。直到最近问题出现了，迫使程强不得不认真思考这一问题。经过反复考虑，程强决定给这两个厨房工作的女工增加工资，由每月 800 元调至 1 000 元，以增强她们的工作积极性。决定一宣布，弥漫在餐厅中的紧张气氛似乎就消失了。但是，好景不长，不久程强就发现服务员的工作积极性开始下降了，甚至有一两个人还私下透露过想跳槽。原因就是他们觉得既然厨房工作人员的工资增加了，那么他们的底薪也应该增加，况且他们通过熟人了解到，在其他类似规模的餐厅，服务员每月的底薪就有 800 元。

这时，程强才发现问题不像他一开始想象的那样简单。为此，他曾考虑过辞退这批员工，重新招募一批新人，但是一想到招聘和培训的费用他又犹豫不决。而且，频频更换员工对餐厅来说还有很多负面影响。员工的工资肯定不可能这样无限制地增加下去，但是又该如何调动他们的工作积极性呢？

问题：请联系案例说明，程强在设计薪酬时忽略了哪些原则，导致了川妹子餐厅的员工对其薪酬的不满意？程强为什么不考虑采用辞退这批员工，重新招募一批新员工的方法解决这些矛盾？

 本章学习目标

通过本章的学习，学生应该掌握以下内容：

1. 了解连锁企业员工薪酬管理的含义与功能；
2. 了解连锁企业员工薪酬设计的原则；
3. 掌握连锁企业员工薪酬设计的内容；
4. 理解连锁企业员工薪酬设计的程序；
5. 了解连锁企业员工福利的含义和内容。

 学习导航

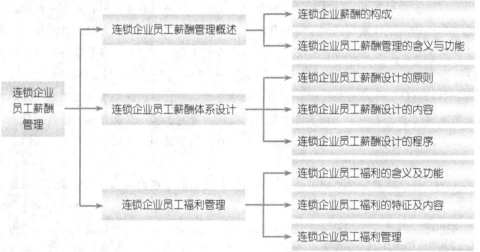

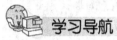 职业指导

伴随着经济的发展，中国连锁企业发展迅速，对人才的竞争也愈演愈烈，薪酬问题成为连锁企业关注的焦点，成为吸引、维系和激励优秀人才为组织服务的重要工具。因此，科学合理地设计薪酬，吸引优秀的人才已成为连锁企业生存与发展的关键。人力资源的奖酬功能因此就

越发显得重要，而这项功能正是通过员工薪酬管理来实现的。

7.1 连锁企业员工薪酬管理概述

7.1.1 连锁企业薪酬的构成

薪酬在英文中为 compensation，字面意思是指平衡、弥补和补偿。从经济学角度而言，薪酬是指劳动者依靠劳动所获得的所有劳动报酬的总和。从连锁企业人力资源管理角度而言，薪酬是指连锁企业以法定货币和法定形式定期或不定期对付出劳动的员工的一种劳动回报，其主要包括工资、奖金、津贴、佣金、红利、福利等。从其构成来讲，薪酬包括经济性薪酬和非经济型薪酬两部分。虽然非经济性的报酬是总体薪酬的重要组成部分，但在研究薪酬与薪酬管理中，仍然应将注意力集中于企业经济性报酬上。经济性报酬主要包括以下组成部分。

1. 基础工资

基础工资是连锁企业按照一定的时间周期，定期向员工发放的固定报酬。基础工资主要反映员工所承担的职位的价值或员工所具备的技能或能力的价值，即分别是以职位为基础的基础工资和以能力为基础的基础工资。在国外，基础工资往往有小时工资、月薪和年薪等形式。在中国大多数企业中，提供给员工的基础工资往往是以月薪为主，即每月按时向员工发放固定工资。

📖 **小知识 7-1　为何称工资叫薪水**

中国古代官员的俸禄有多种称法，如"月给"、"月俸"、"月钱"等。在魏晋六朝时，"薪水"除了指砍柴汲水外，也渐渐成为日常生活开支费用的意思。例如，《魏书·卢昶伟》中记载："如薪水少急，即可量计。"这里的"薪水"即为日常费用。而明朝时曾将俸禄称为"月费"，但后来又改称为"柴薪银"，意思是帮官员解决柴、米、油、盐这些日常生活费用的支出。

现今上班族按月领取的工作酬劳金，其实就跟古代的月俸、月费是一样的，主要目的也是用来支付日常生活开销。所以人们也就把工资称为"薪水"了。

2. 绩效工资

绩效工资在中国更为确切的应该为绩效提薪。绩效工资是根据员工绩效考核的结果而确定的对基础工资的增加部分，因此它是对员工优良表现的一种奖励。但它与奖金的差别在于，奖金并不成为基础工资永久的增加部分，而只是一次性的奖励。

3. 奖金

奖金也称为激励工资或可变工资，是薪酬中根据员工的工作绩效进行浮动的部分。奖金可以与员工的个人业绩挂钩，也可以与他所在团队的业绩挂钩，还可以与组织的整体业绩挂钩，这分别称为个体奖励、团队奖励和组织奖励。但需注意的是，奖金不仅要与员工的业绩挂钩，同时也与员工在组织中的位置和价值有关，它通常等于两者的乘积。

4．津贴

津贴往往是对员工工作中不利因素的一种补偿，它与经济学中的补偿性工资差别相关。例如，企业对从事夜班工作的人，往往会给予额外的津贴；对于出差的人员，也往往会给予一定的出差补助。但津贴往往并不构成薪酬中的核心部分，它在整个薪酬中所占的比例往往较小。

5．福利

福利也是经济性报酬中十分重要的组成部分，而且在现代企业的薪酬设计中占据了越来越重要的位置。在中国企业市场化改革的初期，为了改变企业局面，中国企业曾经大幅度削减提供给员工的福利，将福利转变为给予员工的货币报酬。现在，越来越多的企业重新认识到福利对于企业吸纳和保留人才的重要性。现代薪酬设计中的福利在很大程度上已经与传统的福利项目不同，带薪休假、健康计划、补充保险、住房补贴等已经成为福利项目中的重要形式，并且根据员工个人偏好而设计的自助福利计划也成为新兴的福利形式，并获得了广泛的认可。

小资料 7-1　雅芳的薪酬与福利

为了吸引和保留优秀的人才，雅芳为她的员工提供在劳动力市场上具有竞争力的薪酬福利。雅芳认为维持具有竞争力的薪酬福利，是吸引、保留、鼓励和奖赏高绩效的员工，充分发挥雅芳人的力量的基本条件。

（1）薪酬。公司每年都进行薪酬调查，根据劳动力市场和外部环境的情况，并结合公司的经营状况，员工个人的绩效调整薪资，以使雅芳员工的薪酬具有相当的竞争力。

（2）社会保险。雅芳根据各地政府的要求为各地员工在当地向社会劳动保险公司办理养老保险，部分公司缴纳的养老保险金及全部员工个人负担的养老保险金都将进入员工个人账户。雅芳也遵守各地政府法规的规定为员工购买工伤、生育、失业（待业）等其他社会保险项目。

（3）全球雅芳公务出差保险。这是全球雅芳员工享有的一项福利计划，全部保险费由雅芳支付。当员工在为雅芳公务出差时自动受保。如果员工在公务期间发生意外事故，此保险计划将根据员工的受伤或损失程度为员工的家人提供公务出差保险补偿。

（4）医疗福利。雅芳会遵守各地政府法规的规定为员工办理社会基本医疗保险，并为员工提供补充医疗政策，使雅芳员工的医疗福利政策在市场上具有很强的竞争力。

（5）假期。法定节假日，所有雅芳员工将有权享受每年10天的法定节假日。公司其他假日，员工除享有国家规定的10天法定假日外，公司额外给予春节、中秋节、圣诞节等假期。公司年假，正式员工会根据其服务年限，每年享受一定工作日的员工年假。其他假期，公司正式员工还享有婚假、丧假、产假、病假等福利。

（6）购物折扣。全体雅芳员工在购买供个人和家庭使用的雅芳产品时可享有低于顾客价的优惠。

（7）员工服务奖。雅芳鼓励并表彰长期服务于雅芳，并为雅芳的成功做出贡献的员工的忠诚和奉献精神，公司会向在雅芳服务五年（及五年的倍数）的所有正式员工颁发员工服务奖。

（8）其他福利。包括独生子女贺金、员工生日庆祝、节日贺金等。

6. 股权

股票期权主要包括员工持股计划和股票期权计划。员工持股计划主要针对企业中的中基层员工，而股票期权计划则主要针对管理人员、核心业务和技术人才。员工持股计划和股票期权计划不仅是针对员工的长期报酬形式，而且是将员工的个人利益与组织的整体利益相连接，优化企业治理结构的重要方式，是现代企业动力系统的重要组成部分。近年来股权计划已经越来越多地受到中国企业的青睐。

小资料 7-2　沃尔玛的薪酬结构

沃尔玛公司有折扣商店、仓储商店、购物广场和邻里商店四种零售业态，店铺 4 694 个，员工人数约 100 万人，分布在全球十余个国家。如此庞大的企业实现低成本高效率地运行，与其实施的员工薪酬制度有着重要的关系。沃尔玛的薪酬制度是：固定工资+利润分享计划+员工购股计划+损耗奖励计划+其他福利。

沃尔玛公司不把员工视为员工，而是合伙人。因此，公司的一切人力资源制度都体现这一理念，除了让员工参与决策之外，还推行一套独特的薪酬制度。

沃尔玛的固定工资基本上是行业较低的水平，但是其利润分享计划、员工购股计划、损耗奖励计划在整个报酬制度中起着举足轻重的作用。

（1）利润分享计划。凡是加入公司一年以上，每年工作时数不低于 1 小时的所有员工，都有权分享公司的一部分利润。公司根据利润情况按员工工薪的一定百分比提留，一般为 6%。提留后用于购买公司股票，由于公司股票价值随着业绩的成长而提升，当员工离开公司或退休时就可以得到一笔数目可观的现金或公司股票。一位 1972 年加入沃尔玛的货车司机，20 年后的 1992 年离开时得到了 70.7 万元的利润分享金。

（2）员工购股计划。本着自愿的原则，员工可以购买公司的股票，并享有比市价低 15%的折扣，可以交现金，也可以用工资抵扣。目前，沃尔玛 80%的员工都持有公司的股票，真正成为公司的股东，其中有些成为百万和千万富翁。

（3）损耗奖励计划。店铺因减少损耗而获得的赢利，公司与员工一同分享。

（4）其他福利计划。建立员工疾病信托基金，设立员工子女奖学金。从 1988 年开始，每年资助 100 名沃尔玛员工的孩子上大学，每人每年 6 000 美元，连续资助 4 年。

沃尔玛通过利润分享计划和员工购股计划，建立员工和企业的合伙关系，使员工感到公司是自己的，收入多少取决于自己的努力，因此会关心企业的发展，加倍努力地工作。不过，这种薪酬制度也有局限性，对于那些温饱问题没有解决的员工来讲，他们更关心眼前固定工资的多少，而非未来的收入。

7.1.2　连锁企业员工薪酬管理的含义与功能

1. 薪酬管理的含义

薪酬管理是指连锁企业在战略思维的基础上对本企业员工薪酬的支付标准、发放水平、要素结构进行确定、分配和调整的过程，是连锁企业人力资源管理的一项重要职能活动。传统薪酬管理仅具有物质报酬分配的性质，而对员工的行为及心理特征考虑较少，其着眼点是物质报酬；而现代企业薪酬管理的着眼点转移到了人，转移到对人的影响及作用上。连锁企业经营首先要树立目标，连锁企业目标的实现有赖于对员工的激励，现代薪酬管理将物质报酬的管理过程与员工激励过程紧密结合起来，使之成为一个有机的整体。

2．薪酬管理的功能

薪酬管理对吸引和留住人才、提升员工士气、提高公司的竞争力等，都有着不可忽视的作用。

（1）薪酬管理是维系连锁企业与员工关系存在的前提。科斯认为，企业的本质就是契约。连锁企业与员工通过签订劳动合同，建立了一种契约关系。员工付出劳动，连锁企业支付劳动报酬，薪酬管理是连锁企业履行劳动合同的必然要求和结果。薪酬管理保证了连锁企业与员工双方的生存和发展。

（2）激励的功能。"尽管我们拥有诸多的现代激励手段，但毫无疑问，钱仍然是最重要的激励工具"。库尔特·卢因认为人是在一个驱动力与遏制力并存的力场上活动，人的行为是场内诸力作用的产物。而报酬是主要的驱动力之一。连锁企业通过增强驱动力，减少遏制力来提高员工的工作效率，进而改善连锁企业的经营状况。这里所谈到的钱和报酬，实质就属于薪酬的范畴。毋庸置疑，薪酬具有激励的功能。薪酬管理通过对员工利益的调整，对正确的行为进行正强化，对发生偏差的行为进行负强化，从而发挥引导员工行为的功能。薪酬管理就像一支指挥棒，引导员工做出与公司目标一致的行为。

（3）信息传递的功能。薪酬水平的变动，可以将连锁企业的组织目标、发展战略及管理者的意图等及时有效地传递给员工。例如，工资的提升意味着公司对员工所做业绩的肯定；采用绩效工资制度，或提高绩效工资（或奖金）的比重意味着公司鼓励员工之间或部门之间的竞争；采用年功工资制度意味着公司希望员工长期在本企业效劳，希望减少员工的流动等。薪酬管理可以作为一个辅助的手段，多方位向员工传递各种信息。

7.2 连锁企业员工薪酬体系设计

7.2.1 连锁企业员工薪酬设计的原则

薪酬设计的最终目的是建立科学合理的薪酬制度，连锁企业薪酬制度的确立与实施对调动连锁企业员工的积极性、创造性有着极大的促进作用。而要做到这一点，在进行薪酬设计时，必须体现出以下原则。

1．公平原则

连锁企业员工对薪酬分配的公平感，也就是对薪酬发放是否公正的判断与认识，是连锁企业管理者在设计薪酬制度和进行薪酬管理时，需要首先考虑的因素。薪酬的公平性可以分为三个层次。

（1）外部公平性。外部公平性是指同一行业、同一地区或同等规模的不同企业中类似职务的薪酬应当基本相同，因为对他们的知识、技能与经验的要求相似，他们的各自贡献也应相似。外部公平性对吸引、保持员工是一项起码的要求。有时，连锁企业可以支付较低的工资，但通过合理设计工资制度、综合使用多种激励手段来增加对员工的吸引力。

（2）内部公平性。内部公平性是指同一连锁企业中不同职务所获薪酬应与各自的贡献成正比例。只要比值一致，便是公平的。内部公平性所关注的是一家连锁企业内部的不同岗位之间的工资对比问题。员工常常把自己的工资与比自己级别低的工作、级别相同的工作（但属于不同的技能类别或不同的部门），以及比自己级别高的工作所获得的工资进行比较。对员工而言，所谓内部公平，即同工同酬，不同工不同酬。同工的意思，不仅指一样的工作，而且指虽然表面上看起来不同，但从劳动强度、技术复杂程度和工作条件上来说都相当的工作。

（3）个人公平性。涉及同一连锁企业中占据相同岗位的人所获薪酬间的比较。如果连锁企业依据员工的业绩水平和资历等个人因素，对连锁企业中完成相同工作的员工进行薪酬支付，即达到了员工公平。

2．竞争性原则

竞争性原则是指在社会上和人才市场中，企业的薪酬标准要有吸引力，这样才能战胜其他企业，招到所需人才。究竟应将本企业摆在市场价格范围的哪一段，当然要视本企业财力、所需人才的获得性的高低等具体条件而定。要有竞争力，薪酬水平至少不应低于市场平均水准。

3．激励性原则

激励性原则是制定薪酬政策的一个重要目的，即通过公正合理的薪酬政策，在内部各类、各级职务的工资水准上，激励员工的工作行为，取得最佳的工作绩效。在按劳分配原则和公平性原则的基础上，要使薪酬分配能根据员工的工作表现和工作贡献来适当拉开差距，起到奖勤罚懒、激励士气的作用。

4．经济性原则

提高连锁企业的薪酬水准，固然可提高其竞争性与激励性，但同时不可避免地导致人力成本的上升，所以薪酬制度不能不受经济性的制约。不过，连锁企业管理者在对人力成本进行考察时，不能仅看工资水平的高低，而且要看员工绩效的质量水平。事实上，后者对连锁企业产品的竞争力的影响，远大于成本因素。

5．有效性原则

所谓有效，是指薪酬的投入可以为连锁企业带来预期的大于薪酬的收益。在大多数情况下，提供过高薪酬的连锁企业难以与付酬相对比较低但却更有效的连锁企业进行竞争。

6．战略导向原则

薪酬设计上的战略导向原则，是将连锁企业的薪酬体系构建与连锁企业发展战略有机结合起来，使连锁企业的薪酬体系成为实现连锁企业发展战略的重要杠杆之一。连锁企业发展必然经历不同的生命周期阶段，从引入期、成长期、成熟期到最终的衰退期。在不同的生命周期阶段，因为外部市场环境的变化，竞争程度的不同和连锁企业自身优劣势的转变，都会迫使连锁企业制定不同的发展战略。连锁企业战略的调整必然导致薪酬体系的重建或调整。依据战略导向原则，连锁企业应该对"核心人力资源"在政策上予以倾斜，设计相对较高的薪酬水平，如特殊津贴、长期福利等，或者为他们设计单独的薪酬序列，实行不同的薪酬政策。

7. 合法性原则

所谓合法性原则，是指连锁企业薪酬制度必须符合国家的政策与法律。

小资料 7-3　薪酬管理"格雷欣法则"

400 多年前，英国经济学家格雷欣发现了一个有趣的现象，两种实际价值不同而名义价值相同的货币同时流通时，实际价值较高的货币，即"良币"，必然退出流通。它们被收藏、熔化或被输出国外；实际价值较低的货币，即"劣币"，则充斥市场。人们称之为"格雷欣法则"或"劣币驱逐良币规律"。

所有企业在薪酬或人力资源管理方面均可能发生与格雷欣所见的类似情形，实际生活中的例子亦屡见不鲜；由于企业在薪酬管理方面没有充分体现"优质优价"原则，高素质员工的绝对量尤其是相对量下降，这一方面表现为对自己薪酬心怀不满的高素质员工另谋高就；另一方面表现为企业外高素质人力资源对企业吸纳祈求消极回应。这会导致企业低素质员工绝对量尤其是相对量上升，考虑到一定量高素质员工留下的工作岗位需有更多低素质员工填补时尤其如是。

7.2.2　连锁企业员工薪酬设计的内容

所谓薪酬设计，是指连锁企业根据员工生产的产品或提供的服务来确定他们应得的报酬总额及报酬结构和形式的一个过程。在这一过程中，连锁企业薪酬设计的内容主要包括薪酬水平设计、薪酬体系设计、薪酬结构设计和薪酬支付形式设计。

1. 薪酬水平设计

薪酬水平，是指连锁企业中各职位、各部门及整个企业的平均薪酬水平。薪酬水平决定了薪酬的外部竞争性。薪酬水平反映了企业薪酬相对于当地市场薪酬行情和竞争对手薪酬绝对值的高低。它对员工的吸引力和企业的薪酬竞争力有着直接的影响，其数学公式为薪酬水平=薪酬总额÷在业的员工人数。薪酬水平具有吸引、保留和激励员工的作用，还具有控制企业人力资源成本、塑造企业形象的作用。因此，连锁企业在考虑支付薪酬成本总额时，就需要考虑企业支付给员工的薪酬水平是否既有竞争力又能适当控制成本。当前，人们不仅关注企业的整体薪酬水平和企业平均水平的对比，还关注岗位之间或不同企业中同类工作之间的薪酬水平的对比。

一般来说，连锁企业在战略目标指引下，往往会根据企业战略和劳动力市场状况制定薪酬水平策略。薪酬水平策略的类型主要有四种，分别是领先型薪酬策略、跟随型薪酬策略、滞后型薪酬策略、混合型薪酬策略。

（1）领先型薪酬策略。领先型薪酬策略是采取本企业的薪酬水平高于竞争对手或市场的薪酬水平的策略。这种薪酬策略以高薪为代价，在吸引和留住员工方面都具有明显优势，并且将员工对薪酬的不满降到一个相当低的程度。

（2）跟随型薪酬策略。跟随型薪酬策略是力图使本企业的薪酬成本接近竞争对手的薪酬成本，使本企业吸纳员工的能力接近竞争对手吸纳员工的能力。跟随型薪酬策略是企业最常用的策略，也是目前大多数组织所采用的策略。

（3）滞后型薪酬策略。滞后型薪酬策略是采取本企业的薪酬水平低于竞争对手或市场薪酬水平的策略。采用滞后型薪酬策略的企业，大多处于竞争性的产品市场上，边际利润率比较低，成本承受能力很弱。受产品市场上较低的利润率所限制，没有能力为员工提供高水平的薪酬，是企业实施滞后型薪酬策略的一个主要原因。有些时候，滞后型薪酬策略的实施者并非真的没有支付能力，而是没有支付意愿的问题。

（4）混合型薪酬策略。所谓混合型薪酬策略，是指企业在确定薪酬水平时，是根据职位的类型或员工的类型来分别制定不同的薪酬水平决策，而不是对所有的职位和员工均采用相同的薪酬水平定位。例如，有些企业针对不同的职位族使用不同的薪酬决策，对核心职位族采取领先型的薪酬策略，而在其他职位族中实行追随型或相对滞后型的基本薪酬策略。

总而言之，对企业里的关键人员如高级管理人员、技术人员，提供高于市场水平的薪酬，对普通员工实施匹配型的薪酬政策，对那些在劳动力市场上随时可以找到替代者的员工提供低于市场价格的薪酬。此外，有些企业还在不同的薪酬构成部分之间实行不同的薪酬政策。例如，在总薪酬的市场价值方面处于高于市场的竞争性地位，在基本薪酬方面处于稍微低一点的拖后地位，同时在激励性薪酬方面则处于比平均水平高很多的领先地位。

2. 薪酬体系设计

薪酬体系设计的主要任务是，明确企业确定员工基本薪酬的基础是什么。企业的薪酬体系一般分为五大类，具体表现如下。

（1）以年资为基础的薪酬体系。这种薪酬体系偏重于生活保障，为了保持平滑的收入曲线，降低流动率，将员工的年龄及在企业服务的年限作为决定员工薪酬的重要因素。员工薪酬的增长是通过在企业服务年限的长短体现出来的。这种薪酬体系以将员工个人的发展与企业的发展结合起来，但是也存在着很多问题。例如，不能体现员工对企业的贡献，也不能很好地促进员工学习和工作的热情。这种薪酬体系在那些存在着内部劳动力市场、采取终身雇佣制或很少解雇员工的企业里经常采用。

（2）以职位为基础的薪酬体系。这种薪酬体系是建立在职位评价的基础上的，主要根据职位的不同而进行职位评估，依据职位在企业内的相对价值为员工付酬。职位的相对价值高，其工资也高。员工所担任职务的差别是决定基本工资差别的主要因素，通过对职位分析和职位评价的结果，将职位的排列与薪酬水平相结合。以职位为基础的薪酬体系只要职能或作用发生了变化，就可以改变薪酬，而不考虑员工是否很好地履行了该职能。在这种薪酬模式下，员工工资的增长主要依靠职位的晋升。它最适合传统的科层组织，职位级别比较多，企业外部环境相对稳定，市场竞争压力不是非常大。就岗位类别而言，这种模式比较适合职能管理类岗位。对

165

这些岗位上的任职者要求有效地履行其职能职责是最重要的，这样，岗位的价值才能得以真正体现。职位薪酬模式具体如表7-1所示。

表7-1　某公司薪酬构成

工资级别	岗位列举	薪酬水平（元）
28	销售公司经理	3 600
25	科研中心主任、企划部长	2 800
24	人力资源部长、财务部部长	2 600
20	销售地区经理	2 000
18	质量部主管、薪酬主管	1 800
9	会计	1 200
4	档案管理员	1 000

职位付酬模式有两个优点：一是和传统按资历和行政级别的付酬模式相比，真正实现了同岗同酬，内部公平性比较强；二是职位晋升，薪级也晋级，调动了员工努力工作以争取晋升机会的积极性。

职位薪酬模式的缺点也是显然的：一是组织结构发生变化时，组织结构往往倾向于扁平化，等级制的职责体系在学习型组织中逐步瓦解，不适应发展的需要。二是工作的灵活性增强。市场竞争要求组织更加具有创造性，程式化的工作分工已经不能适应环境变化的需要。三是组织中人才的作用增大。很可能由于企业内部薪酬体系的内向性而满足不了稀缺人才的薪酬要求，也就吸引不来急需的专业人才和管理人才。

（3）以技能为基础的薪酬体系。从表7-2可以看出，以技能为基础的薪酬体系与员工所从事的工作有很大的联系，其基本思想就是根据员工所取得的证书或培训证明的技能水平来决定薪酬，根据职位要求的不同，既可以以技术的广度也可以以技术的深度作为薪酬决定的主要因素。这种薪酬制度可以鼓励员工不断地学习，努力发展各种与提高工作绩效有关的技能，以促进企业的发展。这种薪酬结构确定方法的最大优点就是企业能够保持一支比较精干的员工队伍，最大限度地避免人浮于事，在员工调配方面有很大的灵活性。但由于员工薪酬水平是由他所掌握的技能水平决定的，所以员工势必积极要求参加技术培训，以尽快达到高级别的薪酬水平，这就容易导致员工的薪酬水平有可能都处于上限，造成企业人工成本过高，进而影响企业产品在市场上的竞争力。

表7-2　某企业技术人员工资表

员工姓名	技能等级名称	工资水平（元）
王明	技术员	1 100
李安	助理工程师	1 500
何等	工程师	2 000
王刚	高级工程师	2 800
宋智	资深工程师	3 800

续表

员工姓名	技能等级名称	工资水平（元）
秦真	副总工程师	5 000
邓丽	总工程师	7 000

这种制度适合技术类、研究类等需要连续流程性的或规模大的行业，如软件、计算机开发、化工、医院、汽车等行业或岗位。实施技能工资，首先要确定企业要完成的任务及其需要的技能。其次根据实际情况划分等级，对每个技能等级要准确、客观地进行定义。接下来确定每个等级的薪酬水平。最后，对员工进行技能评定，根据评定结果确定每个员工的技能等级。因此，实施技能工资的基础是技能体系的完善，其中，关键环节是员工技能的客观评定。

（4）以能力为基础的薪酬体系。这种薪酬体系着重于考察员工创造价值力，重视员工潜质的发掘，关注的是未来。因为员工个人所拥有的能力在很大程度上是个人和企业取得成功的关键，通过鼓励员工发展提高工作绩效所必需的某些能力，来提高公司的整体竞争力。这种薪酬体系要求对员工的某些能力进行评定，对能力强的员工支付较高的薪酬。员工具备的能力体现在知识、技能及经验的积累程度上。员工个人的能力通常并不能得到准确的定义和衡量，因此以此作为薪酬决策的标准比较困难，而且实施的过程也较为复杂。

（5）以绩效为基础的薪酬体系。在这种薪酬体系中，工资的增长是与绩效联系在一起的，根据员工的绩效表现来支付薪酬。绩效可以直接反映人的能力和行为态度，同时也能实现职位设置的真正目的，引导员工行为与企业目标相统一，具有更强的公平性、灵活性、激励性。这部分绩效收入可以是以风险奖金的形式，也可以是股权激励的形式，如分红、股票期权收入等。其依据可以是企业整体的绩效、部门的绩效，也可以是团队或个人的绩效，一般要考虑多个绩效结果。

竞争性强的企业适宜于这种薪酬模式，如消费品、家电、信息等行业。就岗位而言，高层经营管理类、市场销售类、产品开发类岗位、计件等操作类岗位比较适合这种薪酬制度。当然，这些岗位是否适合绩效付酬，还要看企业的产品性质、企业竞争策略等因素。如果岗位任职者能够通过自身的努力很大程度上影响工作产出，就可以采用以绩效为主的薪酬制度。

绩效付酬的优点比较明显。首先，员工的收入和工作目标的完成情况直接挂钩，让员工感到客观公正，激励效果明显。其次，员工的工作目标明确，通过层层目标分解，组织战略容易实现。再次，企业不用事先支付过高的人工成本，在整体绩效不好时能够节省人工成本。

绩效付酬模式也有比较明显的缺点。其一，对员工而言，以业绩为中心的薪酬存在着风险，带来收入的不稳定，员工收入在考虑个人绩效时，会造成内部成员的不良竞争，减少合作。其二，业绩与能力和态度并不完全相等，绩效评估往往很难做到客观准确。其三，导致机会主义和实用主义，不利于企业的长远发展。其四，很多常规工作、基础工作及新员工加盟无法直接与业绩相联系，因此很难用业绩来衡量。

小资料 7-4　IBM 公司的薪酬制度

"蓝色巨人"IBM 从 1910 年建立以来，虽有过波折，但至今仍是 IT 界的翘楚。多年来，它的各项管理在公司发展中不断完善，形成了许多值得其他企业借鉴的特色。该公司把职工的样式薪酬问题作为人事管理的根本工作，认为在薪酬上如有不合理的地方，会使职工对公司和上司感到失望，影响职工的干劲，因此，必须建立完整的薪酬体系。

IBM 根据各个部门的不同情况，根据工作的难度、重要性将职务价值分为五个系列，在五个系统中分别规定了薪酬最高额与最低额。假设把这五个系列叫作 A 系列、B 系列、C 系列、D 系列与 E 系列。A 系列属于最单纯部分工作，而 B 系列、C 系列、D 系列、E 系列则是困难和复杂程度依次递增的工作，其职务价值也越高。A 系列的最高额并不是 B 系列的最低额。A 系列的最高额相当于 B 系列的中间偏上，而又比 C 系列的最低额稍高。

做简单工作领取 A 系列工资的人，如果只对本职工作感兴趣，那么他可以从 A 系列最低额慢慢上升，但只限于到 A 系列的最高额。

领取 A 系列工资的许多职工，当他们的工资超过 B 系列最低额的水准时，就提出"请让我做再难一点的工作吧"，向 B 系列挑战，因为 B 系列最高额比 A 系列最高额高得多。各部门的管理人员一边对照工资限度，一边建议职工做难度稍大的工作，从而引导职工渐渐地向价值高的工作挑战。

职工个人成绩大小是由考核评价而确定的。通常由直属上级负责对职工工作情况进行评定，上一级领导进行总的调整。每个职工都有进行年度总结和与他的上级面对面讨论这个总结的权利。上级在评定时往往与做类似工作或工作内容相同的其他职工相比较，根据其成绩是否突出而定。评价大体上分 10～20 个项目进行，这些项目从客观上都是可以取得一致的。

评价工作全部结束，就在每个部门甚至全公司进行平衡，分成几个等级。例如，A 等级的职工是大幅度定期晋升者，B 等是既无功也无过者，C 等是需要努力的，D 等则是生病或因其他原因达不到标准的。

为确保比其他公司拥有更多的优秀人才，IBM 在确定工资标准时，首先就某些项目对其他企业进行调查，确切掌握同行业其他公司的标准，并注意在同行业中经常保持领先地位。

定期调查选择对象时主要考虑以下几点：工资标准、福利都优越的一流企业；工作性质和 IBM 相似，选择具有技术、制造、服务部门的企业；发展前途光明。

IBM 所说的"必须高于其他公司的工资"，归根结底是要"取得高于其他公司的工作成绩"。

3. 薪酬结构设计

薪酬结构是对同一企业内部不同的职位或技能之间的薪酬水平的比例关系的安排。一旦企业确定了工作的市场工资率和明确了薪酬政策，企业就必须为它的每项工作定价。在这一过程中，企业必须确保每项工作的定价与工作的价值相对应。只有这样，员工的内部公平性评价才会是正面的。因此，确定薪酬结构的工作首先要求完成对企业内所有工作的相对价值评价，即工作评价，它是工资结构决策中确保岗位间内部公平性的管理工具。

工作评价的目的在于判定一个工作的相对价值。它包括为确定一个工作相对于其他工作的价值所做的正式的、系统的比较，并最终确定该工作的工资等级。工作评价的基本程序是对每个工作所包含的内容（如工作所要求的努力程度、技术复杂程度和担负的责任）进行相互比较。假设企业管理者（通过薪酬调查和报酬政策）已经知道如何确定基准工作的工资水平，并能使用工作评价的技术确定本企业中与这些基准工作相关的所有其他工作的相对价值，则企业管理者就能相对公平地确定所有工作的工资水平。

一套工作评价系统包括两个内容：一是确定报酬要素；二是根据这些报酬要素对企业的不同重要程度，确定各种报酬要素的权重分配方案。报酬要素是指被企业认定为有价值的一些重要的工作特征，这些工作特征也正是企业决定针对其给予报酬的那部分因素。这些特征包括工作的复杂性、工作条件、所要求的受教育程度、所要求的工作经验、需要承担的责任大小等。绝大多数工作评价系统都采用几个报酬要素，企业注重哪些报酬要素取决于工作的特点和所使用的工作评价方法。在进行工作评价时，每个职位都要就相同的评价因素与所有可比职位相比较。从这一过程我们可以看出，工作评价过程同样需要评价者了解关于工作的大量信息，这与工作分析过程是一脉相承的，但二者的不同之处在于，工作分析提供了与工作特性有关的一些描述性信息，而工作评价过程则要为这些报酬要素确定出相应的价值。

薪酬结构设计时的主要工作评价方法有以下几种。

（1）排序法。排序法是最简单的工作评价方法，通常按"工作复杂程度"等总体指标对每个工作的相对价值进行排序。排序法的主要步骤包括以下几个方面。

1）获取工作信息。通过工作分析获取每个职位的工作描述和工作规范，是进行排序的基础。但由于工作排序法是根据"职位总体情况"排序的，职位说明书并非排序的前提。

2）选择等级参照物并对职位分等。在实际操作中，不可能对组织内的全部职位按单一标准排序。更常见的是，按部门或职族（如生产工人、行政人员）进行排序。这就避免了不同部门和工作性质岗位的直接比较。

3）选择报酬要素。排序法中常用一个因素（如工作复杂性）将工作排序。

4）对职位排序。排序可采用交替排序法，按职位的价值高低进行排序；也可以使用配对比较法实现排序。

5）综合排序结果。对职位排序时，通常遇到这样的问题，就是同一职位如经理工作的复杂程度还有不同，那就只须简单地取其平均值，最后将排序结果分为几个薪金级，排序工作完成，如表 7-3 所示。

表 7-3　某酒店职位序列

序列等级	年薪金水平（元）
总经理	60 000
副总经理	40 000
行政总厨	35 000
部门经理	25 000
部门助理	20 000
部门主管	12 000

排序法是最简单和最容易说明的工作评价方法，且操作所花费的时间也最少。排序法由于开发成本较小，适用于小型企业的工作评价。

（2）工作分类法。工作分类法是将各种工作与事先设定的一个标准进行比较，它能够克服工作排序法所无法解决的问题。这种方法很像在书架的各个格子上贴上标签的过程。实行工作分类法的步骤是：第一，工作评价者应该确定工作类别的数目，一般包括5~15种工作类别。第二，为各种工作类别中的各个级别进行定义，这些定义为薪酬体系的建立提供了依据。例如，表7-4是为办事员工作类别划分的三个等级的定义。第三，将各种工作与确定的标准进行比照，然后将它们定位在合适工作类别中的合适级别上。工作分类法的优点是简单明了，很容易被员工理解和接受。

表 7-4　办事员工作类别体系

第一级	简单工作，没有监督责任，不需要与公众交往
第二级	简单工作，没有监督责任，需要与公众交往
第三级	中度的工作复杂性，没有监督责任，需要与公众交往
第四级	中度的工作复杂性，有监督责任，需要与公众交往
第五级	复杂工作，有监督责任，需要与公众交往

（3）因素比较法。因素比较法是一种量化职位评价方法，是使用最广而且较精确和复杂的职位评价方法之一。与排序法相比，此法要选择多个报酬指标，并根据不同的指标排序。在使用此法时，人力资源部门要注意考察以下两个方面。一是值得报酬的因素，泛指一些与工作有关，并可作为工作价值比较的因素，如工作技能、责任、工作环境、智力要求、体力要求等都是常用的因素。二是在劳务市场上认可的标准职位的薪金，如饭店业的标准职位有客房清洁员、中西餐服务员、打字员、人事部主管、工程部经理等。

因素比较法运用的步骤如下。

1）选择一些值得报酬的因素作为评价标准，如智力因素、体力因素、经验、技术等。

2）选择关键职位，这些职位是所要分析的职位等级中的典型职位，如服务员系列的客房清洁员、中餐服务员，文职系列的打字员，经理等级中的人事部经理、工程部经理等。

3）在报酬因素下，以报酬因素在各职位中的重要程度，将各关键职位排序。例如，客房清洁员需要智力因素最少，所以排在最前；中餐服务员次之，排在第二；工程部经理需要智力因素最多，所以排在最后。

4）将标准职位的薪金（按市场调查和企业薪金水平）分配在各个值得报酬因素中。例如，打字员每小时的薪金为4元，那么这些薪金是如何分配在各个值得报酬的因素中的呢？经过分析，0.8元付给智力因素，0.8元付给体力因素，2元付给经验或技能因素，0.4元付给责任因素。

5）建立一个薪金结构表，按值得报酬因素和薪金资料，把标准职位填入表中。

6）最后将非标准职位逐一填入表中，如饭店应付多少薪金给客户经理，于是根据工作描述，将客户经理的工作按照每一值得报酬的因素，逐一与其他标准职位比较。例如，在客户经理的工作中，智力因素高于打字员、低于工程部经理且低于人事经理，应值2.80元。以此类推，逐一比较，可以看出客户经理的时薪金为 11.40 元，工程部经理时薪金是 13.60 元。表 7-5 给出了一个因素比较法的范例。

表 7-5　因素比较法的范例

工资水平 （元/小时）	智力因素	体力因素	经验/技能	监督责任
0.4				打字员、客房清洁员、中餐服务员
0.8	客房清洁员 打字员	打字员		
1.0	中餐服务员	人力资源部经理	客房清洁员	
1.2		工程部经理 客户经理		
1.5		客房清洁员 中餐服务员		
2.0			打字员、中餐服务员	人力资源部经理
2.8	客户经理			客户经理、工程部经理
3.2	人力资源部经理			
4.0			人力资源部经理	
4.6	工程部经理		客户经理	
5.0			工程部经理	

运用因素比较法时要注意以下两点：为了使评价结果更精确，时薪值间距可以适当减小；通常挑选出 10 个以上、25 个以下关键职位进行比较。

因素法是一种使用广泛的职位评价法，通过对职位相互比较以确定其相对价值。这种职位评价方法容易向员工解释，可使员工感到公平。

（4）点数法。与因素比较法一样，点数法是按照一些客观标准评价企业的工作。不同的是，点数法不是将企业的工作互相比较（如前面客户经理与工程经理比较），而是独立计算每个工作（或称职族，如行政工作、销售工作等）。点数法应用步骤如下所示。

1）确定要评价的职族。例如，作业职族（一般基层员工等）、事务职族（文员、秘书等）、行政职族（主管、经理等）、技术职族（工程部技师、厨师、司机等）、特殊职族（企业中的特殊岗位）。

2）列举值得报酬的因素。例如，教育、经验、工作知识、精力、体力、责任、技术等（通常不同的职族有不同的报酬要素）。

3）确定要素比重。按照各因素对所评价的工作的重要性来确定各因素的权重（如人力资源部主管的智力因素可定为占 35%的权重，体力因素可定为占 10%的权重等）。

4）确定每一报酬因素等级的数量。等级数量取决于工作要求。如果一特定工作群（如服务员）需要高中毕业文凭，那么它比起人事经理（需大学文凭），则需要较少的等级数量。

5）为工作因素的等级评分，如表7-6所示。

表7-6　工作因素等级评分

工作因素	权重	因素的等级				
		1	2	3	4	5
1. 所受的教育（学历）	50%	50	100	150	200	250
2. 责任	30%	30	70	110	150	
3. 体能	12%	12	24	36	48	60
4. 工作条件	8%	8	24	40		

如表7-6所示，因素1（学历）有5个等级，因素2（责任）有4个等级，因素3（体能）有5个等级，因素4（工作条件）有3个等级。每个因素的最高分可以很容易地通过系统中的总分（由人力资源部规定总分）乘以相应的权重计算出来。例如，工作所能接受的学历最高分是250分（500分乘以50%的权重）。如果各因素间的间隔是一个固定的数值，最低等级的分值可能是分配给该因素的权重值。例如，教育的百分比权重是50%，因此最小的分值也为50。等级间的间隔可以用最高分减去最低分，然后除以所采用的等级数量减一来计算。

工作评价使企业内部的工资结构能保证内部公平性的要求，但工作评价只能决定工作间的价值关系。由工作评价得到的点值、排序等价值评价信息必须换成小时、周、月、年薪。企业每一工作岗位的工资率的确定，可以使用薪酬调查、工资曲线、划分工资等级和设计工资率系列四个步骤来进行，即进行工资结构的确定。

完成以上步骤后，企业就可以按各项工作的价值将其放入各个工资等级中去。通常的做法是，工作的价值由工作评价来决定，而不考虑在该岗位上工作的职工的业绩表现。职工在该岗位上的出色业绩表现，可以通过在同一工资率系列内提升工资级，或将其提升到对应于更高的工资等级的工资率系列中来给予鼓励。

4. 薪酬支付形式设计

薪酬支付形式设计主要是指明确薪酬是以工作时间、产量或销售量，还是以组织业绩为单位来计算的，这是薪酬支付的基础。

以工作时间为单位计算的薪酬支付形式一般称为计时薪酬，可分为小时薪酬、周薪酬、月薪酬和年薪酬。在我国企业管理中，一般人员采取月薪酬，兼职人员则多为小时薪酬，而高层管理者则越来越倾向于年薪酬。在组织中，任何工作都有相应的薪酬等级，员工从某一薪酬等级开始，逐级上升。这种支付形式对经历的关注大于对业绩的关注。但是，计时薪酬受到工作评价的影响，注重的是工作本身的价值，而不是员工在岗位上所表现出来的技能或能力的价值，或者业绩的数量和质量。

计件薪酬是按照员工生产的合格产品的数量或完成的作业量，根据预先规定的计件单价计

算薪酬的一种薪酬支付形式。其计算公式为

$$薪酬数量=合格产品数量×计件单价$$

与计时薪酬相比较，计件薪酬的特点在于其计算劳动的方式不同。在实行计时薪酬的情况下，劳动是按工作时间来计算的；实行计件薪酬的情况下，则根据一定时间内工作所生产的产品数量来计算。

以业绩为单位计算的薪酬，是指员工的薪酬支付不只是考虑员工的工作付出，更关注工作产出和实际工作效果。员工个人的业绩是按照预先设定的目标，或者对应岗位描述中所列的各项任务，利用绩效评估手段进行测量，然后根据评估结果支付薪酬。

7.2.3　连锁企业员工薪酬设计的程序

企业薪酬设计，就是企业所有者和经营者对薪酬制度的决策，是根据企业发展的既定目标和实际需要，为企业赢得竞争优势、解决薪酬问题的过程，是对一个复杂的多因素的薪酬管理体系进行逻辑分析和综合判断的过程。为了保证薪酬制度的合理性和科学性，应该遵循一套完整而正规的设计程序。

1．战略研究

企业战略决定和揭示企业的目的和目标，是指导企业组织行为的决策准则。企业的薪酬原则和策略要在企业的各项战略的指导下进行，集中反映各项战略的需求。

2．职位分析

职位分析是确定薪酬的基础。结合企业经营目标，管理层要在业务分析和人员分析的基础上，明确部门职能和职位关系，人力资源部和各部门主管合作编写职位说明书。

3．职位评价

职位评价又称职位评估，重在解决薪酬的对内公平性问题。它有两个目的：一是比较企业内部各个职位的相对重要性，得出职位等级序列；二是为进行薪酬调查建立统一的职位评估标准，消除不同企业间由于职位名称不同或即使职位名称相同但实际工作要求和工作内容不同所导致的职位难度差异，使不同职位之间具有可比性，为确保工资的公平性奠定基础。它是职位分析的自然结果，同时又以职位说明书为依据。

职位评价的方法有许多种。比较复杂和科学的，是计分比较法。它首先要确定与薪酬分配有关的评价要素，并给这些要素定义不同的权重和分数，从三大要素、若干个子因素方面对职位进行全面评估。科学的职位评价体系是通过综合评价各方面因素得出工资级别，而不是简单地与职务挂钩，这有助于解决等级差异问题。例如，高级研发工程师并不一定比技术研发部经理的等级低，前者注重技术难度与创新能力，后者注重管理难度与综合能力。

4．薪酬调查

薪酬调查是对连锁企业所支付的薪酬情况做系统的收集和分析判断的过程，重在解决薪酬的外部竞争力问题。一个好的薪酬市场调查，可以帮助企业了解薪酬水平在产品市场和劳动力市场上的位置，将有利于控制劳动力成本，又能保持对关键人才的吸引、留住和激励，赢得人才竞争优势，同时还可以预测企业薪酬政策在将来的变化和发展，为企业制定薪酬制度控制薪酬总水平、各类人员薪酬相对水平、各类人员的薪酬等级划分提供基本数据。它包括产品市场竞争数据、劳动力市场竞争数据、法律环境调查、市场调查。

（1）产品市场竞争数据。产品市场竞争数据包括产品市场潜力、价格发展趋势、生产成本对产品价格的影响程度，以及为保持具有价格竞争优势，劳动力成本及薪酬的最高上限应控制在什么水平上。构成企业劳动力成本的因素，不仅包括每位员工的平均人工成本，还包括人员的使用水平即员工人数。

（2）劳动力市场竞争数据。劳动力市场竞争是指一家企业为了聘用类似员工与其他企业进行竞争而必须付出的代价。这些劳动力市场的竞争者不仅包括生产类似产品的企业，而且包括那些虽然处在不同的产品市场上但是使用种类相似员工的那些企业。数据包括劳动力市场的平均价格、企业中不同的工作职位（岗位）市场上的薪酬水平（最高、最低和平均水平）及其发展趋势，明确劳动力市场上对不同劳动力的供需情况与发展趋势，为企业进行薪酬设计提出各工作职位的下限及相对工资水平等，提出明确的目标。

（3）法律环境调查。法律环境调查主要包括对国家和当地政府关于劳动、劳动力等方面的法律、法规的规定的调查，因为任何一个企业的劳动政策、薪酬制度必须符合国家和地方政策的规定，为薪酬设计提供法律依据。

（4）市场调查。首先，要充分利用社会上的信息资源，广泛收集各种相关的技术、经济数据，如劳动力市场上的各类人员的指导价；统计部门公布的各行业各类人员的薪酬水平；产品市场上的产品价格和各企业产品在市场上的占有率等。其次，由企业自己或请社会上专业中介机构进行产品和劳动力市场调查。应做好市场调查准备，编制市场调查提纲，包括：选择调查对象、调查的重点内容，需要比较的工作职位、人员，解决职位匹配问题等。把调查数据，用数理统计方法进行整理，做出可以进行各种比较的图表，为劳动力成本、企业平均工资水平、各类人员相对工资水平等的决策提供竞争环境有关数据。

小实务 7-1　某企业薪酬调查计划格式

一、调查目的

为制定符合公司发展目标，对员工富有激励性，对内具有公平性，对外具有竞争性的薪酬体系做调查准备。

二、调查计划实施时间和进度安排。（略）

三、调查计划实施人

人力资源部、相关咨询公司。

四、调查对象。（略）

五、调查步骤

确定目标—确定范围—调查方式—调查实施—数据分析—评估反馈。

六、项目细分

1. 确定目标：分析公司内、外环境；发展规划与趋势预测；企业经营阶段与策略分析。
2. 确定范围：基准职位（基准职位描述）。
3. 调查方式：咨询公司收集信息；联系沟通；选择；确定。
4. 调查实施：问卷调查，访谈，电话。
5. 数据分析：数据汇总核查；薪酬定位（设计薪酬结构、薪资等级以及定薪）。
6. 评估与反馈：调查总结；薪酬制度完善；薪酬体系改进。

七、分工与时间。（略）

八、费用预算

薪酬调查费用=地区数×职位数×行业数×每个职位调查基本费用

九、其他

5. 薪酬定位

在分析同行业的薪酬数据后，根据企业自身状况选用不同的薪酬水平。

6. 拟订薪酬设计方案

它包括企业薪酬结构设计、确定个人工资水平、业绩评价与奖金计算。

（1）薪酬结构设计。薪酬结构是指企业的组织结构中各项职位的相对价值与其对应的薪酬之间保持着什么样的关系。不同的企业可根据自己的实际情况，设计出适合自己的薪酬结构线，以形成职位的实际薪酬标准。

（2）确定个人工资水平。确定个人工资水平应根据企业薪酬支付方式，分别计算个人各部分工资，然后相加就是本人工资水平。根据员工个人所从事的工作职位（岗位），结合本人素质等级做出的工作评价结果（点数），在工资等级表中查找相应位置来决定基本工资水平。

（3）业绩评价与奖金计算。奖励工资是员工的弹性工资，它的浮动依据企业绩效水平、员工所在单位绩效水平和员工个人绩效水平。奖金计算程序和方法是：首先依据企业绩效水平和支付能力决定当期奖励工资总额；再依据员工所在单位绩效水平，按照事先确定的计算公式计算该单位奖励工资总额；最后依据员工所在单位所有员工的工作评价结果和所有员工的绩效评价总分，计算出每个绩效分的价值平均值，再用这个平均值乘以某个员工的工作评价结果点数和绩效分就是本人的奖金额。员工奖金每个月都是变动的。

7. 薪酬体系的实施和修正

薪酬制度一旦建立，就应该严格执行。在制定和实施过程中，及时沟通或培训是必要的。从本质意义上讲，劳动报酬是对人工成本与员工需求之间进行权衡的结果。薪酬体系是否有效要看它能否让员工满意，发挥其保障、激励功能。企业的内、外部环境是不断变化的，员工的需求也不是一成不变的。在保持相对稳定的前提下，随着企业经营状况和市场薪酬水平的变化也应做相应的调整。

7.3 连锁企业员工福利管理

7.3.1 连锁企业员工福利的含义及功能

所谓福利，是指连锁企业向员工提供的除工资、奖金之外的各种保障计划、补贴、服务及实物报酬。在现代企业中，福利在整个薪酬包中的比重已经越来越大，对企业的人工成本产生了十分重要的影响。相对于连锁企业提供给员工的工资、奖金等直接报酬而言，福利属于间接报酬，它在整个薪酬体系中发挥着与直接报酬不同的功能。具体而言，福利的功能表现在如下几个方面。

1．传递企业的文化和价值观

现代企业越来越重视员工对企业的文化和价值观的认同，因为企业是否有一个积极的、得到员工普遍认同的文化氛围，将对企业的运营效率产生十分重要的影响。而福利恰是体现企业的管理特色，传递企业对员工的关怀，创造一个大家庭式的工作氛围和组织环境的重要手段。连锁企业成功的经验也一再证明，那些能够在市场上获得成功的连锁企业，无一不重视连锁企业文化的塑造，无一不强调以员工为中心来展开企业的管理，也无一不向员工提供形式多样、富有吸引力的福利计划。

2．吸引和保留人才

一方面，福利是连锁企业体现其管理特色的一种工具；另一方面，员工本身也存在着对福利的内在需求，因此，越来越多的求职者在进行工作选择时，将福利也作为十分重要的因素来进行考虑。对于连锁企业来说，是否能够向员工提供有吸引力的、能够切实给员工带来效用的福利计划，就成为连锁企业能否吸引人才和保留人才的十分重要的因素。

3．税收减免

福利相对于工资和奖金，还有一个十分重要的功能就是税收减免。因为福利作为连锁企业提供给员工的各种保障计划、服务和实物等，它完全可以用现金来进行替代，那么把这些福利完全折算成现金计入员工工资中，将会使员工为这些福利支付一笔高额的所得税。但如果采用福利形式，员工在得到这些报酬的同时可以获得所得税的减免，这也是福利越来越受到欢迎的重要原因。

虽然基于上述几个方面的考虑，福利越来越受到企业的重视，但另外，福利也存在着许多消极影响，从而对连锁企业产生多种不利的影响。例如，福利常常是面向连锁企业大多数员工，与员工对企业的贡献和工作业绩并不挂钩，从而具有普惠性质，往往成为薪酬中的关键因素，有它不多，无它则不行，久而久之，员工渐渐将福利视为薪酬必备和常规的部分，不再因为福利而感受到企业对员工的关怀，福利设立的最初目的也就难以实现，并造成连锁企业成本的攀升。因此，现代连锁企业在设计其福利计划时，越来越倾向于将福利也作为对核心人才和优秀员工的一种奖励来进行发放，要求员工以工作来挣得福利报酬，这常常被称为"基于业绩和能力的动态福利计划"。

7.3.2　连锁企业员工福利的特征及内容

1．福利的特征

福利在其实施的过程中一般表现出两个方面的重要特征：一是基本薪酬往往采取的是货币支付和现期支付的方式，而福利则通常采取实物支付或延期支付的方式；二是基本薪酬在企业的成本项目中属于可变成本，而福利，无论是实物支付还是延期支付，通常都有类似固定成本的特点。因为福利与员工的工作时间之间并没有直接的关系，所以，福利作为企业全面薪酬的一个重要补充部分，在企业的薪酬系统中发挥着自己独特的作用。

2．福利的内容和主要项目

我国的福利包括社会福利和员工福利两个部分。社会福利是指国家为所有社会成员提高物质、文化生活而采取的一系列必要措施。员工福利是指企业为本单位的员工解决共同的消费需要而采取的必要保障。这里讲的主要是员工福利的内容。企业通常为员工提供的福利项目有：为员工交纳的各种社会保险（如社会养老保险、社会医疗保险、社会失业保险、工伤保险、计划生育保险）；为员工提供的公共福利（如企业兴建的食堂、学校、幼儿园、浴室、俱乐部、电影院、图书馆等）；为员工提供的个人福利（如带薪休假、带薪培训、工作餐、工作服、医疗费、住房公积金补贴、交通补贴、特困补贴、水电费补贴、取暖补贴、降温补贴等）。

企业完善福利设施，有助于企业挽留人才，吸引人才，是对员工工作的一种总体报偿的一部分。

前沿话题 7-1　落实带薪休假制度

2016 年 3 月 5 日两会期间，国务院总理李克强明确表示，将"落实带薪休假制度，加强旅游交通、景区景点、自驾车营地等设施建设，规范旅游市场秩序，迎接正在兴起的大众旅游时代"。对于这件关乎民生的大提案，一些专家是如何解读的呢？

天津财经大学教授梁强认为，大型企业规范性强，而且有足够的人力资源储备来保障带薪休假，小企业的保障体制就不那么健全，人员休假有一定的难度。国企和事业单位稍好一些，基本可以保证。因此，从目前带薪休假落实的现状来看，公务员、事业单位、大型国企、外企、股份制公司以及一些比较规范的私企，带薪休假贯彻得比较好，而不能享受带薪休假的群体则主要集中在一些中小企业、民企、私企员工以及数量和规模更为庞大的农民工、临时工群体等。梁强认为，带薪休假肯定是个趋势，但政府工作报告从提出到落地还有很长的路要走，涉及不同的利益相关者，如政策制定方、国民本身、企业等方面，都得协调，有个逐渐博弈和逐渐成熟的过程。

携程联合创始人、董事局主席兼 CEO 梁建章说，提出落实带薪假期制度是促进投资、就业和优化收入分配的良方，且是中国经济未来的重大利好。目前中国经济面临严重过剩、增长放缓等问题。一方面，制造业和一线城市以外的房地产业面临过剩。另一方面，医疗、金融、教育等服务性行业虽然短缺，但由于行业管制繁多，改革速度相对较慢。旅游业是个特例，旅游业是个长期短缺的行业，又是一个市场化程度很高的行业，瓶颈却是人们的时间。在梁建章看来，推动带薪假期，会引发新一轮旅游消费和投资的热潮，推动带薪假期还可以促进大量的旅游就业。

中国社科院财经张略研究院副教授魏翔说，百度其实一直都在推带薪休假和弹性工作制，携程也在推弹性工作制。在落实带薪休假上存在的问题主要有三个，第一，是相关的配套设施没有，企业成本非常大；第二，可依照的法律保障还不够；第三，带薪休假在各分地区、层次上、试点不够，应该先在一些发达地区和高新技术产业区先试点。带薪休假不会一蹴而就。先把弹性工作制这些配套设施做好，弹性工作制是带薪休假的一个过渡。

7.3.3 连锁企业员工福利管理

1. 福利总额预算与控制

员工福利管理最重要的一个内容就是要把握好福利总额预算与控制。在制定总额预算时要充分考虑企业的支付能力和企业的发展战略，以及薪酬政策等。

2. 明确实施福利的目标、确定福利的支付形式和对象

实施福利的目标是全体员工还是中高层人员，是专业技术人员还是女性员工。例如，对中高层管理人员报销不同定额的手机费；对特困职工发放生活补助或粮、油、肉；在"三八妇女节"组织女性员工免费旅游等。

3. 评价福利措施实施效果

福利不在多而在精，福利要"雪中送炭"，无须"锦上添花"。因此，企业福利实施效果是衡量福利计划管理成败的结果。一是看福利实施对象是否满意；二是看实施后员工工作的积极性、主动性是否调动起来；三是看企业的工作效率和效益是否得到提高。

4. 福利管理中应注意的问题

（1）福利政策的制定应与连锁企业整体战略一致。在制定企业福利政策时，十分有必要从战略层面进行分析和思考，使设计出的福利政策适应企业的发展，既要考虑企业的长期和短期发展目标，又要考虑企业不同的发展阶段。当企业处于创建成长时应采取高绩效、低福利政策，以便使企业成长与员工收益相结合，降低企业风险。对于成长稳健型的企业，则应加大福利的比例，提高管理效率。

（2）福利政策的制定一定要注意到员工的偏好和需求。员工的性别、职业、年龄、婚姻状况等差异对福利的类型有非常重要的影响。年龄偏大的员工可能对养老金、医疗保险等福利更感兴趣，已婚员工对家庭福利和休假更感兴趣，而年轻人可能希望有更多的培训机会。所以要对员工进行福利需求调查，对不同人员采用不同的福利类型。另外，福利组合对员工队伍的构成也会产生重要影响，如一种富有吸引力的养老金计划可能是吸引愿意在企业长期工作的员工的重要方式。

（3）福利成本的控制。在制定福利时，应充分考虑将其成本控制在一个合理的范围之内。比如医疗保险，由于医药费用的提高，所以员工普遍关注企业的医疗保险福利，推行有吸引力的医疗保险计划，将有助于吸引和留住人才。为了控制其成本，企业可以采取一系列措施。如对员工进行健康教育，降低疾病的发生；有些规模大的公司开始实行以低费率购买医疗保险（企业补充保险），因为这可以将固定成本分散到较多员工身上，从而降低每个人所承担的成本，同时，员工必须根据不同的健康状况和风险因素来交纳不同的费率，而不再是所有员工按同一标准交费。

（4）与员工有效沟通是福利管理不可缺少的环节。要真正赢得员工的心，企业首先要了解员工的所思所想，了解他们的内心需要。如果福利方面缺乏沟通，员工对企业福利政策含混不清，也就不会有体贴入微的政策到位。一般而言，员工对企业提供的福利所具有的价值往往有低估的倾向，所以要与员工进行有效沟通，如发放福利手册，让员工认识到企业为其提供的福利的价值，增强对企业的忠诚度。通过沟通，收集员工的各种反馈意见，也可以促使企业对福利管理进行有效的改进。

（5）使福利与工作绩效相连。传统观念认为，福利支付以劳动量为基础但并不与个人劳动量直接相关，基本工资与个人劳动量息息相关，但多数福利形式只与工作人数有关，而与劳动时间无关。例如，带薪休假、工作餐等，只与资历有关，和加班无关。正因为如此，福利缺乏激励性。其实，科学合理的福利政策与员工绩效是紧密相连的。除法定福利外，企业自行制定的各种福利都可与绩效相连，起到激励的功效。例如，上海贝尔公司在兼顾公平的前提下，福利待遇以员工所做贡献为主要依据，尽量拉开档次："我们的福利政策是，你会得到你应有的部分。但一切需要你去争取，一切取决于你对公司的贡献。竞争是个绝妙的东西，它使所有人受益，自然我们的福利政策也要遵循这一规律。"

（6）经营者的偏好。在制定和管理福利时，经营者偏好这一因素往往被许多人所忽略，而经营者偏好又对其福利政策有重要影响。因为在进行福利方案决策时，经营者的决策很重要。由于现代企业中所有者与经营者的分离，便出现了代理成本问题。委托人（所有者）和代理人（经营者）利益并不总是一致的。若经营者只注重自己经营期间企业的短期利益，并且倾向于风险规避，则很可能更偏好基本工资和福利，而非高风险的奖金；而对于福利偏好不明显的经营者，可能更倾向于现金的支付，认为这样更直接有效，而且管理方便；即使福利偏好强的经营者，对福利类型和支付方式也不同，有人喜欢延期支付，有人偏好实物支付。在福利决策时，经营者的偏好具有重要影响，所以应努力处理好代理人的利益差距，从而使决策更加客观科学。

 知识测试题

一、单项选择题

1．市场销售人员适合采用以（　　）为基础的薪酬体系。

A．职位　　　　B．技能　　　　C．绩效　　　　D．能力

2．最适合小型企业薪酬结构设计的工作评价方法是（　　）。

A．排序法　　　　　　　　　　　B．工作分类法

C．因素比较法　　　　　　　　　D．点数法

3．福利中常说的"五险一金"中的"金"指的是（　　）。

A．养老金　　　　　　　　　　　B．失业救济金

C．公积金　　　　　　　　　　　D．工伤补助金

二、多项选择题

1．薪酬设计遵循的原则有（　　）。

A．公平性原则　　　　　　　　　B．竞争性原则

C．激励性原则　　　　　　　　　D．经济性原则

2．连锁企业在战略目标指引下，根据企业战略和劳动力市场状况制定的薪酬水平策略有（　　）。

A．领先型薪酬策略　　　　　　　B．跟随型薪酬策略

C．滞后型薪酬策略　　　　　　　D．混合型薪酬策略

3．企业福利具有（　　）功能。

A．传递企业文化　　　　　　　　B．吸引人才

C．保留人才　　　　　　　　　　D．税收减免

三、简答题

1．简述薪酬的含义及其构成。

2．连锁企业员工薪酬管理的功能有哪些？

3．简述薪酬结构设计中点数法的操作步骤。

4．简述连锁企业员工薪酬设计的程序。

5．简述连锁企业员工福利的含义和内容。

 案例分析

朗讯的薪酬管理

朗讯的薪酬结构由两大部分构成，一是保障性薪酬，跟员工的业绩关系不大，只跟其岗位有关。二是薪酬跟业绩紧密挂钩。朗讯的销售人员的待遇中有一部分专门属于销售业绩的奖金，业务部门根据个人的销售业绩，每一季度发放一次。在同行业中，朗讯薪酬中浮动部分比较大，朗讯这样做是为了将公司每个员工的薪酬与公司的业绩挂钩。

1．业绩比学历更重要

朗讯在招聘人才时比较重视学历。贝尔实验室1999年招了200人，大部分是研究生以上学历，"对于从大学刚刚毕业的学生，学历是我们的基本要求"。对其他的市场销售工作，基本的学历是要的，但是经验就更重要了。员工到了公司之后学位在比较短的时间就淡化了，无论做

市场还是做研发，待遇、晋升和学历的关系慢慢消失。在薪酬方面，朗讯是根据工作表现决定薪酬。进了朗讯以后薪酬和职业发展跟学历工龄的关系越来越淡化，基本上跟员工的职位和业绩挂钩。

2. 薪酬政策的考虑因素

朗讯公司在执行薪酬制度时，不仅看公司内部的情况，而是将薪酬放到一个系统中考虑。朗讯的薪酬政策有两个考虑，一方面是保持自己的薪酬在市场上有很大的竞争力。为此，朗讯每年委托一个专业的薪酬调查公司进行市场调查，以此来了解人才市场的宏观情形。这是大公司在制定薪酬标准时的通常做法。另一方面考虑人力成本因素。综合这些考虑之后，人力资源部会根据市场情况给公司提出一个薪酬的原则性建议，指导所有的劳资工作。人力资源部将各种调查汇总后会告诉业务部门总体的市场情况，在这个情况下每个部门有一个预算，主管在预算允许的情况下对员工的待遇做出调整决定。

3. 加薪策略

朗讯在加薪时做到对员工尽可能的透明，让每个人知道他加薪的原因。加薪时员工的主管会找员工谈，根据当年的业绩，可以加多少薪酬。每年的 12 月 1 日是加薪日，公司加薪的总体方案出台后，人力总监会和各地做薪酬管理的经理进行交流，告诉员工当年薪酬的总体情况，市场调查的结果，今年的变化，加薪的时间进度等。公司每年加薪的最主要目的是保证朗讯在人才市场增加一些竞争力。

一方面，他们都知道高薪酬能够留住人才，所以每年的加薪必然也能够留住人才；另一方面，薪酬不能任意上涨，必须和人才市场的情况挂钩，如果有人因为薪酬问题提出辞职，很多情况下是让他走或用别的办法留人。

4. 薪酬与发展空间

薪酬在任何公司都是一个非常基础的东西。一个企业需要一定竞争能力的薪酬吸引人才来，还需要有一定保证力的薪酬来留住人才。如果和外界的差异过大，员工肯定会到其他地方找机会。薪酬会在中短期时间内调动员工的注意力，但薪酬不是万能的，工作环境、管理风格、经理和下属的关系都对员工的去留有影响。员工一般会注重长期的打算，公司会以不同的方式告诉员工发展方向，让员工看到自己的发展前景。朗讯公司的员工平均年龄 29 岁，更多是看到自己的发展。

问题：朗讯的薪酬管理给了你哪些启示？

 ## 实训项目

实地调查一些连锁企业薪酬管理情况，通过连锁企业薪酬结构调查，了解连锁企业薪酬结构设计程序，然后，选择一家连锁企业，制定和完善该企业薪酬方案。

步骤及要求：

（1）学生进行分组。

（2）分组进行前期调研，收集和整理相关资料。

（3）调查、收集和整理一些连锁企业薪酬管理情况资料。

（4）了解一些连锁企业在薪酬管理中的薪酬结构设计情况。

（5）选择一家连锁企业，制定和完善该企业薪酬管理方案。

（6）分组进行总结并汇报。

第 8 章

连锁企业员工劳动关系管理

引导案例

超市 "隐蔽雇用" 大量女工

在超市推销商品的销售女工，大多数竟是被超市 "隐蔽雇用" 的，超市不与她们直接签订合同、不给上保险，导致其处境艰辛。北京致诚农民工法律援助与研究中心向社会呼吁，作为女性农民工权益受到侵害的重灾区，超市销售女工需要更多法律保护，需要全社会的理解和关注。

1. 新闻事件：推销女工因怀孕被辞退

北京致诚农民工法律援助与研究中心主任佟丽华介绍，近年，该中心接到越来越多的商场、超市、电器专营店的销售女工来申请法律援助，其中尤以超市的销售女工居多。

今年 34 岁的盛某，2008 年 3 月 1 日被某日化公司招聘为销售人员，在一家大超市专柜销售威露士产品。2008 年 12 月 23 日，公司突然要求盛某与一个远在广州的从未听说过的人才资源租赁公司签订劳动合同，合同中明确盛某为其公司员工，被该公司劳务派遣至日化公司工作。2009 年 4 月 21 日盛某因怀孕被辞退。

2. 对簿公堂：劳动仲裁驳回女工申请

2009 年 6 月，盛某以那家超市及广州人才公司为被申请人申诉至北京市劳动争议仲裁委员会，要求继续履行合同并支付 2008 年 4 月至 2008 年 12 月 31 日期间未签订合同的双倍工资及未缴纳社会保险的补偿金和加班费等。2009 年 12 月 18 日，北京市劳动争议仲裁委员会对此案做出裁决：驳回盛某的请求，认为盛某与超市之间不存在劳动关系，一切责任不应由超市承担。

3. 律师调查：超市女工劳动权益无保障

根据致诚中心工作人员 2009 年对北京各大超市、商场、电器专营店的调查，上述地点的销售人员中 95% 以上为女性，其中在超市工作的销售人员几乎全为女性；她们一般年龄为 28~40 岁，且农村户口占大多数。劳动权益被侵害的问题在超市更为严重，很多在超市工作的销售女工没有签订书面劳动合同，更没有上社会保险，被安排经常加班并未支付或未足额支付加班费的几乎占 100%。

4. 关键词："隐蔽雇用"

据介绍，隐蔽雇佣关系的概念最早是由国际劳工组织在其相关文件中提出和界定的，指假造某种与事实不同的表面现象，从而达到限制或削弱法律所提供保护目的的一种旨在隐藏或扭曲雇佣关系的行为，其手段包括以另一种法律外壳加以掩盖，或者赋予其另一种使工人获得更少保护的工作形式。国际劳工组织在其文件中指出，隐蔽雇用的目的主要是逃避劳动法的管辖，逃避提供社会保障及逃税。

5. 律师分析：合法外衣作遮掩，隐蔽雇用无人管

据援助中心律师介绍，从表面上看，与盛某签订劳动合同的是广州人才公司，该公司为劳务派遣单位，日化公司是用工单位，而超市只是提供了工作场所。但从案件反映出来的权利义务关系分析，销售女工虽然名义上是供应商（甚至是劳务派遣单位）的员工，实际上与超市形成了"隐蔽雇佣关系"，超市与销售女工存在劳动关系，超市才是她们的雇主。

虽然一些大超市声称，促销员是由供应商招聘并派驻在超市推销其自家产品的，是供应商的员工，与超市无关。但是根据致诚中心律师调查，供应商已经把产品卖给了超市，促销员推销的就是超市的商品。而且销售女工实际上接受的是超市的管理，其工作时间均由超市统一安排、管理；如果被发现有违反工作规定的行为，超市还可以对她进行处罚。销售女工在顾客面前代表超市的形象，其行为后果也是由超市承担。以上特征表明超市是这些销售女工的实际使用者、是工作指令的实际下达者，并且这种工作有一定的期限和连续性。

问题：上述案例给予连锁企业从业人员的启示有哪些？上述案例给予连锁企业在进行员工劳动关系管理方面的启示有哪些？

 本章学习目标

通过本章的学习，学生应该掌握以下内容：

1. 了解连锁企业劳动关系和连锁企业劳动关系管理的含义；
2. 熟悉连锁企业劳动合同的含义、特征和内容；
3. 掌握连锁企业劳动合同的订立、履行、变更、解除与终止；
4. 掌握连锁企业劳动争议处理的原则与程序；
5. 了解连锁企业职工民主管理的主要形式；
6. 理解连锁企业劳动保护的任务和内容。

学习导航

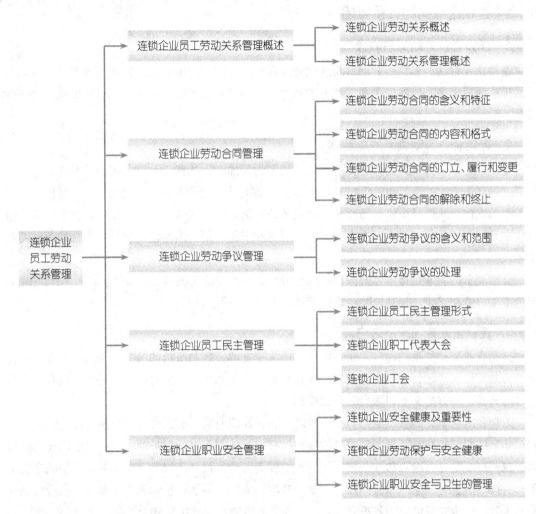

职业指导

　　劳动关系管理的本质是人与人关系的处理。在国家倡导构建和谐社会的大背景下，劳动关系的和谐至关重要。当前，企事业单位对具备劳动关系管理实操能力的专职或兼职人才的需求持续增加，学习协调劳动关系的能力，对于处理人与人之间的关系很有帮助，具有很大的扩展空间。

8.1 连锁企业员工劳动关系管理概述

8.1.1 连锁企业劳动关系概述

1．连锁企业劳动关系的含义

连锁企业劳动关系是指劳动者与连锁企业在实现劳动过程中建立的社会经济关系。劳动关系又被称为劳资关系、雇佣关系、产业关系等。劳动关系经劳动法规和调整后便形成劳动法律关系。

2．连锁企业劳动关系的主客体

连锁企业劳动关系的主体是指劳动法律关系的参加者。从狭义上讲，劳动关系的主体包括两方，一方是劳动者及劳动者组织（工会）；另一方是连锁企业及雇主协会组织。二者构成了劳动关系的主体。从广义上讲，劳动关系的主体还包括政府。在劳动关系的发展过程中，政府通过立法介入和影响劳动关系，发挥其调整、监督和干预作用，因而政府也是广义上的劳动关系主体。

劳动关系的客体是指主体的劳动权利和劳动义务共同指向的事物，如劳动时间、劳动报酬、安全卫生、劳动纪律、福利保险、教育培训、劳动环境等。

3．连锁企业劳动关系的内容

连锁企业劳动关系的内容是指主体双方依法享有的权利和承担的义务。劳动关系主体的任何一方既是权利主体，又是义务主体，而且双方的权利和义务是相对应的，一方的权利即为另一方的义务，一方的义务即为另一方的权利。

劳动者依法享有的权利主要有：平等就业和选择职业的权利；劳动的权利；民主管理的权利；休息休假的权利；获得劳动报酬的权利；获得劳动安全卫生保护的权利；接受职业技能培训的权利；享受社会保险和社会福利的权利；提请劳动争议处理权等。劳动者应承担的主要义务有：按质按量完成生产和工作任务；学习政治、文化、科学、技术和业务知识；执行劳动安全卫生规程；遵守劳动纪律和规章制度；遵守职业道德；保守国家和企业的机密等。

连锁企业的权利主要有：依法录用、调动、辞退员工；决定企业的机构设置；任免企业的干部；制定工资、报酬和福利方案；依法奖惩员工等。连锁企业承担的主要义务有：依法录用、分配、安排员工的工作；保障工会和职代会行使其职权；按员工的劳动数量和质量支付劳动报酬；加强对员工的思想、文化和业务的教育和培训；改善劳动条件；搞好劳动保护和环境保护等。

4．连锁企业劳动关系的性质

劳动关系作为一种社会关系，它既是经济关系、契约关系，也是一种文化关系。建立协调稳定的劳动关系，不仅要完善经济手段、法律手段，更要达到文化上的认同。劳动关系的运行是一种市场行为，也是一种企业行为。

8.1.2　连锁企业劳动关系管理概述

1．连锁企业劳动关系管理的含义

连锁企业劳动关系管理是指以促进连锁企业经营活动的正常开展为前提，以缓和、协调连锁企业劳动关系的冲突为基础，以实现劳动关系的合作为目的的一系列组织性和综合性的措施和手段。劳动关系管理是人力资源管理的主要内容之一，因为劳动关系是否顺利，直接影响着人力资源潜力的发挥，所以如何正确认识和维护劳动关系是连锁企业管理者的关键课题。

2．连锁企业劳动关系管理的基本原则和目的

连锁企业劳动关系管理的基本原则主要包括：兼顾各方利益原则；协商解决争议原则；以法律为准绳的原则；劳动争议以预防为主的原则。

连锁企业劳动关系管理的目的是缓和、调节、消除连锁企业劳动关系的矛盾和冲突，在劳动者和连锁企业之间建立合作的关系，保证连锁企业经营活动的正常进行，保障劳动者的基本权益，实现双方的共赢。

8.2　连锁企业劳动合同管理

劳动合同制度是市场经济条件下确认和形成劳动关系的基本制度。在市场经济条件下，劳动关系是通过双向选择签订劳动合同得以确定和形成的，劳动合同是劳动关系的核心，也是连锁企业人力资源管理的重要手段和工具，熟悉劳动合同的订立、执行、变更与解除的基本程序，了解相关的法律法规，正确处理劳动合同的相关事宜，是搞好人力资源管理工作的关键。

8.2.1　连锁企业劳动合同的含义和特征

1．连锁企业劳动合同的含义

劳动合同又称劳动契约或劳动协议，是指劳动者与连锁企业之间确立劳动关系明确双方权利和义务的协议。订立劳动合同的目的是在劳动者和连锁企业之间建立劳动法律关系，规定劳动合同双方当事人的权利和义务。

2．连锁企业劳动合同的特征

（1）劳动合同的主体具有特定性。劳动合同的主体一方是劳动者，另一方是连锁企业。作为劳动合同主体的劳动者必须是年满 16 周岁以上、有就业要求、具有劳动能力的人。连锁企业必须依法成立，能为劳动者提供符合国家规定的劳动或工作条件、支付劳动报酬、缴纳社会保险费，并能承担相应的民事责任。

（2）劳动合同属于双务合同。因为劳动法律关系是双务关系，所以劳动合同属于双务合同，劳动合同主体既是权利主体又是义务主体。任何一方在自己未履行义务的条件下，无权要求对方履行义务。

（3）劳动合同属于法定要式合同。所谓要式合同，是指必须具备特定的形式或履行一定手续方能具有法律效力的合同。由法律直接规定的要式合同则是法定要式合同。我国《劳动法》

规定，劳动合同应当以书面形式订立，劳动合同必须具备法定条款等。因此，这些法律规定使得劳动合同成为法定要式合同。

8.2.2 连锁企业劳动合同的内容和格式

连锁企业人力资源部门起草劳动合同，必须掌握劳动合同的内容和格式。劳动合同的内容是当事人双方经过平等协商所达成的关于权利和义务的条款，包括法定必备条款和约定必备条款。劳动合同的格式，一般是劳动保障部门针对不同对象设有相应范本，只须直接填写即可。

1. 法定必备条款

法定必备条款，即法律规定劳动合同必须具备的条款。只有完全具备这种条款，劳动合同才能依法成立。法定必备条款有一般法定必备条款和特殊法定必备条款的区分。

一般法定必备条款，是法律要求各种劳动合同都必须具备的条款。《劳动合同法》规定，劳动合同应当具备以下几种条款。

（1）企业的名称、住所和法定代表人或主要负责人。

（2）劳动者的姓名、住址和居民身份证或其他有效身份证件号码。

（3）劳动合同期限，即劳动合同的起始和终止时间。劳动合同期限主要分为有固定期限、无固定期限和以完成一定的工作为期限三种。除依法允许制定不定期合同的情况以外，都应当规定合同的有效期限，其中应包括合同的生效日期和终止日期，或者决定合同有效期限的工作（工程）项目。

（4）工作内容和工作地点。工作内容是劳动法律关系所指向的对象，即劳动者具体从事什么种类或什么内容的劳动。工作地点指劳动合同的履行地，是劳动者从事劳动合同中所规定的工作内容的地点。劳动合同的工作内容和工作地点条款一般要求规定得明确、具体，便于遵照执行。

（5）工作时间和休息休假。工作时间又称劳动时间，是指劳动者在企业必须用来完成其所负担的工作任务的时间。工作时间一般包括工作时间的长短、工作时间方式的确定。休息休假时间是指劳动者按规定不需要进行工作而自行支配的时间。

（6）劳动报酬。劳动报酬是指企业根据劳动提供劳动的数量和质量，以货币形式支付给劳动者的工资。此项条款应明确员工适用的工资制度、工资支付标准、支付时间、支付周期、工资计算办法、奖金津贴获得条件和标准。此外，如有必要，还可以明确加班加点工资的计算办法、支付时间及下岗待工期间的工资待遇等。工资标准不得低于当地最低工资标准，同时也不得低于本企业集体合同规定的最低工资标准。

（7）社会保险。社会保险是国家通过立法建立的一种社会保障制度，目的是使劳动者在市场经济条件下，因年老、患病、工伤、失业、生育等原因，丧失劳动能力或中断就业，本人和家属失去工资收入时，能够从社会（国家）获得物质帮助。我国的社会保险包括养老保险、医疗保险、失业保险、工伤保险和生育保险五种。

（8）劳动保护、劳动条件和职业危害防护。劳动保护是指企业为了防止劳动过程中的事故，减少职业危害，保障劳动者的生命安全和健康而采取的各种措施。劳动条件是指企业为保障劳动者履行劳动义务，完成工作任务，而需提供的必要物质和技术条件。职业危害防护是指企业应当为劳动者创造符合国家职业卫生标准和卫生要求的工作环境和条件，并采取措施保障劳动者获得职业卫生保护。

（9）法律、法规规定应当纳入劳动合同的其他事项。

特殊法定必备条款是指法律要求某种或某几种劳动合同必须具备的条款。有的劳动合同由于自身的特殊性，立法特别要求其除一般法定必备条款外，还必须规定一定的特有条款。例如，外商投资企业劳动合同和私有企业劳动合同中应包括工时和休假条款；实习员工的劳动合同中应当有培训目标、实习期限、生活待遇等条款。

2．约定必备条款

约定必备条款是劳动关系当事人或其代表约定劳动合同必须具备的条款。约定必备条款是法定必备条款的必要补充。在劳动合同中，有些内容非常重要而不应被忽视，但又不宜作为法定必备条款。于是，在立法中予以特别提示，指明在劳动合同中可以做出专项约定，属于法定可备条款，即法律规定劳动合同可以具备的条款。约定必备条款通常有试用期条款、保密条款和禁止同业竞争条款、违约金条款、培训、补充保险和福利待遇等。

📖 **小知识8-1　2016 年新劳动法关于试用期的规定**

《劳动法》第二十一条规定，劳动合同可以约定试用期，试用期最长不超过 6 个月。《劳动法》规定，劳动合同可以约定试用期。"可以"二字表明，劳动合同中约定试用期不是必备条款，而是协商条款，是否约定由劳动者和用人单位协商确定。但是，只要协商约定试用期，就必须遵守有关试用期的规定。劳动合同在两年以下的，应按合同期限的长短来确定试用期，即劳动合同期限在 6 个月（半年）以下的，试用期不得超过 15 天；劳动合同期限在半年以上一年以下的，试用期不得超过 30 天；劳动合同期限在一年以上两年以下的，试用期不得超过 60 天。如果劳动合同期限在两年以上，可以在 6 个月内约定试用期。以完成一定工作任务为期限的劳动合同或者劳动合同期限不满 3 个月的，不得约定试用期。同一用人单位与同一劳动者只能约定一次试用期。劳动者在试用期的工资不得低于本单位相同岗位最低档工资或者劳动合同约定工资的 80%，并不得低于用人单位所在地的最低工资标准。

8.2.3　连锁企业劳动合同的订立、履行和变更

1．连锁企业劳动合同的订立

连锁企业劳动合同的订立是指劳动者和连锁企业双方就各自的权利义务协商一致而签订的对双方具有约束力的，并以书面形式明确双方责任、义务及权力的法律行为。

（1）劳动合同订立的原则。

1）平等原则。平等原则是指劳动者和连锁企业在法律上处于平等的地位，平等地决定是否缔约，平等地决定合同的内容。任何一方可拒绝与对方签订合同，同时任何一方都不得强迫对

方与自己签订合同。

2）自愿原则。自愿原则是从平等原则引申出来的。当事人地位的平等性要求双方对于劳动合同的订立不得享有任何特权。当事人订立合同只能出于其内心意愿。用人单位不得强迫劳动者订立劳动合同，其他任何机关、团体和个人都无权强迫劳动者订立劳动合同。

3）协商一致原则。协商一致原则要求当事人双方就劳动合同的主要条款达成一致意见后，劳动合同才成立。可能双方当事人都有与对方订立劳动合同的意向，但在具体条款上，如工作期限、劳动报酬等问题上往往意见不一，这时合同就不能成立。

4）合法原则。合法原则是指劳动合同的订立不得违反法律、法规的规定。这里所说的法律、法规，既包括现行的法律、行政法规，也包括以后颁布实行的法律、行政法规，既包括劳动法律、法规，也包括民事、经济方面的法律、法规。

（2）劳动合同订立的程序。

1）起草劳动合同草案。一般由企业提供劳动合同草案，内容必须符合国家相关法律的规定。劳动者有权知悉劳动合同的条款，并提出修改意见。

2）协商劳动合同内容。双方当事人就劳动合同内容进行充分的讨论、协商，最后就合同所有条款达成一致意见。

3）签订劳动合同。在确认合同内容准确无误的基础上，双方当事人签字、盖章。合同若不需要签证，则具有法律效力。

4）合同鉴证。这个环节是按照国家法律规定或当事人的要求，企业将合同文本送交合同签订地或履行地的合同签证机构或劳动行政主管部门，要求对合同依法审查、鉴定合同的合法性。

小知识8-2　签劳动合同要"三看"

求职者一定要注意，一定要和企业签订书面的劳动合同，就是在试用期内也要签合同。与用人企业签订劳动合同时，求职者要"三看"：一看企业是否经过工商部门登记及企业注册的有效期限，否则所签合同无效；二看合同字句是否准确、清楚、完整，不能用缩写、替代或含糊的文字表达；三看劳动合同是否有一些必备内容，包括劳动合同期限、工作内容、劳动保护和劳动条件、劳动报酬、社会保险和福利、劳动纪律、劳动合同终止的条件、违反劳动合同的责任等。

2. 连锁企业劳动合同的履行

连锁企业劳动合同的履行是指劳动合同订立后，劳动者和连锁企业双方按照合同条款的要求，共同实现劳动过程和相互履行权利和义务的行为过程。劳动合同的履行，须遵守以下几项原则。

（1）亲自履行原则。亲自履行是指双方当事人要以自己的行为履行合同规定的义务和实现合同规定的权利，不得由他人代为履行。

（2）实际履行原则。实际履行是指劳动合同的双方当事人要按照合同规定的标的履行自己的义务和实现自己的权利，不得以其他标的或方式来代替。

（3）正确履行原则。正确履行是指劳动合同当事人要按照合同规定的内容全面履行，不得改变合同的任何内容和条款。

（4）协作履行原则。协作履行是指劳动合同双方当事人在合同的履行过程中要发扬协作精神，要互相帮助，共同完成合同规定的义务，共同实现合同规定的权利。

3．连锁企业劳动合同的变更

连锁企业劳动合同的变更是指劳动合同当事人双方或单方依法修改或补充劳动合同内容的法律行为。它发生于劳动合同生效后尚未履行或尚未完全履行期间，是对劳动合同所约定的权利和义务的完善与发展，是确保劳动合同全面履行和劳动过程顺利实现的重要手段。

（1）劳动合同变更原因。

1）企业方面的原因。例如，调整经营项目、重新进行劳动组合、修订劳动定额、调整劳动报酬或员工福利分配方案、发生严重亏损、防止泄露商业秘密等。

2）劳动者方面的原因。例如，身体健康状况发生变化、劳动能力部分丧失、所在岗位与其职业技能不相适应、职业技能提高到一定等级等。

3）客观方面的原因。例如，法规和政策发生变化、物价水平大幅度上升、国民经济调整、社会动乱、自然灾害等。

在上述三个方面的原因中，有的是可以变更劳动合同的条件，有的则是应当变更劳动合同的条件，这应依据劳动法规、集体合同和劳动合同中关于劳动合同变更条件的规定来确定。劳动合同的变更，一般为协议变更。

同订立劳动合同一样，变更劳动合同也应该遵循平等自愿、协商一致的原则，不得违反法律、行政法规的规定，而且经双方协商同意依法变更后的劳动合同继续有效，对双方当事人都有约束力。

（2）劳动合同变更应具备的条件。

1）双方当事人原来已经存在劳动合同关系。所谓劳动合同变更，是对原订合同的修改或增删，没有一个已经生效的劳动合同，就谈不上合同的变更。这也是劳动合同变更的前提条件。

2）制定合同时所依据的情况发生变化。劳动合同依法制定后，就具有法律约束力，当事人双方都必须严格按照劳动合同规定的条款履行自己应尽的义务。只有出现情况变化，才允许对劳动合同进行变更，这也是劳动合同变更的客观条件。

3）劳动合同变更必须经双方当事人同意。劳动合同在签订时要贯彻平等自愿、协商一致的原则。这种当事人之间通过协商一致形成的法律关系，一般也通过协商一致予以变更。这也是劳动合同变更的主观条件。

8.2.4　连锁企业劳动合同的解除和终止

1．连锁企业劳动合同的解除

连锁企业劳动合同的解除是指劳动合同生效以后，尚未全部履行以前，当事人一方或双方依法提前消灭劳动关系的法律行为。劳动合同的解除主要有以下几种情形。

（1）双方协商解除。《劳动合同法》第三十六条规定，用人单位与劳动者协商一致，可以解除劳动合同。劳动合同是双方当事人在自愿的基础上订立的，自然也允许自愿协商解决。只要一方提出解除的要求，另一方表示同意即可。但企业须按法律、法规的规定，给劳动者办理劳动合同的解除手续、社会保险的转移手续及给予经济补偿。

（2）企业单方解除。当具备法律规定的条件时，企业享有单方解除权，无须双方协商达成一致意见。企业单方解除劳动合同主要有以下几种情形。

1）过失性解除。根据《劳动合同法》第三十九条规定，当劳动者符合下列情形之一的，用人单位可以解除劳动合同。主要有：在试用期间被证明不符合录用条件的；严重违反用人单位的规章制度的；严重失职，营私舞弊，给用人单位造成重大损害的；劳动者同时与其他用人单位建立劳动关系，对完成本单位的工作任务造成严重影响，或者经用人单位提出，拒不改正的；因劳动者以欺诈、胁迫的手段或乘人之危，使对方在违背真实意思的情况下订立或变更劳动合同致使劳动合同无效的；被依法追究刑事责任的。

以上六种情况是由于劳动者自身的原因造成的，劳动者主观上有严重过失，因而企业有权随时解除劳动合同。过失性解除不受提前通知的限制，不受企业不得解除劳动合同的法律限制，且不给予经济补偿。

2）非过失性解除。根据《劳动合同法》第四十条规定，当劳动者符合下列情形之一的，用人单位应提前 30 日以书面形式通知劳动者本人后，可以解除劳动合同。主要有：劳动者患病或非因工负伤，在规定的医疗期满后不能从事原工作，也不能从事由用人单位另行安排的工作的；劳动者不能胜任工作，经过培训或调整工作岗位，仍不能胜任工作的；劳动合同订立时所依据的客观情况发生重大变化，致使劳动合同无法履行，经用人单位与劳动者协商，未能就变更劳动合同内容达成协议的。

以上三种情况，劳动者主观上并无重大过错，主要是客观情况发生重大变化，劳动者身体不好或能力差，致使劳动合同无法履行。

3）经济性裁员。根据《劳动合同法》第四十一条规定，当劳动者符合下列情形之一的，用人单位需要裁减 20 人以上或不足 20 人但占企业职工总数 1/10 以上的，用人单位提前 30 日向工会或全体职工说明情况，听取工会或职工的意见后，裁减人员方案经向劳动行政部门报告，可以裁减人员。主要有：依照企业破产法规定进行重整的；生产经营发生严重困难的；企业转产、重大技术革新或经营方式调整，经变更劳动合同后，仍需裁减人员的；其他因劳动合同订立时所依据的客观经济情况发生重大变化，致使劳动合同无法履行的。

4）用人单位不得解除劳动合同。根据《劳动合同法》第四十二条规定，当劳动者符合下列情形之一的，用人单位不得解除劳动合同。主要有：从事接触职业病危害作业的劳动者未进行离岗前职业健康检查，或者疑似职业病病人在诊断或医学观察期间的；在本单位患职业病或因工负伤并被确认丧失或部分丧失劳动能力的；患病或非因工负伤，在规定的医疗期内的；女职工在孕期、产期、哺乳期的；在本单位连续工作满 15 年，且距法定退休年龄不足 5 年的；法律、行政法规规定的其他情形。

（3）劳动者单方解除。

1）劳动者提前通知解除。根据《劳动合同法》第三十七条规定，劳动者提前 30 日以书面形式通知用人单位，可以解除劳动合同；劳动者在试用期内提前 3 日通知用人单位，可以解除劳动合同。这里没有限定劳动者解除劳动合同的法定事由，也就是说劳动者可以以任何理由向用人单位提出要求解除劳动合同。这样的规定符合社会发展需要和国际惯例，其宗旨在于维护劳动者择业自主权，有利于劳动者根据自己的能力、特长、志趣和爱好来选择合适的职业。但是，劳动者单位解除合同时，必须遵守提前期的规定，不能任意解除和不辞而别，否则要承担一定的法律责任。

2）劳动者随时通知解除。根据《劳动合同法》第三十八条规定，当劳动者符合下列情形之一的，劳动者可以解除劳动合同。主要有：未按照劳动合同约定提供劳动保护或劳动条件的；未及时足额支付劳动报酬的；未依法为劳动者缴纳社会保险费的；用人单位的规章制度违反法律、法规的规定，损害劳动者权益的；因以欺诈、胁迫的手段或乘人之危，使对方在违背真实意思的情况下订立或变更劳动合同致使劳动合同无效的；法律、行政法规规定劳动者可以解除劳动合同的其他情形。

此外，企业以暴力、威胁或非法限制人身自由的手段强迫劳动者劳动的，或者企业违章指挥、强令冒险作业危及劳动者人身安全的，劳动者可以立即解除劳动合同，不需事先告知企业。

小实务 8-1   解除劳动合同通知书范本

_____ 先生/女士：

根据你与××公司于××××年××月××日签订的劳动合同，因下列第××项原因：

（1）试用期内不符合录用条件；

（2）严重违反公司规章制度；

（3）严重失职，营私舞弊，给公司造成重大损害；

（4）建立双重劳动关系，严重影响工作，或经公司提出拒不改正；

（5）订立劳动合同过程中有欺诈、胁迫、趁人之危之行为；

（6）被依法追究刑事责任的；

（7）医疗期满后不能从事原工作和公司另行安排的工作；

（8）不能胜任工作，经培训或调整工作岗位，仍不能胜任；

（9）劳动合同订立时所依据的客观情况发生重大变化，致使劳动合同无法履行，双方无法就变更劳动合同内容达成协议。

而无法继续履行，现根据《劳动合同法》第××条第××款第××项的规定，决定从××××年××月××日起与你解除劳动合同，请你于××××年××月××日前到××（部门）办理解除劳动关系手续。

通知方（签名或盖章）：

××××年××月××日

小实务 8-2 解除劳动合同通知书签收回执

本人已收到单位于××××年××月××日发出的《解除劳动合同通知书》。

被通知方（签名或盖章）：
××××年××月××日

2．连锁企业劳动合同的终止

连锁企业劳动合同的终止，是指劳动合同的法律效力依法消灭，即劳动合同所确立的劳动关系由于一定法律事实的出现而终结，劳动者与连锁企业之间原有的权利和义务不复存在。

劳动合同终止一般分为自然终止和因故终止。

（1）自然终止。属于自然终止的情形分别为：定期劳动合同到期；劳动者退休；以完成一定工作为期限的劳动合同中规定的工作任务完成，合同即为终止。当上述条件出现时，劳动合同就可以终止，但在实际操作中，习惯应提前30天通知。

（2）因故终止。属于因故终止的情形分别为：劳动合同约定的终止条件出现；劳动合同双方约定解除劳动关系或一方依法解除劳动关系；劳动关系主体一方消灭（如企业破产或劳动者死亡）；不可抗力导致劳动合同无法履行（战争、自然灾害等）；劳动争议仲裁机构的仲裁裁决、人民法院也可导致劳动合同终止。

劳动合同依法终止时，连锁企业应同时一次性付清劳动者工资，依法办理相关保险手续；连锁企业依法破产时，应将劳动者工资列入破产清偿顺序，首先支付劳动者工资。

8.3 连锁企业劳动争议管理

在劳动关系的发展中，劳动争议是不可避免的。正确处理劳动争议，对维护和谐的劳动关系，有效利用人力资源都具有重要的意义。

8.3.1 连锁企业劳动争议的含义和范围

1．连锁企业劳动争议的含义

劳动争议，又称劳动纠纷或劳资争议，是指劳动关系双方主体之间在实现劳动权利和履行劳动义务等方面发生分歧而引起的争议或纠纷。其中，有的属于既定权利的争议，即因适用劳动法和劳动合同、集体合同的既定内容而发生的争议；有的属于要求新的权利而出现的争议，是因制定或变更劳动条件而发生的争议。

2．连锁企业劳动争议的范围

明确劳动争议的范围，对于依法受理和处理劳动争议案件，合法、及时、公正地保护当事人的合法权益都非常重要。判断是否属于劳动争议，有两个衡量标准：一看是否是劳动法意义上的主体；二看是否属于关于劳动权利和义务的争议。

根据我国相关法规的规定，劳动争议的范围包括：因确认劳动关系发生的争议；因订立、履行、变更、解除和终止劳动合同发生的争议；因除名、辞退和辞职、离职发生的争议；因工作时间、休息休假、社会保险、福利、培训及劳动保护发生的争议；因劳动报酬、工伤医疗费、经济补偿或赔偿金等发生的争议；法律、法规规定的其他劳动争议。

8.3.2　连锁企业劳动争议的处理

1. 连锁企业劳动争议的处理原则

（1）合法原则。合法原则是指连锁企业劳动争议的处理机构在处理争议案件时，要以法律为准绳，并遵循有关法定程序。以法律为准绳，就是要求对企业劳动争议的处理要符合国家有关劳动法规的规定，严格依法裁决。遵循有关法定程序，就是要求对企业劳动争议的处理要严格按照程序法的有关规定办理，企业劳动争议处理的开始、进行和终结都要符合程序法的规定；同时，对双方当事人应该享受的请求解决争议、举证、辩解、陈述和要求回避等有关程序法的权利要给予平等的保护。

（2）公正和平等原则。公正和平等原则是指在连锁企业劳动争议案件的处理过程中，应当公正、平等地对待双方当事人，处理程序和处理结果不得偏向任何一方。尽管企业和劳动者双方当事人在企业劳动关系的实际运作过程中所处的地位是不一样的，前者处于领导者、支配者的地位，后者处于被领导者、被支配者的地位，而一旦企业劳动争议形成，并进入处理程序阶段，两者便是平等的争议主体，都受到法律的平等保护。公正和平等原则要求企业劳动争议的任何一方当事人都不得有超越法律和有关规定以上的特权。

（3）调解原则。调解原则是指调解这种手段贯穿于企业劳动争议第三方参与处理的全过程。不仅企业调解委员会在处理企业劳动争议中的全部工作是调解工作，而且仲裁委员会和法院在处理企业劳动争议中也要先行调解，调解不成时，才会行使裁决或判决。同时，即使仲裁委员会的裁决和法院的判决也要以调解的态度强制执行，否则其法律效力的发挥也会大打折扣。

（4）及时处理原则。及时处理原则是指连锁企业劳动争议的处理机构在处理争议案件时，要在法律和有关规定要求的时间范围内对案件进行受理、审理和结案，无论是调解、仲裁还是诉讼，都不得违背在时限方面的要求。例如，企业劳动争议调解委员会对案件调解不力，要在规定的时限内结案，不要影响当事人申请仲裁的权利；企业劳动争议仲裁委员会在调解未果的情况下，要及时裁决，不得超过法定的处理时限；法院的处理也是这样，在调解未果的情况下，要及时判决。总之，及时处理原则就是要使双方当事人合法权益得到及时的保护。

2. 连锁企业劳动争议的处理程序

根据《劳动法》的相关规定，劳动争议发生后，当事人可以向本单位劳动争议调解委员会申请调解；调解不成，当事人一方要求仲裁的，可以向劳动争议仲裁委员会申请进行仲裁。当事人一方也可以直接向劳动争议仲裁委员会申请仲裁。对仲裁裁决不服的，可以向人民法院提起诉讼。因此，连锁企业劳动争议的处理程序一般为：首先是劳动争议的调解，调解不成提请劳动争议的仲裁，仲裁不能解决再提请人民法院审判解决。

（1）调解。调解是指调解委员会对劳动争议所做的调解活动。调解委员会所做的调解活动主要是指，调解委员会在接受争议双方当事人申请后，首先要查清事实、明确责任；在此基础上，根据有关法规和集体合同或劳动合同的规定，通过自己的说服、诱导，最终促使双方当事人在相互让步的前提下自愿达成解决企业劳动争议的协议。

目前，劳动争议调解委员会设于企业内，由企业的员工代表、行政代表和工会委员会代表组成，主任由各成员共同推举，委员会的工作受员工代表大会的领导。劳动争议调解委员会的调解，必须有当事人一方提出申请，同时另一方表示愿意接受，才能进行。当事人任何一方不愿接受调解，或者调解达不成协议，只能交付仲裁。

实施调解的结果有两种：一是调解达成协议，这时要依法制作调解协议书。二是调解不成或调解达不成协议，这时要做好记录，并制作调解处理意见书，提出对争议的有关处理意见，建议争议双方当事人依照有关法规的规定，向劳动仲裁委员会提出仲裁申请。

以调解方式解决劳动争议，具有程序简易、费用低廉、有利于促进当事人之间的团结和维护正常生产秩序等优点。而且，由于调解协议完全出自双方自愿，一般都能严格执行。但是，由于调解完全依靠当事人的自愿，难以保证所有劳动争议都得到解决。因此，除了这种方式以外，还必须有更加具有权威的解决办法。

小资料8-1 北京市率先成立非公有制大型连锁餐饮企业劳动争议调解中心

2012年10月12日上午，北京金钱豹餐饮有限公司劳动争议调解中心成立并举行了揭牌仪式。

餐饮行业具有工作时间长、劳动强度大，从业人员众多且流动性大、劳动争议发生率高的特点。该公司为积极贯彻落实《企业劳动争议协商调解规定》提出的"大中型企业应当依法成立劳动争议调解委员会"和人力资源社会保障部等四部门《关于加强劳动人事争议调解工作的意见》提出的"要在劳动争议多发的出租汽车、餐饮服务、建筑等行业建立劳动争议调解组织"的要求，在北京王府井店试点成立劳动争议调解中心，并逐步向全集团公司推广。调解中心设立了专门的调解室，制定了较完善的调解制度和工作流程，从企业内部选派责任心强、具备一定人力资源管理知识的职工代表作为兼职调解员。今后，劳动争议调解中心将在当地人力资源社会保障部门的指导下，建立劳资协商对话和劳动争议预测预警等预防机制，建设专业化调解员队伍，及时总结企业调解方法和技巧，积极创造劳动争议预防调解新鲜经验。

（2）仲裁。仲裁是指劳动争议仲裁机构依法对争议双方当事人的争议案件进行居中公断的执法行为，其中包括对案件的依法审理和对争议的调解、裁决等一系列活动或行为。

劳动争议仲裁委员会由劳动行政机关代表、工会代表和企业主管部门代表组成。三方代表应当人数相等，并且总数必须是单数。委员会主任由同级劳动行政机关负责人担任，其办事机构为劳动行政机关的劳动争议处理机构。劳动争议仲裁委员会对于劳动争议双方来说是第三者，它的决定无须经双方同意，并具有法律强制力，因而仲裁是比调解更为有效的解决方法。按规定，劳动争议的任何一方不愿调解、劳动争议经调解未达成协议时，均可向劳动争议仲裁委员会提出仲裁申请，并提交书面申请。

劳动争议仲裁委员会在处理劳动争议时，应先行调解。如调解不成，则应及时仲裁，由劳动争议仲裁委员会召开会议，并根据少数服从多数的原则做出仲裁决定。当事人一方或双方对仲裁不服的，可以在收到仲裁决定书之日起 15 日内向人民法院起诉；一方当事人期满既不起诉也不执行的，另一方当事人可以申请人民法院强制执行。

与企业劳动争议的调解相比，企业劳动争议的仲裁具有这样一些明显的特点：仲裁申请可由任何一方当事人提出，而不必由双方当事人共同提出，或者不必在双方当事人首肯的情况下由一方当事人提出；仲裁机构的仲裁调解或仲裁裁决依法生效后具有强制执行的法律效力，当事人必须执行；仲裁机构在调解不成的情况下，必须做出最终裁决。

劳动仲裁是世界各国解决劳动争议较普遍的方法，其基本精神是由一个中立的第三者对当事人之间的争议做出评判。仲裁和调解相比，最大的特点是其更具权威性和法律效力。从我国劳动争议仲裁来看，仲裁活动具有一定的行政性质，也有一定的群众性质，不是纯粹的司法活动。根据司法最终解决的法制原则，劳动争议的最终解决只能依靠国家司法机关，这也是许多国家所普遍遵循的原则。因此，我国劳动争议处理程序还包括人民法院的审判。

📖 小知识 8-3　劳动仲裁的时限规定

当事人申请仲裁，因履行劳动合同而发生的争议，应自争议发生之日起 60 日内或从劳动争议调解委员会调解不成之日起 30 日内，向劳动争议仲裁委员会提出。因开除、除名、辞退违纪员工而发生的争议，当事人应于企业公布处理决定之日起 15 日内申请仲裁。因特殊原因，当事人可在其知道或应当知道权利被侵害之日起一年之内提起追诉。超过规定期限，仲裁机构不再受理。仲裁委员会在收到仲裁申请后一段时间内（一般为 7 天）要做出受理或不受理的决定。决定受理的，仲裁委员会要及时通知申请人和被诉人，并组成仲裁庭；决定不受理的，要说明理由。

（3）审判。劳动争议当事人不服仲裁，可以在收到仲裁决定书之日起 15 日内向法院起诉，由法院依民事诉讼程序进行审理及判决。法院审判劳动争议的最大特点在于它的处理形式严肃性与权威性及其法律效力。但审判毕竟是解决劳动争议的最后阶段，由于有调解和仲裁程序在前，所以，真正通过审判解决的劳动争议并不多。

与企业劳动争议的仲裁相比，企业劳动争议的法律诉讼具有这样一些鲜明的特点：法律诉讼是在法院进行的，法院在处理企业劳动争议的过程中有权采取强制措施；法律诉讼程序相对较为复杂，各种证据和材料的准备相对较为严密；法院的调解或判决具有最终解决争议的效力，可以由自己对争议当事人实施强制执行。

8.4　连锁企业员工民主管理

8.4.1　连锁企业员工民主管理形式

员工民主管理是指员工通过职工大会、职工代表大会或其他形式，审议企业重大决策，监督企业行政领导，维护企业和职工合法权益，体现劳动者当家做主的企业管理制度。

在我国，员工民主管理的形式主要有职工代表大会、企业工会、企务公开、平等协商和集体合同，以及职工董事和职工监事等几种。在上述几种形式中，企务公开是前提和基础，员工如果对企业的相关事务都不知情，则参与民主管理就无从谈起。企务公开也是现代企业制度中的必备内容，它与现代企业制度所要求的公开、公正、透明的原则是完全一致的。

企务公开是指涉及企业生产经营管理、员工切身利益、干部廉洁自律等重大事项，通过职工代表大会和其他形式，向员工公开。实行企务公开，就是要尊重和保障员工的民主权利，切实加强员工民主管理和民主监督，有效地调动员工当家做主的积极性，凝聚广大员工的智慧和力量，促进企业的改革、发展和稳定。

职工董事、职工监事是指由职工代表大会或职工民主管理大会民主选举产生的，依照法律程序进入董事会、监事会，代表职工行使决策和监督权利的职工代表。职工董事、职工监事制度的建立是建立现代企业制度的客观要求，是职工代表大会制度的延伸和发展，是公司制企业实行民主决策、民主管理和民主监督的必要途径。

平等协商和集体合同制度是一项重要的劳动法律制度。我国《劳动法》、《劳动合同法》和工会法都对这项制度做了明文规定。由工会代表职工与企业就劳动报酬、工作时间、休息休假、劳动安全卫生、保险福利和涉及劳动关系的其他问题进行平等协商，签订集体合同，可以把国家劳动法规确定的各个单项的劳动标准、劳动条件和劳动者的其他合法权益，结合企业的实际情况具体化，并综合起来加以规范，从整体上实现对职工劳动权益的维护。

小知识8-4　集体合同

所谓集体合同，是指工会或职工推举的职工代表，代表职工与用人单位依照法律法规的规定就劳动报酬、工作条件、工作时间、休息休假、劳动安全卫生、社会保险福利等事项，在平等协商的基础上进行协商谈判所缔结的书面协议。《劳动合同法》第五十一条规定：企业职工一方与用人单位通过平等协商，可以就劳动报酬、工作时间、休息休假、劳动安全卫生、保险福利等事项订立集体合同。集体合同草案应当提交职工代表大会或全体职工讨论通过。集体合同由工会代表企业职工一方与用人单位订立；尚未建立工会的用人单位，由上级工会指导劳动者推举的代表与用人单位订立。

8.4.2　连锁企业职工代表大会

职工代表大会是企业实行民主管理的基本形式，是职工行使民主管理权力的机构。

1．连锁企业职工代表大会的主要任务

连锁企业职工代表大会主要任务是：贯彻执行党和国家的方针、政策，正确处理国家、企业、职工三者之间利益关系，在法律范围内行使职权，贯彻实施劳动法等相关法律法规，促进企业民主和法制建设，保障职工的主人翁地位，调动职工积极性。

2．连锁企业职工代表大会的基本权利

根据相关法规对职工代表大会权利的规定，职工代表大会共拥有以下五项基本权利。

（1）审议建议权。听取和审议企业的经营方针、长远规划、年度计划、基本建设方案、重

大技术改造方案、职工培训计划、留用资金分配和使用方案、承包和租赁经营责任制方案的报告，并提出意见和建议。

（2）审查同意或否决权。审查同意或否决企业的工资调整方案、奖金分配方案、劳动保护措施、奖惩办法及其他重要的规章制度。

（3）审议决定权。审议决定职工福利基金使用方案和其他有关职工生活福利的重大事项。

（4）评议监督权。评议、监督企业各级行政领导干部，提出奖惩和任免建议。

（5）选举权。根据政府主管部门的决定选举企业决策层领导，并报政府主管部门批准。

3．连锁企业职工代表大会的组织制度

（1）代表产生。基层单位职工代表根据民主集中制原则和法定程序直接选举产生。基层单位领导代表一般为总代表的 1/5。代表选举一般两年一次，可以连选连任。

（2）工作机构。职工代表大会的工作机构是企业的工会委员会，企业工会委员会负责职工代表大会的日常工作。职工代表大会由主席团主持会议，主席团由选举产生，其中企业领导人数不超过一半。职工代表大会机构的主要任务是审议代表们的提案，检查监督职工代表大会的决定执行和提案处理的情况。

（3）民主集中管理制度。职工代表大会会议通常是两年一届，每年两次以上会议，每次需要 2/3 以上代表参加。职工代表大会的决议和选举必须全体代表半数以上通过才能生效。

8.4.3　连锁企业工会

工会是职工自愿结合的工人阶级的群众组织，它依照宪法和法律的规定行使民主权利，发挥国家主人翁的作用，通过各种途径和形式，参与管理国家事务，管理经济和文化事业，管理社会事务。《中华人民共和国工会法》第三条规定，在中国境内的企事业单位和机关中以工资收入为主要生活来源的体力和脑力劳动者，不分民族、种族、性别、职业、宗教信仰、教育程度，都有依法参加和组织工会的权利。任何组织和个人不得阻挠和限制。

1．连锁企业工会的基本任务

连锁企业工会的基本任务主要包括四个方面：代表和组织职工参与企业民主管理，实施民主监督；维护职工的合法权益；协助政府开展工作，支持企业经营管理；教育职工提高思想觉悟和劳动素质。

2．连锁企业工会的主要职权

连锁企业工会的主要职权有：通过职工大会、职工代表大会等民主渠道，与企业进行平等协商；代表职工与企业进行谈判和签订集体合同；签订和监督劳动合同；参与劳动争议的调解和仲裁；监督企业劳动法律法规遵守情况。

3．连锁企业工会组织

工会各级组织按照民主集中制原则建立。各级工会委员会由会员大会或会员代表大会民主选举产生。企业主要负责人的近亲属不得作为本企业基层工会委员会成员的人选。各级工会委

员会向同级会员大会或会员代表大会负责并报告工作，接受其监督。工会会员大会或会员代表大会有权撤换或罢免其所选举的代表或工会委员会组成人员。上级工会组织领导下级工会组织。

连锁企业有会员25人以上的，应当建立基层工会委员会；不足25人的，可以单独建立基层工会委员会，也可以由两个以上单位的会员联合建立基层工会委员会，也可以选举组织员一人，组织会员开展活动。连锁企业职工较多的乡镇、城市街道，可以建立基层工会的联合会。县级以上地方建立地方各级总工会。同一行业或性质相近的几个行业，可以根据需要建立全国的或地方的产业工会。全国建立统一的中华全国总工会。

基层工会、地方各级总工会、全国或地方产业工会组织的建立，必须报上一级工会批准。任何组织和个人不得随意撤销、合并工会组织。基层工会所在的企业终止或被撤销，该工会组织相应撤销，并报告上一级工会。

中华全国总工会、地方总工会、产业工会具有社会团体法人资格。基层工会组织具备民法通则规定的法人条件的，依法取得社会团体法人资格。

工会主席、副主席任期未满时，不得随意调动其工作。因工作需要调动时，应当征得本级工会委员会和上一级工会的同意。

📃 小资料 8-2 杭州市首家央企跨省连锁企业基层联合工会成立

在江干区总工会的指导下，2011年7月，华润万家华东区总部根据该企业在华东区的经营特点，分散和集中管理相结合，召集下属四家基层工会委员会委员，召开华润万家有限公司华东区基层联合工会第一次代表会议。会议选举产生了华润万家有限公司华东区基层联合工会第一届委员会、经费审查委员会，表决通过了《华润万家华东区基层联合工会委员会章程》。

华润万家有限公司华东区基层联合工会将华东区所属全部连锁超市工会纳入统一管理，下辖浙江公司工会委员会、苏州公司工会委员会、宁波公司工会委员会、慈溪公司工会委员会四家基层工会，有会员11 000余名。据悉，华润万家有限公司华东区基层联合工会隶属江干区闸弄口街道总工会，它的成立在杭州央企跨省连锁企业中尚属首例，对创新连锁企业工会组织建设管理模式进行了有益探索。

8.5 连锁企业职业安全管理

8.5.1 连锁企业安全健康及重要性

在人力资源管理过程中，企业必须以积极的态度，采取有力的措施以保证员工在劳动过程中的安全与健康。安全，是指保护员工不受到与工作相关事故的伤害，如工伤、中毒、职业病等；健康，是指员工不因为劳动条件等原因而影响身心。连锁企业安全和健康问题严重影响生产率的提高和员工工作、生活的质量。若员工在劳动中发生人身事故和患病，会显著降低企业的生产效率和员工的士气。所以，连锁企业管理者必须重视劳动安全和健康，要设法为员工提供一个安全、卫生、舒适的工作环境，而人力资源管理人员要为员工提供工作安全与健康方面的专业知识，并负责协调与监督具体措施的落实与执行。

前沿话题 8-1　员工保健

员工保健是一个相对较新的人力资源管理焦点，随着人本思想的深入，西方发达国家的企业开始关注这个前瞻性的健康管理问题。

它试图消除一些因员工不良生活方式（如吸烟、缺乏营养、缺少运动、过度肥胖）而引起的一些慢性健康问题（如癌症、心脏病、呼吸问题、高血压）。这些疾病能导致缺勤、人员流动、生产力损失及医疗费用增加之类的工作场所问题。许多组织试图通过提供员工保健方案来帮助员工改善或保持他们的总体健康。这样的方案提供给员工锻炼身体的器材、现场健康检查并帮助他们戒烟、控制工作压力及改善营养习惯。

8.5.2　连锁企业劳动保护与安全健康

劳动保护是指为了保护劳动者在劳动生产过程中的安全与健康，做好预防和消除工伤事故，防止职业中毒和职业病，改善劳动条件和劳动环境等方面所进行的工作和所采取措施的总称。

劳动保护是人力资源保护中最核心的保护，也是满足职工的安全管理、激发其劳动热情的必要条件，因此，做好劳动保护工作具有十分重要的意义。

1. 连锁企业劳动保护的任务

（1）保证安全生产，不断改善劳动条件，减少和消除劳动中的不安全、不卫生因素，满足员工安全与健康的需要。

（2）加强技术改造，使不安全的有害健康的作业实现安全化，使繁重的体力劳动变为机械化、自动化，做到文明生产。

（3）实现劳逸结合，规定员工的工作时间、休息时间和休假制度，有劳有逸，保证劳动者有适当的休息时间和休假日数，保证劳动者的休息和娱乐。

（4）根据女职工的生理特点，对女职工实行特殊保护。

（5）组织好工伤救护，保证劳动者一旦发生工伤事故能立即得到救护和良好的治疗。

（6）做好职业中毒和职业病的预防工作和救治工作。

2. 连锁企业劳动保护的基本内容

（1）劳动保护的立法和监察。主要包括两个方面的内容，一是属于生产行政管理的制度，如安全生产责任制度、加班加点审批制度、卫生保健制度、劳保用品发放制度及特殊保护制度；二是属于生产技术管理的制度，如设备维修制度、安全操作规程等。

（2）劳动保护的管理与宣传。企业劳动保护的管理与宣传工作由安全技术部门负责组织、实施。

（3）安全技术。为了消除生产中引起伤亡事故的潜在因素，保证工人在生产中的安全，在技术上采取的各种措施，主要解决防止和消除突然事故对于职工安全的威胁问题。

（4）工业卫生。为了改善劳动条件，避免有毒有害物质危害职工健康，防止职业中毒和职业病，在生产中所采取的技术组织措施的总和。它主要解决威胁职工健康的问题，实现文明生产。

（5）工作时间与休假制度。国家法律法规规定的劳动者必须用以完成其所承担工作任务的时间，即法定工作时间，通常指工作日或工作周。休假是指职工有保留工资、职务的休息假期，包括公休假日、节日、年休假和探亲假等。

（6）女职工与未成年工的特殊保护。女职工与未成年工的特殊保护主要包括：女职工和未成年工禁忌从事的劳动；女职工的经期、孕期、产期和哺乳期的劳动保护；女职工和未成年工定期健康检查；未成年工的使用和登记制度等。

📖 小资料 8-3　女白领为保岗升职隐婚不孕　过劳成职场人普遍状态

过劳已成为都市白领的普遍工作状态。海淀法院劳动争议法庭法官根据多起劳动案件统计发现，许多白领在光鲜的收入待遇背后，却有频繁的"加班"和无奈的"隐婚"。

法官讲述了一个真实的案例。刚刚大学毕业的小张，进入了一家世界排名前五的投资银行，收入不菲。但是小张的工作状态令常人难以忍受，每天晚上加班到 12 时，周末工作也是常态，属于典型的"五加二、白加黑"员工。忍受不了这样的工作环境，小张提出辞职，双方遂产生劳资纠纷。最终，法院判令银行支付小张月工资 1 万余元，加班费则高达 2 万多元。"都说白领挣得多，其实大多数收入来自'非人'的加班。"小张说。

在涉及女性的劳务纠纷中，法官发现，为了"保岗、升职"，越来越多的女白领选择隐婚，甚至不敢怀孕。某 IT 公司的创意总监小赵，去年结婚时没敢通知同事。她说得很现实："很多单位主管偏爱未婚的女职员，觉得女人一旦结婚就丧失了竞争力，就不再给她们升迁的机会。"小赵表示，结婚还只是第一道门槛，今后生育孩子是更难的抉择。"身边都是虎视眈眈的眼神，一旦空出职位，就意味着丢掉工作。"小赵无奈地说。

法官表示，女性白领采取隐婚、不孕这种畸形手段来保护自己，虽然短时间内能够获得部分利益，但时刻处于提防、焦虑状态，既不利于长期工作，也有害于家庭关系。法官建议，女性白领还是应该运用合法手段维护自己权益。

8.5.3　连锁企业职业安全与卫生的管理

1. 连锁企业职业安全与卫生的管理内容

连锁企业职业安全与卫生的管理包括三个部分：劳动保护管理、安全技术和劳动卫生。

（1）劳动保护管理。劳动保护管理的目的是通过采取法律、制度、组织和管理等手段以便科学、安全、卫生地组织生产，最大限度地控制人为的事故，保证安全生产和文明生产。

（2）安全技术。安全技术是指针对生产过程中的各种不安全因素，为了预防人身伤害事故所采取的技术措施，主要包括技术上、设备上、个人防护上采取的防范措施。

（3）劳动卫生。劳动卫生是指为了消除职业危害，预防职业病所采取的综合性措施。其内容涵盖技术、设备、材料等方面对职业病防护、预防职业病相关制度的建设和职业病的医疗等方面。

2. 连锁企业职业安全与卫生管理的作用

职业安全与卫生管理的作用主要有：使企业减少风险，控制损失，降低生产成本，提高整体竞争力，避免职业安全卫生问题造成直接或间接损失；保证生产运作顺畅，保证员工安全健康，使劳动者得以保持持久的劳动能力，从而保障企业生产经营活动的顺利开展；促使企业全面提高综合管理水平，创造良好的社会效益，提升企业外部形象，增强企业内部的凝聚力，顺应经济全球化的新潮流，有利于社会整体和谐健康发展；建立劳动安全卫生管理体制，使企业具备进入国际市场竞争的资格和实力。

3. 连锁企业职业安全与卫生的规章制度管理

（1）安全检查制度。安全检查以各级主管部门为主，组织有关单位参加，采取日常、定期、专业和不定期等多种检查方式相结合。

（2）安全台账管理制度。一般来说，企业各部门应建立13本安全台账、4个档案和1本安全活动记录，即安全会议台账、安全组织台账、安全教育台账、安全检查台账、隐患治理台账、事故台账、安全工作考核与奖惩台账、消防台账、职业安全卫生台账、安全防护用品台账、事故预案台账、关键装置重点部位台账、安全评价台账、特种设备和安全设施档案、特殊工种人员档案、安全学习资料档案、火票档案和安全活动记录。台账要求填写规范、字迹清晰、双杠改写、保存完好。安全管理部门要定期检查与考核。

（3）工伤事故管理制度。

1）事故的分类。一般包括人身伤亡事故、火灾事故、爆炸事故、设备事故、生产事故、交通事故、质量事故和其他事故等。

2）事故的性质。为了便于事故管理，按事故性质严重程度划分为上报事故、一般性事故、轻微事故、恶性未遂事故四种，或者称小事故、一般事故、重大事故和特大事故。

3）事故的处理。按照事故的性质，分别给予不同部门、科室直接分管事故的权利。例如，人身伤亡事故由安全技术部门负责管理，产品质量事故由质管科负责管理等。事故发生后应及时进行事故调查及处理，将事故统计上报，进行事故的损失计算及事故的原因分析，并做出事故总结，为以后进一步做好加强事故预防工作制定出可行、有效的新举措和对策。

（4）劳动卫生管理制度。建立劳动卫生管理制度的目的是，加强各单位劳动卫生管理和职业病防治工作，减少职业病的发生，以及保障员工的身体健康。一般包括对各级领导、各部门、安全管理相关机构及从业人员的职责进行界定。此外，劳动卫生管理制度包括对职业危害的预防措施、健康监护和安全健康管理检查。

 ## 知识测试题

一、单项选择题

1．作为劳动合同主体的劳动者必须是年满（　　）周岁以上的具有劳动能力的人。

A．15　　　　　B．16　　　　　C．17　　　　　D．18

2．劳动争议处理第一道程序是（　　　　）。

A．调解　　　　　B．仲裁　　　　　C．审判　　　　　D．诉讼

3．连锁企业员工民主管理的前提和基础是（　　　　）。

A．职工代表大会　　　　　　　B．企务分开

C．平等协商　　　　　　　　　D．企业工会

二、多项选择题

1．连锁企业劳动合同履行须遵守的原则包括（　　　　）。

A．亲自履行原则　　　　　　　B．实际履行原则

C．正确履行原则　　　　　　　D．协作履行原则

2．连锁企业劳动争议处理原则包括（　　　　）。

A．合法原则　　　　　　　　　B．公正平等原则

C．调解原则　　　　　　　　　D．及时处理

3．连锁企业职工代表大会的基本权利包括（　　　　）。

A．审议建议权　　　　　　　　B．评议监督权

C．选举权　　　　　　　　　　D．审查否决权

三、简答题

1．简述劳动合同订立的程序。

2．简述解除连锁企业劳动合同的几种主要情形。

3．连锁企业工会的基本任务和主要职权分别有哪些？

4．连锁企业劳动保护的基本内容有哪些？

 案例分析

企业关心职工权益，职工关心企业发展

技术创新、规模经济确实能提高企业的竞争力，然而，劳资和谐是一种更高层次的竞争力。北京西单友谊集团的决策者始终把构建和谐的劳动关系作为企业做大做强的重中之重，推动《劳动法》《工会法》等法律、法规和规章及各项国家劳动标准的落实，完善劳动合同和集体合同制度，健全企业劳动关系调解机制，规范劳动用工行为，保障职工的合法权益，形成了西友集团特有的"企业关心职工权益，职工关心企业发展"的和谐氛围和企业文化。

西友集团是市属大型现代零售连锁企业，现有职工 8 600 余人，全国拥有百货店 6 家，大卖场 8 家，综合超市 28 家，便利店 22 家，国际著名体育运动品牌专卖店 90 家。

没有严格的管理，很难保证企业正规运转。西友集团的员工规章制度包括着装规定、仪容仪表、劳动纪律、服务规范、干部行为规范、考勤制度、安全保卫制度、惩处制度、劳动合同管理、假期规定、医疗期规定、保险等规定。

由此不难看出，西友集团对管理规章制度建设的重视。在劳动合同中，他们明确规定了劳

动合同期限，工作内容，劳动保护和劳动条件，劳动报酬，保险福利待遇，劳动纪律，劳动合同变更、解除、终止、续订，违反劳动合同的责任等内容。同时，将劳动报酬、休息休假、工作时间、职业培训、安全卫生、保险福利、劳动纪律、女工保护等写入集体合同。集团及二级公司也分别建立了相应的管理制度。

西友集团始终把签订好、履行好集体合同作为构建和谐企业维护职工合法权益的主要工作。坚持凡是独立法人的所属各二级单位，都建立了平等协商和集体合同制度，同时，每年对集体合同的履行情况进行认真的自查，并将集体合同履行情况在职代会上向职工代表进行报告。

为期 3 年的《集体合同》到期了，集团工会根据集团党委的指示，在认真学习《劳动法》、《工会法》、《集体合同规定》的基础上，组织召开职工座谈会，广泛听取职工的意见和建议，并根据企业实际情况，与人力资源部进行了多次平等协商，对旧集体合同作了较大幅度的调整、修改和补充，新修订的集体合同更加突出依法治企，维护职工合法权益的特点。

企业党政领导非常重视《北京市集体合同条例》的颁布和实施，不但举办了专门的培训班，配备了有关辅导教材，在场报上开设宣传专栏，刊发专题文章，介绍相关知识，集团还组织各公司工会主席和人力资源部部长参加了北京工会讲坛举办的《北京市集体合同条例》(以下简称《条例》)专题系列讲座。

为促进学习效果，集团工会在组织职工学习的基础上，还就职工最关心、反映最强烈的问题展开了民主大讨论活动，把《条例》学习同企业的实际情况紧密结合起来。对于《条例》中集体协商和履行集体合同争议的调解处理及违约责任追究等，及时召开协商会议进行协商，做到最快速的学以致用。

自行工资集体协商以来，西友集团每年都由工会代表职工与企业行政方就工资水平及其年度增长幅度、最低工资标准、加班工资标准、奖金等问题进行平等协商，在达成一致的情况下，签订协议书。

西友集团坚持以职工代表大会为主要载体，通过集体合同、工资集体协商、厂务公开、优秀合理化建议评选、职工热点问题征集等形式，加强企业的民主管理，把企业民主管理工作落到实处。

根据北京市第五次厂务公开工作会议精神，西友集团对原有的厂务公开领导体制和工作机制进行了调整，建立和完善了"党委统一领导，行政主体到位，工会主动配合，纪委监督检查，职工积极参与"的新的厂务公开领导体制和工作机制，并修订了《关于厂务公开民主管理制度的实施办法》。

集团及所属各二级公司每年都坚持召开职代会，凡是涉及企业改革发展的重大问题、涉及职工切身利益的问题等都坚持提交职代会审议，并不断改进和丰富职代会的内容。

参评"争创和谐企业"活动，西友集团提出了"把握一个契机，突出两个重点，实现四个进一步"构建和谐企业劳动关系的工作要求，即以争创"和谐劳动关系单位"为契机，突出抓好集体合同和劳动合同，进一步深化厂务公开工作，进一步加强职工代表大会制度的建设，进一步加大优秀合理化建议评选的力度，进一步拓展"办实事送温暖"的覆盖面。

他们成立了以党政一把手为组长，副总经理、工会主席为副组长的评比领导小组，结合企业实际情况，将抓好"行政主体到位"和做好工资集体协商作为深化厂务公开工作的重点；根据《劳动法》、《工会法》等法律法规，将做好新建企业建会和信息员建会工作作为加强职工代表大会制度建设的工作重点；将抓好劳模先进建言献策工作作为进一步加大优秀合理化建议评选力度工作的重点；将完善企业送温暖基金制度建设作为进一步拓展"办实事送温暖"覆盖面工作的重点，从而提高企业劳动管理水平，树立企业诚信形象，保障企业员工的合法权益，维护稳定和谐的劳动关系，促进企业劳动关系的和谐发展。

问题：

（1）简述西友集团是如何创建和谐劳动关系的？

（2）结合上述案例谈谈连锁企业应该如何做好员工劳动关系管理？

实训项目

组织学生利用课外时间，选择本地区连锁企业中的1~2家，就企业劳动关系管理状况进行调查。

步骤及要求：

（1）组织学生成立调查小组，每组6~8人。

（2）调查前，每组需要制定好调查的提纲。

（3）调查活动可以采用面谈法，也可以采用问卷调查法，调查内容要结合企业劳动关系管理进行。

（4）调查完成后各组要完成一份调查报告，调查报告要求具体真实，指出被调查企业劳动关系管理方面的问题，并提出相应建议。

第 9 章

连锁企业员工职业生涯管理

草原兴发集团帮助员工谋划职业生涯

小夏毕业后到内蒙古草原兴发集团工作。这一年，兴发集团在创业十周年之际推出一项全新的系统工程——面向每位员工的职业生涯规划。

此后短短两年时间内，小夏已愉快地在集团内部"跳槽"三次。学财会的他先是"专业对口"分到集团驻大连分公司做财务工作。半年后，小夏提出去家乡的武汉分公司，一边做财务，一边兼做武汉市场营销调查，这个想法很快被批准。半年后年终总结，大家公认小夏素质比较全面，业绩优良，但欠缺沟通技巧。为了弥补缺憾，小夏提出下车间学管理，结果又被批准了。

在草原兴发集团，人们对职业生涯发展有"四个阶段"的共识——起步期、成长期、成熟期和衰老期。在承认自然规律的前提下，职业生涯规划的最高目标是：缩短起步期，使人才快速成长；延长成熟期，防止过早衰老。

草原兴发集团人事部部长徐国庆说，集团将起步期的规划视为核心。在起步期年轻人最大的困惑是不容易找准自己的位置，在彷徨和徘徊中白费时间，对个人和企业都是极大的浪费。

打破企业内部人才流动壁垒的"内部跳槽"制度为"职业生涯规划"破了题。集团规定：起步期的年轻员工，通过一段时间直接感受后，对现有工作环境不满意，或者觉得现有岗位不能充分发挥其个人才能的，可以不经过主管领导直接向集团分管人事工作的最高权力机构——人事部提出相关要求，人事部负责在一个月内给予满意的答复。

为了引导青年用好这一全新的政策，在为期三个月的入厂教育中，集团首先安排5~7天的职业生涯规划，请中国人民大学等院校的专家讲人生规划的重要性和规划的要点，包括职业生涯道路选择、个人成才与组织发展的关系、系统学习与终身学习的必要性及如何根据自己的特长和兴趣规划自己的人生等，使员工一进企业就产生强烈的意识：把准方向、找准位置，尽快知道"我该在哪里"、"我该怎样往前走"。

集团安排的一系列活动为"内部跳槽"孕育前提：下基层锻炼、自我认识、他人评价、考核等。这一系列活动帮助新员工迅速完成从学生到员工的过渡，结合自身特长和公司需求，有一个较明确的自我评价和他人评价。

像小夏一样，许多年轻人在目的明确的"跳槽"中尝试和寻找自己的位置。

集团总经理助理、北京分公司经理闫鸿志原在财务部工作，但他善于交际，希望发挥自己的特长，到市场上闯一番事业。经过协调，人事部在财务人员十分紧张的情况下，批准他到呼和浩特分公司担任业务员。得到公司的尊重，有了施展才华的机会，他努力工作，在市场开拓中屡立战功。不久，公司委任他担任北京市场开发总指挥的重任。

小赵性格内向，难以改变，便要求从销售公司调到集团宣传部从事文案工作，而这正是学中文的他所擅长的。在小赵和同事们的共同努力下，宣传部连续被集团评为先进集体。

员工们准确的个人定位，使集团的系统培训更加有的放矢。负责宏观决策的"头脑型"人才、负责执行决策的"手臂型"人才、负责实际操作的"手指型"人才分别对口，接受相关的培训。员工们对培训的态度也大为改变。过去送出去培训，有人不感兴趣偷偷往回溜；把专家请进来讲课，好不容易召集起来，可专心听讲的少。现在，模糊的目的变成了清晰的追求，变成了"我要学"，积极参加培训成了风尚。

人事部部长徐国庆说，所有这一切变化都基于一个理念：每个"草原兴发人"都是一笔宝贵资源，我们有责任和义务把资源配置好，使之发挥最大效益。

问题：草原兴发集团为什么要帮助员工进行职业生涯规划？草原兴发集团的职业生涯管理有何特点？

本 章 学 习 目 标 ••

通过本章的学习，学生应该掌握以下内容：

1. 了解职业和职业生涯的概念；
2. 理解连锁企业职业生涯规划和连锁企业职业生涯管理的概念；
3. 掌握连锁企业职业生涯管理理论；
4. 掌握连锁企业员工个人职业生涯管理的内容及步骤；
5. 理解连锁企业组织职业生涯的早中晚期管理。

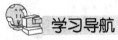
学习导航

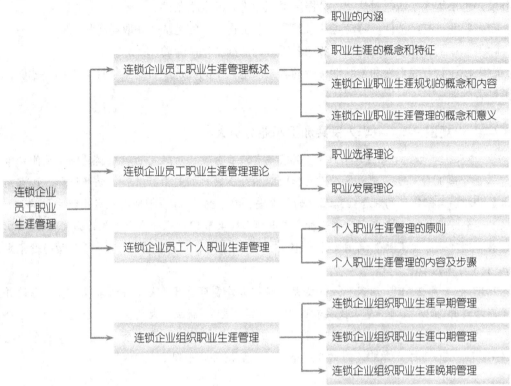

职业指导

　　优秀的人对于他们自己及生活，一般都会有长远规划。对职业生涯的长期眼光，是人们未来的事业能够登峰造极的重要条件。哈佛大学的爱德华·班菲德博士对美国社会进步动力的研究发现，那些成功的人往往都是有长期时间观念的人。他们在做每天、每周、每月活动规划时，都会用长期的观点去考量。他们会规划 5 年、10 年，甚至 20 年的未来计划。他们分配资源或做决策都是基于他们预期自己在几年后的地位而定的。这一研究成果，对于刚刚跨入社会的职场人士有着重要的启示作用。

9.1　连锁企业员工职业生涯管理概述

9.1.1　职业的内涵

　　职业是社会发展与进化的反映，是社会劳动分工发展的必然产物。社会分工是职业划分的基础和依据。从经济学角度看，职业是一种具有连续性和稳定性的社会性活动，是劳动者在社会分工体系中所获得的一种社会认可的劳动角色。一般而言，职业是指人们在社会生活中为了获取劳动报酬，满足社会联系和自我实现而进行的可持续的活动方式。

理解职业的内涵，需要把握以下几点。

（1）职业具有专业性。职业是某种专门的、具体的社会分工。不同职业对从业人员有不同的要求，越来越多的职业对从业人员提出了职业进入的资格条件。

（2）职业具有经济性。劳动者从事某项职业工作，目的是从中获取经济收入。

（3）职业具有社会性。职业是劳动者所进行的社会生产劳动。

（4）职业具有稳定性和连续性。劳动者连续地、不间断地从事的某种社会工作，才能称其为劳动者的职业。

小知识9-1　中华人民共和国职业分类大典

《中华人民共和国劳动法》规定："国家确定职业分类，对规定的职业制定职业技能标准，实行职业资格证书制度。"《中华人民共和国职业分类大典》是由劳动和社会保障部、国家质量技术监督局、国家统计局联合组织编制的。中央、国务院的50多个部门及有关研究机构、大专院校和部分企业的近千名专家学者参加了《中华人民共和国职业分类大典》的编制工作。《中华人民共和国职业分类大典》编制工作于1995年年初启动，历时4年，1999年年初通过审定，1999年5月正式颁布。

2015年7月29日，国家职业分类大典修订工作委员会召开全体会议审议、表决通过并颁布了新修订的2015版《中华人民共和国职业分类大典》。新版《大典》职业分类结构为8个大类、75个中类、434个小类、1481个职业。与1999版相比，维持8个大类、增加9个中类和21个小类，减少547个职业（新增347个职业，取消894个职业）。

9.1.2　职业生涯的概念和特征

1．职业生涯的概念

人在其一生之中，存在或生活于三个不同的生命周期或空间：生物社会生命周期、家庭生命周期和职业生命周期。它们构成人的总生命空间或周期，其中最重要的、有决定作用的是职业生命周期。

职业生涯是一个人一生中所有与职业相联系的行为与活动，以及相关的态度、价值观、愿望等的连续性经历的过程，也是一个人一生中职业、职位的变迁及工作理想的实现过程。简单来说，职业生涯就是一个人终生的工作经历。一般可以认为，职业生涯开始于任职前的职业学习和培训，终止于退休。

2．职业生涯的特征

（1）独特性。每个人都有自己的职业条件，有自己的职业理想，有自己的职业选择，有为实现职业自己所作的种种努力活动，从而有着自己与别人相区别的、独特的职业生涯历程。

（2）发展性。每个人的职业生涯随着自身知识、技能、意向和外部环境的变化，处于一种不断发展、演进的动态过程中。

（3）阶段性。每个人的职业生涯发展过程都有着不同的阶段，可以分为不同的时期。

（4）终生性。每个人的职业生涯作为一种动态发展的历程，是根据个人在不同阶段的需求而不断蜕变与成长的，直至终生。

（5）整合性。由于个人所从事的工作或职业往往会决定他的生活形态，而且职业与生活两者之间又很难区别，所以职业生涯应具有整合性，涵盖人生整体发展的各个层面，而非仅仅局限于工作或职位。

（6）互动性。人的职业生涯都是个人与他人、个人与环境、个人与社会互动的结果。人的"自我"观念，人的主观能动性，个人所掌握的社会职业信息和职业决策技术，都对其职业生涯有着重要的影响。

9.1.3　连锁企业职业生涯规划的概念和内容

1. 连锁企业职业生涯规划的概念

连锁企业职业生涯规划是指连锁企业与员工共同制定，对决定员工职业生涯的个人因素、组织因素和社会因素等进行分析，把员工个人发展与连锁企业发展相结合，制定有关员工个人一生中事业发展上的战略设想和计划安排。

员工职业生涯规划是连锁企业开发员工潜力的一种有效的管理方式。它以双赢为目标，强调发挥员工的主动性、积极性，并有效实现员工个人价值与连锁企业价值的高度结合。通过对员工进行职业生涯规划，连锁企业不仅满足自身的人力需求，而且还能创造高效率工作环境及和谐的人力资源氛围。

2. 连锁企业职业生涯规划的内容

连锁企业职业生涯规划的内容主要包括职业选择、职业生涯目标（人生目标、长期目标、短期目标）的确立、职业生涯路径的设计，还包括与职业生涯目标相配套的职业生涯发展战略和策略。

小知识 9-2　职业规划师

职业规划师是从职业人的个体利益出发，结合专业知识和相关资源，给予客户有关职业的适应、发展等方面的专业咨询、辅导、判断、建议和解决办法的专业人才。

目前，国内的相关专业证书有中国职业规划师协会统一认证颁发的中国职业规划师认证（China Career Development Mentor，CCDM）、劳动部颁发的职业指导师资格证书，以及美国咨询师认证管理委员会 NBCC 推广的全球职业规划师认证（Global Career Development Facilitator，GCDF）。

9.1.4　连锁企业职业生涯管理的概念和意义

1. 连锁企业职业生涯管理的概念

连锁企业职业生涯管理是指通过分析、评价员工的能力、兴趣、价值观等，确定双方能接受的职业生涯目标，并开展职业生涯设计、规划、开发、评估、反馈和修正等一系列综合性的活动，通过培训、工作轮换、丰富工作经验等一系列措施，逐步实现员工职业生涯目标的过程。

连锁企业职业生涯管理一般包含两重含义：一是连锁企业针对个人和企业发展需要所实施的职业生涯管理，也称为组织职业生涯管理；二是个人为自己的职业生涯发展而实施的管理，称为自我职业生涯管理，也称为个人职业生涯管理。

2．连锁企业职业生涯管理的意义

连锁企业职业生涯管理对企业和员工个人的发展都具有重要意义。

（1）职业生涯管理对连锁企业的意义。

1）职业生涯管理有效保证连锁企业未来人才的需要。从连锁企业角度来看，如果不能有效地实施员工的职业生涯管理，鼓励员工进行职业生涯规划，将很可能出现当连锁企业出现空缺职位时找不到合适员工填补，员工对连锁企业的忠诚度降低，连锁企业对员工的培训缺乏针对性等后果。因此，连锁企业可以根据本身发展的需要，预测未来的人力资源需求，通过对员工的职业生涯管理，为员工提供发展空间，从而使员工的发展与连锁企业的发展结合起来，有效地保证连锁企业未来不断发展的人才需要。

2）职业生涯管理能使连锁企业留住优秀人才。连锁企业中优秀人才的流失，不但减少了连锁企业的人才存量，而且增加了竞争对手的人力资源实力。导致连锁企业优秀人才流失的原因很多，但对员工职业生涯缺乏有效管理是其中一个重要原因。成功企业的实践证明，凡是重视职业生涯管理的企业，能为员工增加工作满意度，就能吸引和留住优秀人才。

3）职业生涯管理能使连锁企业人力资源得到有效开发。职业生涯管理能使员工的个人兴趣与特长受到连锁企业的重视，员工的积极性提高，潜能得到合理挖掘，从而有效地开发连锁企业的人力资源。因此，连锁企业在了解员工的职业兴趣，以及他们对成长与发展的方向和要求后，结合连锁企业发展的需要，合理地指导员工进行职业生涯管理，可以有效地开发连锁企业的人力资源，使连锁企业更适合社会发展和变革的需要。

（2）职业生涯管理对员工个人的意义。

1）有利于增强员工对工作环境的把握能力和对工作困难的控制能力。通过职业生涯管理既能使员工了解自身长处和短处，养成对环境和工作目标进行分析的习惯，又可以使员工合理计划、分配时间和精力完成任务、提高技能。这些都有利于增强员工对工作环境的把握能力和对工作困难的控制能力。

2）有利于员工处理好职业生活和其他生活部分的关系。良好的职业生涯管理可以帮助员工从更高的角度看待工作中的各种问题和选择，将各分离的事件结合联系，服务于职业目标，使员工职业生活更加充实和富有成效。它更能考虑职业生活同个人追求、家庭目标等其他生活目标的平衡，避免顾此失彼，两面为难的困境。

3）有利于员工实现自我价值的不断提升和超越。员工工作的初衷可能仅仅是找一份养家糊口的差事，进而追求的可能是财富、地位和名望。职业生涯管理对员工职业目标的多次提炼可以使其工作的目标超越财富和地位，追求更高层次的自我价值实现和不断超越。

前沿话题9-1　职业生涯管理——当知识型员工遭遇职业高原

职业高原这个概念是由美国心理学家弗朗斯提出的，是指个体在职业生涯发展中的某一个阶段，个体所能够获得的进一步晋升机会的可能性非常小。

在知识经济时代，人力资源管理的最高境界是对员工，尤其是知识型员工的职业生涯管理。但是，在全球化的冲击下，现代企业组织结构的扁平化趋势日渐明显，组织所能提供给知识型人才的管理职位也越来越少，组织自身也存在着不稳定性，再加上目前劳动后备军的持续充足供给，知识更新速度加快，很难为员工职业生涯做出长远规划。因此，知识型员工遭遇职业高原的可能性大大增加。

处于职业高原的知识型员工常会对自己未来的发展感到迷茫，对工作的前景缺乏信心，在工作中也相应地表现为缺乏激情，消极怠工，而工作压力又通常会导致心理的压抑怨愤和对生活的不满情绪。同时，对工作缺乏激情，觉得工作枯燥、乏味，会导致工作绩效和工作满意度降低，使个人的创新能力降低，竞争力下降。企业若做好职业生涯管理，能有效地延缓和减少知识型员工的职业生涯高原现象，是企业保持持续发展、稳步提高生产率的保障。

9.2　连锁企业员工职业生涯管理理论

职业生涯管理理论起源于美国，最早是以职业指导的形式出现的。职业指导是指由专门的机构帮助择业者确定职业方向，进行职业选择，并谋求职业发展的咨询指导过程。职业生涯管理理论的奠基人、美国波士顿大学教授帕森斯于 1908 年 1 月 13 日创立了波士顿职业局，并于1909 年 5 月出版了著作《选择职业》。随后，职业生涯管理理论受到苏联、日本、德国等国家的重视和推崇。20 世纪 60 年代以来，职业生涯管理理论和实践获得蓬勃发展。

职业生涯管理理论可以分为静态研究与动态研究两个方面。静态研究主要分析人职匹配，也就是个人特征与岗位的匹配，即职业选择理论；动态研究主要研究职业生涯的发展，即职业生涯发展理论。

9.2.1　职业选择理论

职业选择是指通过了解人自身的"个性特质"和不同职业的需求与"类型特征"，依照自己的职业期望和兴趣选择人的职业。

1. 帕森斯的人职匹配理论

帕森斯（Frank Parsons）的人职匹配理论又称帕森斯的特质因素理论。1909 年美国波士顿大学教授帕森斯在其《选择一个职业》的著作中提出了人与职业相匹配是职业选择的焦点的观点。他认为，个人都有自己独特的人格模式，每种人格模式的个人都有其相适应的职业类型。

帕森斯的人职匹配理论明确阐明职业选择的三大要素和条件：首先，应该清楚地了解自己的态度、能力、兴趣、智谋、局限和其他特征；其次，应清楚地了解职业选择成功的条件，所需知识，在不同职业工作岗位上所占有的优势、不利和补偿、机会和前途；最后，上述两个条件的平衡，即在了解个人特征和职业要求的基础上，实现人职匹配。

帕森斯的人职匹配理论内涵是在清楚认识、了解个人的主观条件和社会职业岗位需求条件的基础上，将主客观条件与社会职业岗位相对照，最后选择一种与个人特征相匹配的职业。

人职匹配一般分为两种类型。

（1）因素匹配。例如，需要有专门技术和专业知识的职业与掌握该种技能和专业知识的择业者相匹配；脏、累、苦劳动条件很差的职业，需要有吃苦耐劳、体格健壮的劳动者与之匹配。

（2）特性匹配。例如，具有敏感、易动感情、不守常规、个性强、理想主义等人格特性的人，宜于从事审美性、自我情感表达的艺术创作类型的职业。

帕森斯的人职匹配理论强调个人所具有的特性与职业所需要的素质与技能（因素）之间的协调和匹配。为了对个体的特性进行深入详细的了解与掌握，人职匹配理论十分重视人才测评的作用，可以说，人职匹配理论进行职业指导是以对人的特性的测评为基本前提，所以这一理论奠定了人才测评理论的理论基础，推动了人才测评在职业选拔与指导中的运用和发展。

2．霍兰德的职业性向理论

美国心理学教授约翰·霍兰德（John Holland）认为，职业性向（包括价值观、动机和需要等）是一个人选择职业的一个重要因素。霍兰德经测试研究发现人大致可以划分为六种基本的人格性向，相应地也将职业划分为六种对应的基本类型，即实际型、研究型、社会型、艺术型、企业型、常规型。

（1）实际型。具有这种性向的人，通常表现为害羞、真诚、持久、稳定、顺从、实际等个性特征，会被吸引去从事那些包含着体力活动，并且需要一定的技术、力量和协调性才能承担的职业。例如，机械师、装配线工人、农场主、森林工人等。

（2）研究型。具有这种性向的人，通常表现为分析、创造、好奇、独立等个性特质，会被吸引去从事那些包含着较多认知活动（思考、组织和理解等）的职业，而不是那些以感知活动（感觉、反应或人际沟通等）为主要内容的职业。例如，化学家、经济学家、数学家、新闻记者、各类研究人员等。

（3）社会型。具有这种性向的人，通常表现为喜交际、友好、合群、善解人意等个性特质，会被吸引去从事那些包含着较多人际交往内容的职业，而不是那些包含着大量智力活动或体力活动的职业。例如，社会工作者、外交工作者、临床心理学家、教师等。

（4）艺术型。具有这种性向的人，通常表现为富有想象力、无序、杂乱、理想化、情绪化、不实际等个性特质，会被吸引去从事那些包含着大量自我表现、艺术创造、情感表达及个性化活动的职业。例如，艺术家、广告制作者、音乐家、室内装饰家等。

（5）企业型。具有这种性向的人，通常表现为自信、乐观、进取、精力充沛、喜欢冒险等个性特质，会被吸引去从事那些包含着大量以影响他人为目的或以获得权利为目的的职业。例如，法官、律师、公关专家、政治家、各级政府官员等。

（6）常规型。具有这种性向的人，通常表现为顺从、谨慎、高效、实际、缺乏想象力、缺乏灵活性等个性特质，会被吸引去从事那些包含着大量结构性的且规则较为固定的职业，在这些职业中，员工个人的需要往往要服从于组织的需要。例如，会计、档案管理员、统计员、行政助理等。

然而，大多数人都并非只有一种性向（如一个人的性向中很可能同时包含着社会性向、实际性向和研究性向）。霍兰德认为，这些性向越相似，相容性越强，则一个人在选择职业时所面临的内在冲突和犹豫就会越少。为了帮助描述这种情况，霍兰德建议将这六种性向分别放在一个正六边形的每一角，如图 9-1 所示。

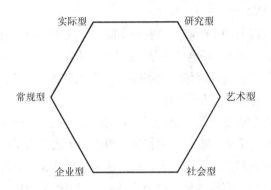

图 9-1　职业性向及职业类型分类

此图形共有六个角，每个角代表一个职业性向。根据霍兰德的研究，图 9-1 中的两种性向越接近，则他们的相容性就越高。如果某人的两种性向是紧挨着的，那么此人就很容易选定一种职业。然而，如果此人的性向是相互独立的（如同时具有实际性向和社会性向），那么此人在进行职业选择时将面临较多的犹豫不决的情况，这是因为多种兴趣将驱使此人在多种不同的职业之间进行选择。

根据职业性向理论，最为理想的职业选择是，个体能够找到与其人格类型重合的职业环境，即一个人的人格类型与职业匹配，这时他会感到内在的满足，并充分发挥自己的聪明才智。如果个人不能获得与其人格类型相一致的工作环境，则可以寻找与其人格类型相近的职业环境，在这种情况下，经过努力一般也会适应工作，取得成就。相反，如果是相斥的，就会觉得工作索然无味，也很难适应工作，最终无法胜任。

📇 小资料 9-1　关注"人职匹配"

职场案例：小孟去年毕业时，很想挑战自己，就到一家连锁企业做营销业务。工作一段时间后，小孟就开始有了一种挫败感，因为他的业务一直做得很差。他说，那都是由于自己不会抽烟、不会喝酒、不善于交际的缘故。于是，他一次次地骂自己笨，白读了这么多年的书。他越是这么想就越感到压力大，压力越大也就越紧张、焦虑，难以入睡。近段时间，小孟更是产生了"怕上班"的心理，经常头脑空白，一个人坐着发呆。

专家点评：其实，小孟工作上的烦恼并不只是会不会抽烟喝酒、会不会交际的问题，这在职场上属于常见的"人职匹配"与"职业角色初期适应"的问题。大家都了解"马跑得快，牛会犁田，狗爱看家"。如果让马去"看家"，肯定不尽职；如果叫狗去"犁田"，肯定没法完成任务，这是因为天然特性决定其具有某方面功用与长处。每个人都有其特定的优势长处，找工作以前先了解一下自己的职业倾向是有必要的，也就是按照自己的专长来考虑适合做什么及做什么能做得好，如此"量体选衣"就是注重"人职匹配"。当然，现在提倡综合型、开拓型的人才。所以，一方面讲究"人职匹配"、"先天优势"，同时也强调注重"职业适应性"，以提高生存能力。

3. 施恩的职业锚理论

职业锚理论是由美国麻省理工学院斯隆管理学院、美国著名的职业指导专家埃德加·施恩（Edgar H. Schein）教授提出来的。斯隆管理学院的44名毕业生，自愿形成一个小组接受施恩教授长达12年的职业生涯研究，包括面谈、跟踪调查、公司调查、人才测评、问卷等方式，最终分析总结出了职业锚（又称职业定位）理论。

职业锚理论认为个人职业发展是一个持续不断的探索过程。在这一过程中，每个人都根据自己的天资、能力、动机、需要、态度和价值观等慢慢地形成较为明晰的与职业有关的自我概念。随着一个人对自己越来越了解，这个人就越来越明显地形成一个占主要地位的职业锚。

职业锚是自我意向的一个习得部分，是个人进入早期工作情境后，由习得的实际工作经验所决定，与在经验中自省的动机、价值观、才干相符合，达到自我满足和补偿的一种稳定的职业定位。职业锚强调个人能力、动机和价值观三方面的相互作用与整合。职业锚是个人同工作环境互动作用的产物，在实际工作中是不断调整的。

通俗地说，职业锚是人们选择和发展职业时所围绕的中心。当一个人不得不做出职业选择时，他无论如何都不会放弃的那种职业中至关重要的东西或价值观就是职业锚。

施恩根据自己的研究，提出了五种类型的职业锚：技术功能型职业锚、管理型职业锚、创造型职业锚、自主独立型职业锚、安全稳定型职业锚。

（1）技术功能型职业锚。具有较强的技术功能型职业锚的人往往不愿意选择那些带有一般管理性质的职业。相反，他们总是倾向于选择那些能够保证自己在既定的技术或功能领域中不断发展的职业。

（2）管理型职业锚。具有管理型职业锚的人表现出成为管理人员的强烈动机，他们相信自己具备被提升到那些一般管理性职位上去所需要的各种必要能力及相关的价值倾向。必须承担较高责任的管理职位是这类人的最终目标。他们之所以认为自己有资格获得管理职位，是因为他们认为自己具备以下三个方面的能力：分析能力，即在信息不完全及不确定的情况下发现问题、分析问题和解决问题的能力；人际沟通能力，即在各种层次上影响、监督、领导、操纵及控制他人的能力；情感能力，即在情感和人际危机面前只会受到激励而不会受其困扰和削弱的能力，以及在较高的责任压力下不会变得无所作为的能力。

（3）创造型职业锚。具有创造型职业锚的人希望使用自己的能力去创造属于自己的公司或创建完全属于自己的产品或服务。这类人意志坚定且勇于冒险。在某种程度上，创造型职业锚同其他类型职业锚存在着一定程度的重叠。例如，他们也要求有管理能力，或者要求在某一专业领域获得独创的成果。但是，这些并不是他们的核心动机和目的，创造才是他们的核心动机和目的。他们对于新事物的尝试总是乐此不疲。

（4）自主独立型职业锚。具有自主独立型职业锚的人希望随心所欲安排自己的工作方式、工作习惯和生活方式，追求能施展个人能力的工作环境，最大限度地摆脱组织的限制和制约。他们愿意放弃提升或工作扩展机会，也不愿意放弃自由与独立。

（5）安全稳定型职业锚。具有安全稳定型职业锚的人极为重视长期的职业稳定和工作的保障。稳定和安全是他们追求的目标，如工作的安定、收入的稳定、可靠的保障体系，或者一种心理上的被组织接纳的稳定和安全感。在行为上，具有安全稳定型的人倾向于照章办事，不越雷池一步。在职业选择上，他们往往对组织有较强的依赖性，一般不轻易离开组织，依赖组织对他们的能力和需要进行识别和安排，更容易接受并融入组织。

随后大量的学者对职业锚进行了广泛的研究，并在 20 世纪 90 年代将职业锚确定为八种类型，即在原有的五种职业锚的基础上又增加了三种职业锚，即服务型职业锚、挑战型职业锚、生活型职业锚。

（1）服务型职业锚。具有服务型职业锚的人一直追求他们认可的核心价值，如帮助他人，改善人们的安全，通过新的产品消除疾病等。他们一直追寻这种机会，这意味着即使变换公司，他们也不会接受不允许他们实现这种价值的工作变动或工作提升。

（2）挑战型职业锚。具有挑战型职业锚的人喜欢解决看上去无法解决的问题，战胜强硬的对手，克服无法克服的困难障碍等。对他们而言，参加工作或职业的原因是工作允许他们去战胜各种不可能。他们需要新奇、变化和困难，如果事情非常容易，它马上会变得非常令人厌烦。

（3）生活型职业锚。具有生活型职业锚的人希望将生活的各个主要方面整合为一个整体，喜欢平衡个人的、家庭的和职业的需要，因此，生活型的人需要一个能够提供足够弹性的工作环境来实现这一目标。他们将成功定义得比职业成功更广泛。相对于具体的工作环境、工作内容，生活型的人更关注自己如何生活、在哪里居住、如何处理家庭事务等。

施恩根据自己在麻省理工学院的研究指出，要想对职业锚提前进行预测是很困难的，这是因为一个人的职业锚是在不断发生着变化的，它实际上是一个不断探索过程所产生的动态结果。

有些人也许一直都不知道自己的职业锚是什么，直到他们不得不做出某种重大选择时，比如到底是接受公司将自己晋升到总部的决定，还是辞去现职，转而开办和经营自己的公司。正是在这一关口，一个人过去的所有工作经历、兴趣、资质、性向等才会集合成一个富有意义的模式（或职业锚），这个模式或职业锚会告诉此人，对他个人来说，到底什么东西才是最重要的。

职业锚理论是一种以个人为出发点的职业生涯选择理论，并且职业锚理论能够同时关注个人与组织的职业发展，是能够实现个人价值与组织目标有机统一的一种有效的管理方式。对于个人而言，职业锚清楚地反映了个人的职业追求和抱负，是个人进行职业选择的依据；对于组织而言，通过对员工个人职业锚的认定，可以获得员工个人正确信息的反馈，根据这些反馈，组织可以有针对性地进行职业生涯管理。

小资料 9-2　丰田公司"职业锚"的运用

日本丰田公司在运用员工的"职业锚"方面给了人们有益的借鉴。丰田对于岗位一线工人采用工作轮调的方式来培养和训练多功能作业员，这样既提高了工人的全面操作能力，又使一些生产骨干的经验得以传授。员工还能在此过程中发现了自己的优势在哪里，从而进行准确定位，找到真正适合自己的岗位。一旦员工确立了自己的职业锚，工作起来将更具积极性和主动性，效率将有很大提高。

丰田采取五年调换一次工作的方式对各级管理人员进行重点培养。每年1月1日进行组织变更，一般以本单位相关部门为掉换目标，掉换幅度在5%左右。短期来看，转岗需要有熟悉操作的适应过程，可能导致生产效率的降低，但对企业长久发展来看则是利大于弊。经常的有序换岗还能给员工带来适度的压力，促使员工不断学习，使企业始终保持一种生机勃勃的氛围。

9.2.2　职业发展理论

任何一个员工的职业发展都是由不同的阶段构成的，从而形成其特定的职业周期。职业生涯发展理论就是从动态角度研究人的职业行为、职业发展阶段。职业生涯发展理论对职业指导理论和实践的贡献主要表现在：职业选择并不是个人面临择业时所出现的单一事件，它是一个过程。职业选择和职业发展在个人生活中是一个长期的、连续的过程。人的职业选择心理在童年时期就已经产生了，随着个人的年龄、教育、经验及社会环境等因素的变化，人们的职业心理也会发生变化。因而，可以把一个人的职业发展分为连续的几个阶段，每个阶段都有自己的特征和相应的职业发展任务。对个人而言，如果前一阶段的职业发展任务不能顺利完成，就会因影响后一阶段的职业成熟，导致最后职业选择时发生障碍。根据发展理论的观点，由于职业发展贯穿于人的一生，职业指导也是一个系统而长期的过程，职业指导应根据人的不同职业发展阶段实行不同方式和内容的指导。比较有影响的职业发展理论主要有金斯伯格（Ginzberg）的三阶段理论、萨柏（Donald E. Super）和格林豪斯（Greenhouse）的五阶段理论、施恩（Edger H. Schein）的九阶段理论。下面主要介绍三阶段理论和五阶段理论。

1．金斯伯格的三阶段理论

美国著名职业指导专家金斯伯格，对职业生涯的发展进行过长期研究，将职业发展理论分为幻想期、尝试期和现实期三个阶段。

（1）幻想期。幻想期是处于11岁之前的儿童时期。儿童们对大千世界，特别是对于他们所看到或接触到的各类职业工作者，充满了新奇、好玩的感觉。幻想期职业需求的特点是：单纯凭自己的兴趣爱好，不考虑自身的条件、能力水平和社会需要与机遇，完全处于幻想之中。

（2）尝试期。尝试期是11~17岁的时期，这是由少年儿童向青年过渡的时期。在尝试期，人的心理和生理在迅速成长发育和变化，有独立的意识，价值观念开始形成，知识和能力显著增长和增强，初步懂得社会生产和生活的经验。尝试期职业需求的特点是：有职业兴趣，但不仅限于此，会更多地客观地审视自身各方面的条件和能力；开始注意职业角色的社会地位、社会意义，以及社会对该职业的需要。

（3）现实期。现实期是 17 岁以后的青年年龄段。这一时期即将步入社会劳动，能够客观地把自己的职业愿望或要求同自己的主观条件、能力，以及社会现实的职业需要紧密联系和协调起来，寻找适合自己的职业角色。现实期所希求的职业不再模糊不清，已有具体的、现实的职业目标，表现出的最大特点是客观性、现实性、讲求实际。

金斯伯格的职业发展论，事实上是前期职业生涯发展的不同阶段，也就是说，是初就业前人们职业意识或职业追求的变化发展过程。

2．萨柏的五阶段理论

萨柏是美国一位有代表性的职业管理学家。萨柏以美国白人作为自己的研究对象，把人的职业生涯划分为五个主要阶段：成长阶段、探索阶段、确立阶段、维持阶段和衰退阶段。

（1）成长阶段。0～14 岁为成长阶段。这一阶段属于认知阶段，个人通过和家庭成员、朋友、老师之间的交流和认同，经历对职业从好奇、幻想到兴趣，到有意识培养职业能力的逐步成长过程。萨柏将这一阶段，具体分为三个成长期。

1）幻想期（10 岁之前）。儿童从外界感知到许多职业，对于自己觉得好玩和喜爱的职业充满幻想和进行模仿。

2）兴趣期（11～12 岁）。以兴趣为中心，理解、评价职业，开始做职业选择。

3）能力期（13～14 岁）。开始考虑自身条件与喜爱的职业相符合否，有意识地进行能力培养。

（2）探索阶段。15～24 岁为探索阶段。这一阶段属于学习打基础阶段，个人通过学校学习进行自我考察、角色鉴定和职业探索完成择业和初步就业。具体又可分为三个时期。

1）试验期（15～17 岁）。综合认识和考虑自己的兴趣、能力与职业社会价值、就业机会，开始进行择业尝试。

2）过渡期（18～21 岁）。正式进入劳动力市场，或者进行专门的职业培训。

3）尝试期（22～24 岁）。选定工作领域，开始从事某种职业，对职业发展目标的可行性进行实验。

（3）确立阶段。25～44 岁为确立阶段。这一阶段属于选择、安置阶段，此阶段对大多数人来说是职业生涯中的重要组成部分，个人通常能够找到适合自己的职业并谋求发展。这个阶段一般又可以划分为两个时期。

1）尝试期（25～30 岁）。对初就业选定的职业不满意，再选择、变换职业工作。变换次数各人不等，也可能满意初选职业而无变换。

2）稳定期（31～44 岁）。最终职业确定，开始致力于稳定工作。

（4）维持阶段。45～64 岁为维持阶段。在这个阶段，劳动者一般达到常言所说的"功成名就"情境，已不再考虑变换职业工作，只力求维持已取得的成就和社会地位。

（5）衰退阶段。65 岁以上为衰退阶段。这个阶段属于退休阶段，65 岁以上人，其健康状况和工作能力逐步衰退，即将退出工作，结束职业生涯。此时，应开发更为广泛的社会角色，减少权力和责任，调整自己的心态，学会接受新的角色，适应退休后的生活。

3．格林豪斯的五阶段理论

美国心理学博士格林豪斯的研究侧重于不同年龄段职业生涯所面临的主要任务，并以此为依据将职业生涯划分为五个阶段：职业准备、进入组织、职业生涯初期、职业生涯中期和职业生涯后期。

（1）职业准备。典型年龄段为0~18岁。职业准备阶段的主要任务是发展职业想象力，对职业进行评估和选择，接受必需的职业教育。

（2）进入组织。18~25岁为进入组织阶段。进入组织阶段的主要任务是在一个理想的组织中获得一份工作，在获取足量信息的基础上，尽量选择一种合适的、较为满意的职业。

（3）职业生涯初期。处于此期的典型年龄段为25~40岁。职业生涯初期的主要任务是学习职业技术，提高工作能力；了解和学习组织纪律和规范，逐步适应职业工作，适应和融入组织；为未来的职业成功做好准备。

（4）职业生涯中期。40~55岁是职业生涯中期阶段。职业生涯中期阶段的主要任务是对早期职业生涯重新评估，强化或改变自己的职业理想；选定职业，努力工作，有所成就。

（5）职业生涯后期。从55岁直至退休是职业生涯的后期。职业生涯后期的主要任务是继续保持已有职业成就，维护尊严，准备引退。

9.3 连锁企业员工个人职业生涯管理

个人职业生涯管理，也称自我职业生涯管理，是指个人在职业生涯的全部历程中，对自己所要从事的职业进行规划和设计，并为实现自己的职业目标而积累知识、开发技能的过程。

9.3.1 个人职业生涯管理的原则

1．实事求是原则

实事求是原则是员工个人进行职业生涯管理的基础和前提。人贵有自知之明，准确的自我认识和自我评价是制定个人职业规划的前提，实事求是的自我认识和自我评价是保证规划合理性的必要条件。

2．切实可行原则

切实可行原则是员工个人进行职业生涯管理的基本要求。首先，个人的职业目标一定要同自己的能力、特质及工作适应性相符合，一个学历不高又无专长的员工，却一心想进入管理层，在现代企业中显然不切实际。其次，个人职业目标和职业道路的确定，要考虑到客观环境条件，比如，在一个论资排辈的企业里，刚毕业的人就不宜把担当重要管理工作确定为自己的短期职业目标。

3．目标一致原则

个人职业目标要与企业目标协调一致。员工是借助于企业来实现自己的职业目标的，其职业规划必须在为企业目标奋斗的过程中实现。离开企业的目标，便没有个人的职业发展，甚至难以在企业中立足。所以，员工在进行职业规划时，应积极主动与企业沟通，获得企业及上级管理者的指导与帮助。

4．动态调整原则

随着时间的改变，员工本人的情况和外部环境都会发生改变。因此，员工的职业生涯规划的制定并非一劳永逸的事，员工需要依据客观实际情况及其变化来动态地调整和修正个人职业生涯规划。

9.3.2　个人职业生涯管理的内容及步骤

个人职业生涯管理的内容及步骤概括起来主要有以下几个方面：自我评价、环境因素分析、职业认知、职业选择、确立职业目标、确定职业生涯道路、制定行动方案、职业生涯评估与反馈。

1．自我评价

自我评价是对自己做出全面、客观、深入的分析。具体而言，自我评价主要包括对个人职业需要、职业兴趣、职业价值观、职业能力、性格、气质、职业锚等进行分析。自我评价是进行职业管理的重要前提和基础。只有做好自我评价，员工才能确定什么样的职业比较适合自己及自己具备哪些潜力，从而才能正确地选择和调整职业，在职业生涯中少走弯路。

员工要进行准确和科学的自我评价，就需要运用一些规范的工具和方法。这里主要介绍优缺点平衡表和好恶调查表。

（1）优缺点平衡表。由本杰明·富兰克林开创的帮助人认识其优缺点的自我评价方法被称为优缺点平衡表。编制优缺点平衡表的方法很简单。首先，员工在一张纸的中间画一条竖线，左边标明优点，右边标明缺点，然后记录员工自己意识到的所有优点和缺点。表 9-1 是优缺点平衡表的一个例子。

表 9-1　优缺点平衡表示例

优　点	缺　点
善于与人共事	与少数人非常亲密
乐于接受任务并按自己的方式去完成	不喜欢受到连续不断的监视
受人称赞的好的管理者	不容易与作为上司的人交朋友
勤劳	精神极度紧张
公正无私	经常说一些没有意识到后果的话
惊人的精力	不能坚持一直坐在办公桌旁
能在现行的环境中很好地发挥作用	有时在不熟悉的环境中会紧张
思想开放	真正的朋友很少
与高级人士打交道时感觉舒畅	兴趣层次忽高忽低
一旦任务确定下来，就干完它	不是好的短期计划者，长期计划很好

续表

优　点	缺　点
性格开朗	缺乏耐心
关心别人	情绪不稳定
有大量的感情投入	不喜欢琐事
通过他人干好工作	

（2）好恶调查表。一个人也应该把个人的好恶作为自我评价的一部分来考虑。编制好恶调查表与优缺点平衡表类似，只是把优点改为喜好，把缺点改为厌恶即可。有些人不愿意住在边远山区，有些人不喜欢出差，这些都会限制这些人的岗位选择，而好恶调查表能帮助个人认识他们加在自己身上的约束。这里要调查的好恶范围比较宽，应尽可能包括所有可能影响个人工作业绩的因素。表9-2是好恶调查表的一个例子。

表9-2　好恶调查表示例

喜　好	厌　恶
旅行	为大公司工作
住在东部	一直穿套装
自己做老板	整天待在办公室
住在中等城市	在大城市工作
看足球和篮球	整天加班
在闲暇时看书听音乐	

📖 **小知识9-3　大学生职业生涯规划的自我分析方法：SWOT分析**

SWOT分析法又称为态势分析法，四个英文字母分别代表优势（Strength）、劣势（Weakness）、机会（Opportunity）、威胁（Threat）。这一框架是企业战略管理咨询领域最常见的分析工具之一。运用SWOT分析法，可以对研究对象所处的情境进行全面、系统、准确的研究，从而根据研究结果制定相应的发展战略、计划及对策等。

下面以某连锁经营管理专业大学生的SWOT自我分析为例，向大家演示在大学生职业生涯规划时如何进行SWOT分析。

优势（S）：性格开朗，热情大方，善于与人交际，亲和力强，工作责任心和社会责任感都很强，做事认真负责，拥有良好的心理素质，拥有平和的心态，能够正视人生中的挫折与痛苦，骨子里坚强并勇敢，爱好广泛，爱好生活中的一切美好事物，很注重劳逸结合。

劣势（W）：有时害怕与陌生人交流，扩大交际圈的热情不是很高，以致具有相对滞后性，对于上级（领导、老师和合作伙伴），不知道怎样让他们了解到自己出类拔萃的一面，不太会积极处理与他们的关系，事业心与上进心不太强，不太会抓住好的机会和机遇，自制力不强，有时注意力很难集中，导致学习效率低下。

机会（O）：中国加入WTO后，国内市场呈现国际化的竞争态势，企业生存发展压力进一步增大。内外资企业跨地区、跨行业的强强联合，为大力发展连锁经营提供了经济实力。连锁企业间管理人才的竞争，将成为中外连锁企业间市场竞争的核心。

威胁（T）：英语水平较低，口语不太好，竞争压力很大。连锁企业对能力及实践能力和工作经验要求较高，最重要的是学历的要求比较高，学历可以说是进入一些连锁企业的敲门砖。

2. 环境因素分析

人都必须在一定的环境中生活。环境因素分析包括企业环境因素分析和社会环境因素分析两个方面。企业环境因素包括企业的特征、企业的发展战略、企业管理制度、企业文化、企业人才发展规划、企业领导者素质和价值观等；社会环境因素包括社会政治环境、经济环境、文化环境、法律环境、社会价值观等。对企业环境因素和社会环境因素进行分析的目的是确定自己是否适应企业环境和社会环境的变化，以及怎样来调整自己以适应企业和社会的需要。短期的职业生涯规划比较注重企业环境因素的分析，长期的职业生涯规划比较注重社会环境的分析。

3. 职业认知

职业认知是指了解职业分类、职业性质、企业情况。职业分类是以工作性质的同一性为基本原则，对社会职业进行的系统划分与归类。职业分类包括职系、职级、职务等。许多国家都有职业分类词典。职业性质，即一种职业区别于另一种职业的根本属性，一般通过职业活动的对象、从业方式的不同予以体现。职业性质需要人们进行深入的了解，因为人们认识一个职业往往只是看到一些表面的东西。另外，在到一家企业工作之前，研究该企业的组织结构和企业文化等也是十分必要的。

4. 职业选择

经过自我评价、环境因素分析及职业认知之后，个人已经清楚地了解自身的特质，也已经掌握了外部环境中所存在的机会及职业本身的特点，接下来就可以进行职业选择了。职业选择的正确与否，直接关系到人生事业的成功与失败。据统计，在选错职业的人当中，有80%的人在事业上是失败者。由此可见，职业选择对人生事业发展是何等重要。选择正确的职业，至少应考虑以下几点：职业锚与职业的匹配、性格与职业的匹配、兴趣与职业的匹配、特长与职业的匹配、内外环境与职业的相适应等。

5. 确立职业目标

职业生涯目标的确立是职业生涯管理的核心。一个人事业的成败，很大程度上取决于有无正确适当的职业目标。职业目标的确立是在继职业选择后，对人生目标做出抉择。其抉择是以自己的最佳才能、最优性格、最大兴趣、最有利的环境等信息为依据而做出的。通常职业生涯目标的确定包括人生目标、长期目标、中期目标与短期目标的确定，它们分别与人生规划、长期规划、中期规划和短期规划相对应。首先要根据个人的专业、性格、气质和价值观，以及社会的发展趋势确定自己的人生目标和长期目标，然后再把人生目标和长期目标进行分化，根据个人的经历和所处的企业环境制定相应的中期目标和短期目标。短期目标一般为1～2年；中期目标一般为3～5年；长期目标为5～10年。

6．确定职业生涯道路

一个人在企业中的职业生涯道路通常有四种选择：纵向职业道路、横向职业道路、网状职业道路、双重职业道路。

（1）纵向职业道路。纵向职业道路是最为传统的，是指员工在变化工作的同时提升在企业中的层级，也就是员工在企业中经过自己的努力，在纵向上从低层级向高层级发展。纵向职业道路具体表现为在职务晋升的同时伴随着待遇的不断提高。

（2）横向职业道路。横向职业道路属于跨部门、跨职能的工作变换，例如由营销或销售部门转到行政部门。这种变换有助于扩大个人的知识技能面，不断积累和丰富自己的工作阅历，但同时会对工作带来较大的挑战。

（3）网状职业道路。网状职业道路是纵向和横向相结合。一般情况下，一个人很难完全走纵向职业道路，因为这样其背景会比较简单，从而制约其纵向发展的潜力。上升到一定层次在横向上做一些积累，将更可能胜任纵向的下一个目标。从丰富工作背景和阅历角度考虑，网状职业道路是一种适合企业大多数员工现实的职业发展道路。

（4）双重职业道路。双重职业道路的基本思想是，技术专家不必成为管理者也同样可以为企业做出贡献。一个人可以选择只做某一方面的专家，通过自己在这方面能力的不断提升为企业做出更大的贡献，同时相应获得更好的待遇和应有的承认，而不必在纵向上提升或横向上调动。

职业生涯道路的选择通常要考虑三个问题，即向哪条道路发展、能向哪条道路发展、哪条道路可以发展。只有对这三个问题进行综合分析，才能确定自己的最佳职业生涯道路。

7．制定行动方案

在确定了职业生涯目标后，行动便成了关键的环节。没有达到目标的行动，就不能达到目标，也就谈不上事业的成功。这里所指的行动是指落实目标的具体措施，主要包括工作、训练、教育、轮岗等方面的措施。例如，为达到目标，在工作方面，采取什么措施提高工作效率；在业务素质方面，如何提高业务能力；在潜能开发方面，采取什么措施开发潜能等。这些都要有具体的计划与明确的措施，并且这些计划要特别具体，以便定时检查。

8．职业生涯评估与反馈

俗话说，计划赶不上变化。影响职业生涯规划的因素很多，有的变化因素是可以预测的，而有的变化因素难以预测。在这种状况下，要使职业生涯规划行之有效，就需要不断地对生涯规划进行评估与修订。其修订的内容包括职业的重新选择、职业生涯道路的重新选择、人生目标的修正、实施措施与计划的变更等。

✎ 小实务 9-1　HR 如何给自己进行职业生涯该规划

HR 经常帮助员工做职业生涯规划，却有不少 HR 忘记了给自己规划。HR 自己将来要干什么？未来两三年或五年、十年，甚至更长时间，自己的事业和人生成就要达到什么程度，也是让很多 HR 所迷茫的地方。那么，作为 HR，该如何给自己做好职业生涯规划呢？

首先，你问问自己，你喜欢这个职业吗？职业生涯规划自我分析的"三问"是："我最喜欢什么样的工作？我最擅长干什么工作？推动我干这个工作和努力前进的动力是什么？"无疑，兴趣和你的个人意愿最重要，即你喜不喜欢做 HR？发自内心的问一下自己，不要强迫自己勉强回答，如果你大部分时候碰到 HR 工作中的问题时，你选择排斥和逃避，或心里很纠结和痛苦，那劝你还是放弃 HR 工作，趁早解脱。

其次，看看你是否适合做 HR？有了兴趣还不行，还得看自己是否适合，可以通过霍兰德职业兴趣测试和职业锚定位来进行分析，看看自己是否适合。什么样的人适合做 HR？通常认为，那些性格外向、喜欢与人打交道、有良好的亲和力、较强的沟通协调能力、善于思考和学习、愿意通过成就他人来成就自己的人，比较适合做 HR。

锁定目标，你的 HR 未来之路在何方？从 HR 纵向发展来看，可以做 HR 主管、HRM、HRD、CHO、副总、总裁。从 HR 横向发展来看，可以做招聘专家、培训专家等各模块专家。从 HR 行业发展来看，可以做咨询顾问、猎头顾问、培训师、心理咨询师、职业辅助规划师、专职讲师、学者或教授等。你的 HR 之路将来往哪个方向发展？你想好没有？但不管你怎么选，HR 专业知识和能力的历练是一道跨不过去的槛，必定要经历，且需要一个较长时间的实践积累和沉淀。

最后，制定人生规划的五步曲。职业生涯规划，简而言之，就是知己、知彼，择优选择职业目标和路径，并用高效行动去实现职业目标。它的操作五步骤就是：客观认识自我，评估职业机会，确定职业目标和路径，终身学习并高效行动，与时俱进并灵活调整。操作时可借鉴一些 SWOT 分析、目标分解、鱼刺分析、PDCA 等工具来细化实施。

9.4　连锁企业组织职业生涯管理

连锁企业组织职业生涯管理是从连锁企业角度对员工从事的职业和职业发展过程所进行的一系列计划、组织、领导和控制活动，以实现连锁企业组织目标和个人发展的有效结合。下面将从职业生涯早期、中期和晚期三个阶段来阐述连锁企业组织职业生涯管理的主要内容。

9.4.1　连锁企业组织职业生涯早期管理

职业生涯早期阶段是指一个人进入连锁企业，在连锁企业内逐步"组织化"，为连锁企业所接纳，并逐步进行职业探索的过程，这一阶段一般是指 20～30 岁。连锁企业组织职业生涯早期管理主要包括以下几个方面的内容。

1. 主管需要尽快熟悉新员工

新来的员工往往缺乏实践经验。为了让下属尽快熟悉工作，主管应该关心下属，了解其优点和缺点，有针对性地进行引导，让下属获得成功经验。帮助下属取得很好的工作成绩，既是领导者本身的职责，也融洽了上下级关系，为今后更好地合作共事奠定良好的基础。

2. 帮助员工确立职业生涯目标

主管可以通过绩效考核，帮助员工确立适宜的职业生涯目标。虽然能力可以测量，但连锁企业更关心的是能力的发挥状况，即员工在岗位上的表现，特别是持久的表现。不论情境如何变化，有些员工始终能够有优异的绩效。绩效考核往往是对既定岗位的考核，如果指标体系过窄，针对性过强，反而可能不利于进行职业指导和进一步职业生涯发展目标的确立。因此，在给员工确立职业生涯目标时，一方面要结合员工的绩效表现；另一方面还要适当地观察员工工作以外的其他特点。通过工作内外的全面认识，可以使对员工的职业生涯目标的指导更加科学合理。

3. 帮助员工制定职业生涯规划

对员工有了一定的了解之后，主管要帮助员工制定职业生涯规划。这个规划必须是由上司和下属协商达成的共识，在规划中要帮助员工和组织明确努力方向，采取具体可行的方式保证目标的达成。

4. 促进员工的社会化

员工的社会化，是指连锁企业中的新员工融入企业文化的过程。员工社会化一方面要靠员工自己的努力；另一方面需要连锁企业提供相应的条件。培训是促进员工社会化的一种比较好的形式。此外，连锁企业可以为新员工安排导师，导师对企业文化比较了解，可以将企业的价值观和行为准则有效地传递给新员工。另外，表彰先进也是促进员工社会化的重要途径，通过这些举动给员工传递企业的经营理念、价值观念，让员工的个人价值观与企业的观念相一致。

5. 支持员工的职业探索

员工对自我的认识是一个探索过程。为了使工作岗位更适合员工，连锁企业应该提供各种职位空缺的信息，并进行广泛传播，让感兴趣的员工都有机会参与职位的竞争，进而发现那些有潜力的员工。

小资料9-3　内蒙古小肥羊餐饮连锁有限公司组织职业生涯管理

为了保证给新进入的大学生在公司有一个良好的个人职业生涯发展和个人能力的提升，内蒙古小肥羊餐饮连锁有限公司为员工（大学生）进行职业生涯规划。其详细内容如下。

经过严格的培训后先从基层做起，3个月的餐厅轮岗工作，在这3个月里将让其将餐厅的所有服务性工作轮岗一遍。

4～12个月将从事前厅经理一职，着重学习和锻炼质量管理、危机事件处理、沟通、领导技巧等专业知识。

12个月后对可以胜任店面执行经理一职人员再分配到所需店面，做见习店面执行经理，经考核通过后方可就任店面执行经理一职。若考核未通过，公司还将继续给予培训直到员工可以胜任职位。

学员可以胜任店面执行经理时，去哪个城市与店面将由学员自己挑选。若员工能力显著，在工作期间完成了公司的要求，公司着力培养他成为小肥羊区域经理和公司骨干管理人才。

9.4.2　连锁企业组织职业生涯中期管理

职业生涯中期是指从立业到退休前若干年的一段时期。连锁企业组织职业生涯中期管理主要包括以下几个方面的内容。

1．为员工提供更多的职业发展机会

连锁企业需要为发展到一定阶段的员工创造发展机会，这一方面是解决处于职业生涯中期的员工职业生涯顶峰的问题，同时也是组织留住人才的关键。这一问题的解决方案有以下几种：一是开辟新的开发项目，以增加组织的新岗位；二是通过一定的形式，承认员工的业绩，给予一定的荣誉；三是进行岗位轮换，丰富员工的工作经验，使员工的成长需求得到满足。

小资料 9-4　九州通关爱员工职业生涯发展

九州通医药集团股份有限公司（简称九州通）是湖北省最大的民营企业，是一家以西药、中药和医疗器械批发、物流配送、零售连锁及电子商务为核心业务的股份制企业。

九州通给员工提供清晰的职业发展路线，便于员工选择与晋级，减少员工在发展路径中的盲目性与无序性，并建立和完善员工培养机制，实现企业人才储备。九州通为每个岗位制定了清晰的职业发展路线图，并明确了每条路线不同层级的任职资格要求、晋级方式，以便员工实现在九州通的职业规划发展。

"九州通员工职业生涯规划项目"为员工提供了一目了然的职业发展路线，并为员工提供专业与管理两条发展通路。经过专业规划与定向培训，员工可据此实现自身职业价值的最大化。

九州通制定出高层管理序列、中层管理序列、基层管理序列、职能序列、技术序列、业务序列、业务支持序列、物流序列、后勤序列九大序列的员工职业生涯发展路线，方便员工根据对应序列进行职业生涯规划。同时，公司为员工提供了各序列员工职业规划手册、员工职业素养专业测评、员工职业规划咨询服务、员工各项认证等服务。

2．帮助员工实现技能更新

组织帮助处于职业生涯中期的员工实现技能更新的方案主要有以下几种：一是从主管的角度来说，需要鼓励员工掌握新技能，同时让员工承担具有挑战性的工作；二是从同事角度来说，要与员工共同探讨问题，提出想法，鼓励员工掌握新技能；三是从组织奖励体系来看，可以通过带薪休假、奖励创新，为员工支付开发活动费用等方法鼓励员工更新技能和知识。

3．帮助员工形成新的职业自我概念

职业生涯中期，由于个人的职位和地位上升困难，许多员工经历过一些失败，使早期确立的职业理想产生动摇，因此需要重新检讨自己的理想和追求，建立新的自我。为此，个人需要获得相关的信息，如关于职业发展机会的信息、自己的长处和不足的信息等。

4．丰富员工的工作经验

工作经验的丰富本身就是职业生涯追求的目的。有意识地进行工作再设计，可以使员工产生对已有工作的再认识、再适应，产生积极的职业情感。

5．协助员工解决工作家庭冲突

研究表明，来自家庭和工作场所的社会支持有助于减少工作家庭冲突。这些社会支持可以是情绪性的，也可以是工具性的。工作环境的支持主要体现在连锁企业的一些政策和管理者的行为上。连锁企业可以有意识地采取一些政策和措施以部分地减轻员工的家庭负担，帮助员工平衡工作与家庭责任。

9.4.3　连锁企业组织职业生涯晚期管理

职业生涯晚期一般是指退休前5～10年的时间。连锁企业组织职业生涯晚期管理主要包括以下方面的内容。

1．灵活管理

针对退休问题，连锁企业应该根据实际情况制定相应的政策和措施。一般情况下，应该严格地按照连锁企业规定的相关制度对待退休员工，但也要考虑实际，做一些适应市场变化和特殊情况的差别化处理。员工有各自的情况和不同的类型，多数员工的贡献能力不会随着正式退休而结束，企业如需要相关的人员，可以采取兼职、顾问或其他方式优先考虑聘用他们。

2．真诚关心

连锁企业对于即将退休的员工需要真诚关心。很多老员工对工作单位有很深的感情，非常关心企业的发展。连锁企业可以利用退休员工座谈会、联谊会等形式，向退休员工通报企业发展情况，征求他们对企业的意见和建议，加强员工之间的沟通、联系和友谊。

3．提前准备

在退休之前，连锁企业应做好新老交替工作，其次还应该有计划地组织一些活动，帮助即将退休的员工了解退休后的生活，尝试性地适应这种生活。

4．发挥优势

处于职业生涯晚期的员工，有许多的经验和教训，这些经验和教训都是宝贵的财富。如果将这些传授给年轻的员工，让这些年轻的员工吸取成功的经验，避免失败的教训，无疑有利于员工的顺利成长，为组织培养优秀的员工创造了条件。

 ## 知识测试题

一、单项选择题

1．职业性向理论的提出者是（　　　）。

A．帕森斯　　　　　　B．霍兰德　　　　　　C．施恩　　　　　　D．格林豪斯

2．根据职业性向理论，最适合从事会计工作的是（　　　）。

A．实际型　　　　　　B．社会型　　　　　　C．企业型　　　　　　D．常规型

3．职业发展理论中的三阶段理论提出者是（　　　）。

A．金斯伯格　　　　　B．萨柏　　　　　　　C．格林豪斯　　　　　D．富兰克林

二、多项选择题

1．职业锚理论中属于新增职业锚的是（　　　）。

A．服务型职业锚　　　　　　　　　　　B．挑战型职业锚

C．生活型职业锚　　　　　　　　　　　D．创造型职业锚

2．金斯伯格的职业发展三阶段理论包括（　　　）。

A．幻想期　　　　　　B．尝试期　　　　　　C．现实期　　　　　　D．兴趣期

3．职业选择理论包括（　　　）。

A．人职匹配理论　　　　　　　　　　　B．职业性向理论

C．职业锚理论　　　　　　　　　　　　D．职业发展理论

三、简答题

1．连锁企业职业生涯管理的意义有哪些？

2．简述连锁企业员工个人职业生涯管理的内容及步骤。

3．简述连锁企业组织职业生涯早期管理、中期管理、晚期管理的主要内容。

 案例分析

王军的职业发展困惑

王军在大学里所学的专业是会计，毕业后进入一家国内知名连锁企业的一个下属企业财务部做会计工作。工作了一段时间后，王军凭着年纪轻、脑子灵，很快就熟悉了岗位的工作流程和业务，已经能够较好地完成工作及各方面的要求。但是，随着工作时间的加长，王军感到越来越没有前途，虽然企业的待遇不错，但现在财务部门的领导还很年轻，上升空间不大，工作也没什么挑战性，每天做的都是同样的工作，非常枯燥；而且自己生性就好动，喜欢与人交往，现在的工作整天和计算机及账本打交道，工作根本没有乐趣可言。他曾经几次想把自己的想法和主管谈谈，想到其他部门转转。但是，主管平时也非常器重自己，如果贸然提出要走，王军担心主管会有什么想法。终于，一天中午，王军看到主管的办公室里只有他一个人，他鼓足勇气走进了主管办公室。

问题：

（1）如果你是王军，你会如何和主管谈自己的想法？

（2）如果你是王军的主管，你准备如何与他一起设计他的职业生涯？

实训项目

进行心理测试与职业生涯设计实训。通过实训，使学生掌握心理素质测评的基本方法，熟悉相关职业的基本要求，了解自己的长处和不足，做好个人的职业生涯设计，以便自己有的放矢地学习和实践，提高自己的心理素质和能力，调整心态尽快适应社会，走向成功。

步骤及要求：

（1）通过社会调查等方式，了解所学专业涉及的职业，包括职业的业务范围、对人才素质的要求、职业发展情况等。

（2）利用霍兰德职业倾向测验量表等方法，进行智力测试、创造力测试、气质测试、性格测试、需要测试、社会适应性测试、人际能力测试、自我管理测试、职业兴趣测试、心理健康水平测试。

（3）每人根据自己的实际评价结果，设计一份适合自己的职业生涯规划书，交给任课教师。

（4）任课教师对学生的职业生涯规划书进行总结点评。

第10章

连锁企业员工特殊关系管理

"终生交往"让人才流而不失

对于离职的员工，A连锁企业采取的态度是人走茶不凉，与员工保持"终生交往"，使离职员工"流而不失"。离职员工仍被看作企业的人力资源，企业会对这部分特殊的人力资源实施高效管理。这种管理制度不仅使离职员工向企业传递了市场信息，提供合作机会，介绍现供职机构的经验教训，帮助企业改进工作；而且他们在新岗位上的出色表现，折射出A连锁企业的企业文化的光彩。

为了和离职员工保持密切的联系，确保其"流而不失"，有效的人力资源管理从员工决定离职的那一刻起就开始了。在该企业，不管是企业工作多年的老员工，还是那些发现不适应提出要走的新员工，在他们提出离开时，一般都会得到企业挽留，但同时他们的选择也会得到尊重。企业规定在每个员工离职前必须做一次面谈，提出自己对企业的看法和离职的原因，如果是企业管理方面的问题，企业会充分重视，并努力去改善。值得一提的是，企业还十分关心他们今后的发展和去向，甚至会帮助他们寻找一些更适合的单位。从另一个角度讲，离开企业的员工里，有很多是非常优秀、有能力的人，和这些员工保持交往，会为企业带来新的资源。

A连锁企业的人力资源部就有这样的一个新职位叫"旧员工关系主管"。这个主管的工作，就是特殊的人事档案，跟踪离职员工的职业生涯变化情况，甚至包括结婚生子之类的细节。一旦发生变化，企业会在24小时内对档案做出更改。只要是曾在企业效力的员工，都会定期收到企业内部通信，并被邀请参加企业的聚会活动。

A连锁企业还摒弃了"好马不吃回头草"的陈腐观念，欢迎跳槽的优秀人才重返企业效力。"有的人认为如果让那些所谓的叛徒回来，或者还与他们保持长期的交往，无法面对留下来的那些人。而经验告诉我，事实恰恰相反，这么做是对现有人员最大的尊重，让他们感觉到温暖和信任。而且对于企业文化的建立和企业品牌的树立有着深刻的影响。"A连锁企业人力资源部部长强调了这一观点。同时指出，聘用"回头好马"既可以降低企业成本，又有利于提高员工忠诚度。

对于备受人才流失困扰的连锁企业来说，管理者往往殚精竭虑甚至不择手段以求留住优秀的员工。而A连锁企业面对日益激烈的商业竞争，摒弃了"终生员工"的概念，更愿意和员工保持"终生交往"，以崭新的态度来看待人才流失和留人的问题，他们不但不竭力阻止优秀人才走出企业的大门，甚至还"鼓励"人才的离开。

鼓励人才流动的机制非但没有造成大量人才流失，相反，企业人才反而越留越多。对于其中的奥妙，A连锁企业刘总一语道破天机："企业培养出去的人才对企业有一种感情情结，这种感情情结会使他们留下终生不褪的心里烙印，他们会以各种方式报效企业。"

问题：你如何看待A连锁企业这种离职员工管理方式？你是否还有更加优化的离职员工管理方法？

通过本章的学习，学生应该掌握以下内容：

1. 了解连锁企业员工人际关系的含义和类型；
2. 理解连锁企业员工人际关系的影响因素；
3. 掌握连锁企业员工冲突管理的基本原则和策略；
4. 了解连锁企业员工压力的来源；
5. 理解连锁企业员工压力的管理方法和策略；
6. 掌握连锁企业员工主动离职管理的影响因素和管理策略。

学习导航

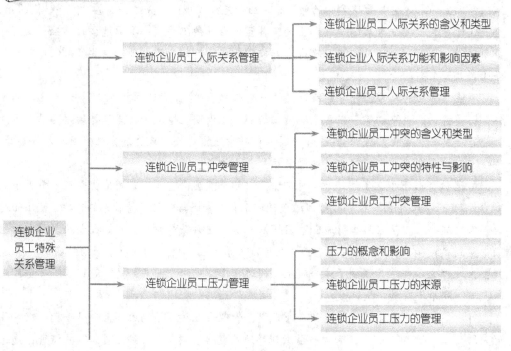

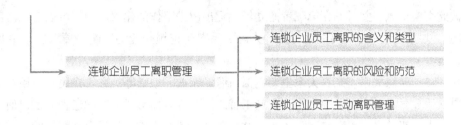

曾有调查表明，目前在求职者面试中常回答的离职原因包括：人际关系不好处理、收入不合期望、与上司相处不好、工作压力大等。但从企业招聘方来看，这些原因都或多或少包含求职者本身的因素，可能影响将来的工作发挥，如与同事及客户的人际关系、薪水问题、不能承受竞争等。因此不建议采用此类原因。求职者应尽量采用与工作能力关系不大、能为人所理解的离职原因，如为符合职业生涯规划、上班太远影响工作、充电、休假、生病等。其实，避免敏感答案，并不意味着欺骗，如招聘人员问及细节问题，应如实回答。否则求职者的诚信度可能大打折扣，成功可能性更小。

10.1　连锁企业员工人际关系管理

10.1.1　连锁企业员工人际关系的含义和类型

1. 连锁企业员工人际关系的含义

员工人际关系是员工与员工之间在工作、生活等活动过程中直接的心理上的关系。员工人际关系反映了个人或群体寻求满足其社会需要的心理状态，因此，人际关系的变化和发展决定于双方社会需要满足的程度。人在社会中不是孤立的，人的存在是各种关系发生作用的结果，人正是通过和别人发生作用而发展自己，实现自己的价值。在连锁企业中员工之间的人际关系对连锁企业的健康发展和经济效益有着重要的影响。

2. 连锁企业员工人际关系的类型

（1）上下级关系。上下级关系是连锁企业内最主要的人际关系。这种类型的人际关系是出于完成任务的目的而形成的，连锁企业内每个人都在这种关系之中。在上下级关系中每个人的个性影响着他们对人际关系的满意程度，从总体上决定这种关系的效率。上下级关系主要表现在任务要求、工作内容、工作质量、绩效考核等方面，上下级都希望有一个好的人际关系，有利于各自完成自己的工作。在这种人际关系中，如果出现信任危机，导致上级与下属沟通过程中发生信息偏离，对于连锁企业来说有很大弊端。上下级之间的信任是提高沟通的关键因素。这种信任是建立在上下级对彼此知识、技能和价值非常了解的基础之上的。一旦这种信任感建立了，那么对于人际关系的质量及这种人际关系对连锁企业的效能都有很重要的影响。

（2）同事关系。同事关系主要是由于工作任务和其他社会接触形成的。同事之间会就工作任务、工作联系、绩效评估等彼此联系，从而形成或好或坏的人际关系。同事关系有助于员工彼此交换信息，并且站在第三者的立场上提出改进工作的建议。他们可以互相帮助彼此解决问题，共同商讨如何应对上级。这种人际关系对于连锁企业的影响主要取决于主管的人际关系技能。

（3）亲缘关系。亲缘关系主要包括血缘、亲戚、地缘等关系。在民营连锁企业中这种关系更加明显。在一个企业中会因一个员工带来同乡等，而形成地缘的老乡关系，他们在企业中既存在上下级关系，也存在同事关系。这种关系一般在工作、生活上互相帮助，有利于形成较好的人际关系氛围，但也容易形成非正式组织的小团体。

（4）同学与专业朋友关系。由于在同一所学校求学或所学专业相同，有可能在同一个连锁企业内工作，也因为有相同的专业而形成专业朋友关系。这种关系相对比较牢固，也容易沟通，有利于开展工作和形成较好的人际关系，但也容易形成非正式团体。

（5）业务关系。业务关系是指由于连锁企业的业务联系而与连锁企业内部或外部相关人员建立的关系，这种关系对连锁企业的经营发展有着较大的影响。

10.1.2　连锁企业人际关系功能和影响因素

1．连锁企业员工人际关系功能

（1）合力功能。许多人协作，许多力量融合为一个总的力量，就造成一个新的力量，这种力量和它的一个个力量的总和有本质的差别。这就是人际关系所具有的合力功能。在一个团体中，由于人们的结合方式和结合程度不同，即团体内部的人际关系状况不同，则团体的整体效应也就是组织的合力就完全不同。

（2）互补功能。互补功能是指在一个团体中，具有不同知识结构、不同性格和不同工作作风的成员有机地组合在一起，并建立良好的人际关系，从而弥补各自的不足，以顺利实现团体的目标。

（3）激励功能。激励功能是指在一个群体中，成员间通过相互了解、比较、刺激和影响而产生彼此互相鼓舞、互相激励的作用，从而使群体中的成员能够积极进取，提高生活、学习和工作的活力，达到提高质量、效率和效益的目的。人际关系之所以具有激励功能，是因为人际交往中存在着群体压力、人际比较、竞赛和竞争及情感激励等相互激励的因素。

（4）沟通感情功能。人的感情需要交流沟通，需要宣泄，这样才能疏解压力，维持身心的健康。而且通过情感的沟通交流，会加强人与人之间的感情，产生一种亲密感，更加有利于在人际交往中发挥人际关系的合力、互补和激励功能。

（5）交流信息功能。人际间的信息交流永远不能为其他传媒手段所替代。因为，几乎所有传播的信息首先都来源于人际的信息交流，即人际的信息交流具有其他传媒手段和途径所不能替代的特点，既信息传播的特定性、可信性和直接双向性。

2．连锁企业员工人际关系的影响因素

（1）邻近性。邻近性是指人与人之间由于居处相邻，或者由于工作和活动等空间距离上的邻近。邻近性可以增加相互吸引，有助于建立与促进相互之间人际关系的发展。其主要原因表

现在以下四个方面：第一，接近能够增加熟悉感，而相互熟悉了解是建立密切关系的前提；第二，接近更容易寻找到共同的语言、兴趣和观念等；第三，彼此之间距离上的接近，可以使人消除羞怯感，容易产生沟通；第四，邻近性容易在彼此之间达成认知上的一致。

（2）交往频率。交往频率是指人们相互接触的次数的多少。人们的关系需要常常沟通，在沟通中找到相互了解的途径。一般来说，交往频率越大，越容易形成共同的经验，产生共同的语言和感受，也就越容易形成密切的关系。反之，长久不交往，关系就容易疏远，良好的人际关系也就无法建立。

（3）相似性。根据社会心理学的有关研究，交往双方如果有较多类似的地方，那么相互之间的吸引就容易产生，同时也就会促进其人际关系的发展。相似性包括交往双方的年龄、性别、地位、职业、观点、态度、行为、爱好，以及民族、文化等方面所具有的共同特点。日本心理学家古畑和孝分析了出现这种现象的三个原因：第一，一般情况下人们都希望自己在态度上与大多数人保持一致，从而使内心获得一种稳定的感觉；第二，交往的相似性，是使人们的预期目的得以实现的关键，因为在一个与自己相似或类似的团体中活动，阻力就比较小，活动容易进行；第三，类似的东西常作为一个同一体而感知，从而使自己与其他类似的人组成一个团体。

（4）互补性。在现实生活中有一种现象，就是性格不同的人的友谊比性格相似的人更牢固，如脾气暴躁的人和脾气温和的人、主动型和被动型的人都可以成为好朋友。这是因为每个人都有从对方获得自己所缺乏的东西的需要，这就是社交的互补性。具体来说，互补性就是指在需要、兴趣、气质、性格等方面存在差异的人，可以在活动中相互吸引的关系。它是以双方都得到满足为前提的，正是有了互补性，社会生活才更加丰富，充满着生机。

（5）容貌和仪表。心理学家在研究中发现，外表漂亮的人在社交情境中占上风，容易引起异性的注意和喜爱，交际较广且容易成功。同时，容貌漂亮的人也比较容易说服和影响他人。这就是为什么一些商业活动或安全工作需要容貌漂亮的人。尽管人们知道以貌取人是一种偏见，也都认为人不可貌相，但实际上，人们还是在不知不觉中受它的影响。当然，绝不能夸大容貌与仪表的作用。一般来说，在社交之初，容貌的因素较大，但随着相互认识的加深，容貌的作用则不断降低。也就是说，在实际的社交和人际关系发展的过程中，容貌与仪表的作用是有限的。

（6）能力大小。一般来说，那些有才能、有智慧、有所成就的人，其交往的朋友比那些没有能力、不聪明、无成就的人更多，社交范围更广。心理学家发现，与能力有关的一切，在实际的社交和人际关系发展的过程中所起到的作用，犹如容貌和体态魅力所散发出来的光环，其吸引力的强度，甚至比容貌和体态更为强烈。但是，任何事物都有其利和弊，一些非常有才能的人由于鹤立鸡群，而不受周围的人欢迎，因为他们的能力或许会被别人看做一种威胁，从而遭到拒绝。

10.1.3　连锁企业员工人际关系管理

连锁企业科学地进行人际关系管理，有利于连锁企业构建良好的人际关系，从而有利于调动企业员工的积极性，有利于增强群体凝聚力，有利于促进人的身心健康发展，有利于确保各项管理工作顺利开展，有利于服务质量和管理效率的提高，因此，连锁企业人际关系管理是非常重要的。连锁企业人际关系管理主要从员工自身和企业管理两个方面进行。

1. 员工自身方面

如何处理好人际关系，是每个人都面临的现实问题。人们应该从自身的角度出发，在人际交往过程中找到最佳的理解点或接触点，同时，处理人际关系应该遵守以下几个原则。

（1）互动原则。社会心理学家通过大量的研究发现，人际关系的基础是人与人之间的相互重视、相互支持。任何人都不会无缘无故地接纳别人、喜欢别人。别人喜欢自己往往是建立在自己喜欢他们、承认他们价值的前提下的。人际交往中的喜欢与厌恶、接近与疏远都是相互的。这就是人际关系中的互动原则。

（2）调衡原则。调衡原则是指协调平衡各种关系，使之不相互冲突与干扰。一个人的精力和时间是有限的，建立人际关系的目的是满足需要，不能过多或不足。过多则忙于交往，影响自己履行岗位职责，不足则会使自己陷于孤独苦闷，导致信息闭塞、孤立无援，使自己减少了发挥能力的机会与范围。所以要经常协调，以平衡自己的需要与时间、精力之间的关系。

（3）平等原则。在人际交往的过程中，如果要使别人从内心深处接纳自己，就必须保证别人在与自己相处时是平等的。也就是说，要让别人在一个平等、自由的气氛中与自己进行交往。如果交往的双方所处的地位不平等，一方必须受到另一方的限制，那么这种关系就注定不能深入，必定缺乏深刻的情感联系。要做到平等，就要尊重他人的自尊心和感情，不干涉他人的私生活，做到人格平等。在交往中，要使情感对等、价值对等、地位对等、交往频率对等。要像对待朋友那样平等地对待交往对象，双方共同寻求相互认识、相互理解的方法，做到关心、体谅、理解他人。

（4）积极原则。积极原则是指在人际交往中行为要主动、态度要热情，即待之以礼，晓之以理。例如，在日常工作中，对来访者，一请坐，二倒茶，三办事，四送出。这种主动认真的态度，有利于消除隔阂，密切关系。积极主动还表现在文明礼貌的语言中，表现在热情的交往态度上。热情比任何暴力更容易改变别人的心意。没有热情，人际关系就会变得冷漠而暗淡无光。

（5）真诚原则。真诚是人际交往中最基本的要求，所有人际交往的手段、技巧都应该是建立在真诚的基础之上的。尔虞我诈、欺骗、虚伪、敷衍都是对真诚人际关系的亵渎。真诚不是写在脸上的，而是发自内心的，伪装出来的真诚比真正的欺骗更令人讨厌。

（6）理解原则。理解原则是指人际关系双方在人际交往中互相设身处地、互相同情和谅解。只有相互理解，才能心心相通，才有同情、关心和友爱。"人之相识，贵在相知；人之相知，贵在知心。"关系主体双方要互相了解对方的理想、抱负、人格等情况，了解彼此之间的权利、需要、义务和行为方式，要相互体谅、互相包涵，不斤斤计较、吹毛求疵，要善于换位思考，这样，不管是在平常交往，还是在人际双方发生矛盾、产生冲突时，都能妥善处理。

（7）信用原则。人际交往离不开信用。信用是指一个人诚实、不欺、信守诺言。与人交往不要轻易许诺，一旦许诺，要设法实现，以免失信于人。与人交往，言必信，行必果，不卑不亢，显示自己的自信心，取得别人的信赖。在人际交往中，与守信用的人交往有一种安全感，与言而无信的人交往内心充满焦虑和怀疑。

（8）相容原则。相容即宽容，是指宽宏大量、心胸宽广、不计小过、容人之短、有忍耐性。相容不是随波逐流，不讲原则，容人正是为了把原则性与灵活性有机结合起来，以便更好地与人相处。要有谦让精神，做到有理也让人；要将心比心，己所不欲，勿施于人；要大事清楚，小事糊涂；要严于律己，宽以待人。

（9）适度原则。适度原则是指在人际关系中的一切行为都要得体，合乎分寸，恰到好处。过与不及，皆为不妥。例如，自尊、自我表现、忍让、诚恳热忱、信任他人、谨慎、谦虚、交往频率、言谈举止等都要适可而止。

📖 小知识 10-1　刺猬距离法则

冬天里，两只困倦的刺猬，由于寒冷而拥在一起。可因为各自身上都长着刺，紧挨在一起，就相互刺痛，但离开了一段距离，又冷得受不了，于是又互相往一起凑。就这样几经折腾，两只刺猬终于找到一个合适的距离：既能互相获得对方的温暖而又不至于被扎到。

"刺猬距离"的法则就是人际交往中的"心理距离效应"。领导者要搞好工作，既要与下属保持紧密的关系，又要保持适当的心理距离。

作为一个团队，人们应该共同努力，取长补短，密切配合。但是作为团队的一员，同事之间应该适当地保持距离，这样既有利于政令畅通，也有利于相互配合工作。

2．连锁企业管理方面

（1）推进连锁企业民主管理。推进连锁企业民主管理，让员工参与企业管理，鼓励员工发表意见并对正确意见予以及时采纳，有利于充分发挥员工的积极性、创造性，有利于建立员工之间及员工与企业管理者之间的良好人际关系。

（2）建立合理的组织结构。一个连锁企业的组织结构是否合理，对于调动员工的积极性，改善人际关系，信息沟通等都有重要影响。如果一个连锁企业的组织结构合理，人员精干，上下左右信息畅通，每个人都会各得其所、各司其职、各负其责、各尽其能、各尽其才，才能建立良好的连锁企业人际关系。

（3）培养员工团队精神。在日益强调团队合作的时代，培养员工团队精神显得尤为重要。现在的工作，大多数都不是一个人两个人就能解决的，更多的是需要一个团队来完成。作为一个团队，每个员工不能只顾自己的事情，要以大局为重，在同事遇到困难时，提供自己的帮助和支持。因此，培养员工团队精神，有利于员工之间互帮互学，优势互补，建立和谐团结的人际关系，充分施展各自才智，实现共进双赢。

（4）完善薪酬制度。努力完善薪酬制度，淡化公平的绝对性，有利于连锁企业建立良好的人际关系。薪酬一般由基本工资、福利补贴、各类奖金组成。前两项相对稳定，奖金是动态的。因此，建立有效的考核激励机制，是改善员工人际心态的实质性因素。薪酬制度的完善应从动态考核上下工夫。同时，在思想教育方面，必须淡化公平的绝对性，强化公平的相对性。即公平是一个结果，但公平也是一个过程。通过强化公平相对性的认识，使物质分配对员工产生的负面影响弱化。每个人都有自己的期望值，也会不自觉地和自己的过去或和别人进行对比，从而判断自己的薪酬是否公平合理，人往往会因为自己的期望值过高等原因产生心理偏差，认为自己比某同事工作优秀，而实际奖金却不如该同事，从而对领导或对该同事不满意，破坏员工之间的人际关系。

（5）组织集体活动。组织一些集体活动，如篮球赛、旅游、聚餐、晚会等，都可以加强员工之间的沟通，增进员工之间的了解，从而利用临近因素、相似性因素和互补因素等来改善人际关系。相识相知是良好的人际关系的起点。

小资料 10-1　华润万家发布零售连锁业第一部员工关系宣言

"每位员工都不平凡，每份销售都不简单，爱顾客就是爱自己"，是每位华润万家人共有的信念。华润万家深知是员工把商品和顾客联系在一起，只有依靠员工的辛勤和智慧，才能实现企业的成长和价值增值。零售业是劳动密集型的行业，对于华润万家来说，如何建立积极正向的员工关系并吸引且留住优良员工、提升员工忠诚度、提高员工生产力、提升公司绩效，是企业发展的核心问题，因此华润万家一直致力于打造员工关系导向型的零售企业。

在第三届"华润万家员工周"来临之际，华润万家正式面向全国18万员工发布了《营造和谐员工关系宣言》。该宣言是中国零售连锁行业乃至中国各行业中第一部关于营造和谐员工关系的文书，不仅首创零售业员工关系管理模型，更是零售业第一次系统地、全面地对员工关系管理进行了深入并详尽的诠释。

华润万家《营造和谐员工关系宣言》是顺应国家"十二五"规划中关于构建和谐劳动关系方针的发展要求，并结合政府的相关政策而制定的。宣言中对华润万家的价值主张、营造和谐员工关系及创建员工关系导向型零售企业等方面进行了系统的阐述，此外，还列举了较多的具体行动。例如，在创新员工沟通方式方面，华润万家有多种沟通渠道与方式，如晨会、生日会、早餐会、座谈会、拓展训练、员工论坛等多种方式，在未来2~3年内还将努力建立员工心理咨询室、总经理online、员工部落群等，更加方便员工的双向沟通与交流。华润万家历来强调"家文化"，由于员工是由不同文化背景、不同年龄层次、不同地域而组成的一个大家庭，需要一个为全体员工所认同、遵守、带有一定企业特色的价值观和行为规范。华润万家希望打造有纵深的精品活动，健全各种特色文化活动队伍，用文化和情感将各类人才的心连接在一起。例如，每年最后一个自然周是"华润万家员工周"活动，这一周是对所有员工的表彰和感恩。此外，每年度还会不定期举行DV大赛、亲子活动日、趣味运动会、健康家庭运动总动员等，营造并创建一种积极向上的企业文化氛围。在创建员工关怀方面，华润万家早在2007年就建立了"爱心互助基金"，用于公司员工、配偶及子女患重大疾病且无力支付昂贵医药费，或者遭遇重大自然灾害及灾难等特殊情况时的救助。例如，在汶川地震中家人或财产受到伤害的四川籍员工，就获得了公司的有偿假期和家园重建资助金。截至目前，华润万家"爱心互助基金"已向员工提供近100万元人民币的救助。华润万家极其重视人才的发现与培养，在2010年成立了华润万家学院，包括领导力学院、业务学院和职能学院，为员工搭建学习发展的通道，让每个员工在职业发展的不同阶段、不同岗位都能获得系统全面的学习机会。

华润万家以实际行动为构建以人为本、和谐共处、共谋发展、共享成果的新型社会主义劳动关系积极努力并贡献着自己的力量。

10.2　连锁企业员工冲突管理

10.2.1　连锁企业员工冲突的含义和类型

1. 员工冲突的含义

冲突的含义很广，它既包括人们内心的动机斗争，如要对一件事情进行抉择；也包括外在的实际斗争，如争吵、打架、战争等。员工冲突，就是个人或群体内部，员工与员工之间、员工与群体之间、群体与群体之间在目标、认识或情感上互不相容或相互排斥而引起对立或不一致的相互作用的任何一个状态。

冲突具有四个要素：一是冲突双方存在利益上的对立；二是冲突双方已经意识到了这种对立；三是冲突双方认为对方将要损害自己的利益或已经损害了自己的利益；四是冲突双方认为对方将要采取损害自己利益的行动。

2. 连锁企业员工冲突的类型

（1）员工个人的心理冲突。根据冲突的内容不同，可以把员工个人的心理冲突分为三种情况。

1）目标冲突。当员工所希望获得的目标互不相容时，就会产生目标冲突。例如，一位员工希望有一个安定的工作环境，而企业经常派他出去跑销售，这时就会产生员工目标冲突。目标冲突是最常见的冲突类型，由于涉及新旧目标冲突，该类型的冲突也是最难处理的。

2）认识冲突。当员工的想法与他人或企业的认识产生矛盾时，就会产生认识冲突。例如，员工认为企业的工作考评方式不太合理，而管理者认为这种考评方式是适用的，这就产生了认识冲突。另一种认识冲突，是价值观和信仰的冲突。对于这类冲突，通过简单的说服教育是很难处理的，因为这样更会使当事人坚守自己的观念和信仰，这种冲突的处理方式是在不严重影响团体利益的情况下，求同存异，相互包容，尊重个人的价值观和信仰。

3）情感冲突，当员工在情感或情绪上无法与他人或组织相一致时，会产生情感冲突。这种冲突需要进行充分的沟通，使相互之间取得信任，从而解决情感冲突。

（2）员工之间的冲突。员工之间的冲突主要是指连锁企业内部两个或两个以上的员工由于意见、情感不一致而相互作用时导致的冲突。员工之间的冲突大致可分以下四种情况。

1）工作中的冲突。工作中的冲突是因为员工对工作任务及要求的理解不同、认识不同、工作方案方法不同，以致工作进度、工作质量等方面的不同而引起的冲突。

2）利益冲突。利益冲突是指员工与员工之间对利益关系的态度和看法等不同而造成的冲突。

3）交往冲突。交往冲突是指在工作范围以外交往方式、交往内容等方面产生的冲突。

4）个性冲突。个性冲突是指由于员工与员工之间在思想、感情、性格等个性方面的差异引起的冲突。

（3）群体之间的冲突。群体之间的冲突是同一个连锁企业内的工作群体之间或非正式组织之间，由于工作上的问题造成的冲突。这种冲突往往会使冲突双方各自的群体内部增强团结，内部分歧减少，其成员对群体更加忠诚，对群体目标的实现更加关心，甚至还会使领导方式逐渐由民主型转变为专制型。但群体之间的冲突会导致群体间减少交流和信息沟通，影响到群体间的协调与合作。

（4）员工个人与群体之间的冲突。员工个人与群体的关系是一种社会契约性质的关系，个体需要服从群体的意志和目标，而群体也需要满足个体价值实现的要求和期望。当双方的利益和要求所保持的平衡状态被打破时，就会在个体与群体之间引起冲突。员工个人与群体之间的冲突不仅包括员工个人与正式组织部门的规则、制度、要求及目标取向等方面的不一致，也包括员工个人与非正式组织团体之间的利害冲突。

10.2.2 连锁企业员工冲突的特性与影响

1. 冲突的特性

（1）冲突的客观存在性。冲突的客观存在性是指任何企业、群体或个人都会遇到形形色色的冲突。冲突是一种不以人的意志为转移的社会现象，是群体或企业管理的本质内容之一，是任何社会主体无法逃避的客观现实存在。

（2）冲突的主观知觉性。客观存在的各种各样的冲突必须经过人们自身去感知，内心去体验。当客观存在的分歧、争论、竞争、对抗等现实状况反映成为人们大脑或心理中的内在矛盾斗争，导致人们进入紧张状态时，人们才能意识到冲突，知觉到冲突。所以冲突又具有主观知觉性。

（3）冲突作用的两重性。冲突作用的两重性是根据冲突的相互作用观念，从冲突作用影响角度对其一般特性的概括。抽象而言，冲突对于企业、群体或个人既具有建设性、有益性，有着产生积极影响的可能性；又具有破坏性、有害性，有着产生消极影响的可能性。以前者特性为主的冲突，人们称为建设性冲突或功能正常的冲突；而以后者特性为主的冲突人们称为破坏性冲突或功能失调的冲突。建设性冲突多是由于冲突各方目标和根本利害差别不大，但手段、方式等不同而引起的功能正常的冲突，它不仅不会危害而且会促进企业根本利益和长远目标的实现；破坏性冲突多是由于冲突各方的目标和利益悬殊而引起的功能失调性冲突，会危及企业的根本利益和长远目标。这样两种性质迥然的特性反映了冲突本身的对立统一性，冲突既可能给企业或其他冲突主体带来正面效应，提高企业的工作绩效，促进企业发展，也可能给企业或其他冲突主体带来负面效应，降低企业工作绩效，阻碍甚至破坏企业生存与发展。

2. 冲突的影响

（1）冲突对绩效的影响。美国学者布朗（L. Brown）在对冲突与组织绩效之间关系的研究中，发现了冲突水平与企业效率之间存在着联系。两者之间的关系主要表现为：当冲突水平过高时，企业会陷入混乱、对抗甚至分裂、瓦解状态，破坏绩效，危及企业正常运转乃至生存。当冲突水平过低时，企业缺乏生机和活力，会进入变革困难，组织发展停滞不前，难以适应环境的低绩效状况。

　　一般来说，所发生冲突的类型，冲突的强度（冲突水平的高低），冲突主体的目标、环境和资源状况，以及冲突各方对于冲突的反应、对策和处理方式等，都会影响到冲突对于企业绩效的作用关系。

　　（2）冲突的积极影响。冲突对企业的积极影响，或者冲突能带给企业的益处主要包括以下六个方面。其一，冲突能够充分暴露出往常被人们忽视的问题和矛盾，促使管理者及早发现问题，正视问题，花力气去解决问题。其二，冲突就如一个出气口，可以使冲突各方以一定的方式发泄内在的不满情绪，从而促进冲突各方的了解与沟通，降低各方由于长期压抑和怨气积累而酿成极端反应状态的可能性。其三，适当的冲突能够造成一个企业内部各部门、各部分相互约束、相互制衡的组织体系，促使组织机制不断完善。其四，适当的冲突可以促进竞争，促进人们的新思想、新视野、新建议的产生，从而给企业带来生机和动力，促进企业组织变革。其五，群体间的冲突，能够降低群体内部矛盾的重要性，增加群体内部凝聚力，促使群体成员齐心协力，一致对外。其六，冲突可以促进联合，共求生存，冲突的这种效用主要发生于两种情况中，当冲突各方面临更为强大的对手或敌人的共同威胁时，彼此之间求同存异，走向团结，合力图存；当冲突各方在冲突过程中找到了共同的更大利益时，彼此间也可能摒弃前嫌，结成联盟，壮大实力，共谋发展。

　　（3）冲突的消极影响。由于冲突产生的原因、冲突的类型和性质、冲突的水平或强度（程度）及冲突处理方式不当等因素的影响，冲突会给企业带来以下消极的危害作用：其一，冲突会在人们情绪和心理上产生巨大的压力，阻碍或扭曲处于冲突中的个人对于事物、矛盾的认知和判断，导致个人行为的失常和不稳定，进而降低组织效率，危害个人的身心健康；其二，冲突（主要高水平冲突、失控的冲突、处理不当的冲突等）会冲击企业制度和规范，离间人际关系和组织关系，扰乱组织秩序，严重影响人们的工作责任感和组织忠诚度，降低人们的工作满意度，从而导致企业整体绩效下滑；其三，持续的冲突（主要是功能失调破坏性冲突）和难以很好解决的冲突，不仅对企业的资源浪费极大而且会极大地降低企业绩效，损害企业整体实力，因为在这种情形中，冲突各方的最重要目标是千方百计增强自身实力去战胜对手，企业的目标、企业的利益会被抛至脑后，轻则大量浪费人、财、物、时间等企业资源，重则导致各种混乱、分裂和破坏活动，给企业带来难以弥补的损害。

10.2.3　连锁企业员工冲突管理

　　美国管理协会曾进行了一项对中层和高层管理人员的管理技能调查。调查表明，管理者平均花费 20% 的时间处理事务冲突。在对"管理发展中哪方面技能最为重要"的调查中发现，冲突管理排在决策、领导或沟通技能之前，可见提高冲突管理水平是当务之急。处理冲突的能力对衡量管理者的管理水平和提高管理绩效具有重要意义。

　　任何个人、群体和企业都无法避免和忽视冲突的存在与影响，因此对待冲突的唯一正确的态度是正视冲突、管理冲突、趋利避害、为我所用。

1．连锁企业冲突管理的基本原则

（1）控制于适当水平的原则。倡导建设性冲突，避免破坏性冲突，把冲突控制在适当水平的原则。冲突既有积极影响的一面又有消极影响的一面，冲突水平的过高和过低都会给连锁企业和群体带来危害。因此，在冲突管理中应当奉行这一原则，对于引起冲突的各种因素、冲突过程、冲突行为加以正确处理和控制，努力把已出现的冲突引向建设性轨道，尽量避免破坏性冲突的发生和发展，适度地诱发建设性冲突并把冲突维持在所需的水平之内，以便达成"弃其弊而用其利"的冲突管理目标。

（2）全面系统的冲突管理原则。实行全面系统的冲突管理，而不是局限于事后的冲突控制和解决冲突。传统的冲突管理把工作的重点放在冲突发生后的控制或解决上，比较被动、片面。现代冲突管理理论认为，冲突管理必须对冲突产生、发展、变化、结果的全过程，所有因素、矛盾和问题进行全面管理，才能把原则落到实处，尽量减少破坏性冲突的消极作用，充分发挥建设性冲突的积极作用，最大限度减少冲突管理的成本。

（3）持中、贵和的处理冲突原则。这一原则源于中国传统文化的儒家思想，在现代冲突管理理论中也有所体现。所谓"持中"，就是坚持"中庸之道"，凡事不能走极端，去其两端择其中以达和谐之境界。所谓"贵和"，即和为贵、和为本、和为美，和而不同之意，以和统一差异性、多样性，以和作为解决矛盾的上策和根本。这一原则告诫人们，在冲突管理中要注重和谐局面的保持，处理冲突时，不可极端而为，应当采取适当措施，求大同存小异，追求"共赢"，维护整体利益，从而减少冲突的恶性发展风险和冲突管理的成本。

（4）随机制宜处理冲突的原则。随机制宜处理冲突的原则就是具体问题具体分析。这就是说不存在一成不变，适用于一切连锁企业和一切情况的放之四海而皆准的冲突管理理论和管理方法。必须针对具体的情况，根据所处的环境条件，实事求是地分析问题、认识问题，灵活采用适宜的策略和方法随机应变地处理冲突，力求提高冲突管理的有效性。

2．连锁企业冲突管理的策略

对于冲突的管理要分两种情况，对于不希望出现的冲突，应采取缓解冲突方法，当有必要激发一定水平的冲突时，可采取提升冲突的方法。

（1）缓解冲突的策略。

1）审慎地选择要处理的冲突问题。管理者不应对所有冲突一视同仁。一些冲突任其存在，可能会对连锁企业有益。有些冲突虽表现为问题，但并不值得日理万机的管理者花费时间和精力去解决。此时，回避是一种巧妙和有效的做法，通过回避琐碎的冲突，管理者可以提高总体的管理成效，以免徒劳无功或得不偿失。还有些冲突在管理者的影响和控制范围之外，是其力所不能及的，在这方面所付出的努力很可能不会获得明显的回报。所以，管理者应审慎地选择所要管理的冲突，并非优秀的管理者就必须解决好每个冲突。

2）评估冲突当事人。当管理者选择了某一冲突进行处理时，要拿出时间仔细了解和研究冲突当事人。有什么人卷入了冲突？冲突双方各自的兴趣所在？双方各自的价值观、人格特点，以及情感、资源因素如何？他们基本的冲突处理风格怎样？各方最有可能采取何种行为？习惯采取什么样的冲突处理方式？管理者如能站在冲突双方的角度上看待冲突，则成功处理冲突的可能性会大大提高。

3）分析冲突原因和根源。冲突不会在真空中形成，它的出现总有理由。选择解决冲突策略在很大程度上取决于对发生冲突原因的判断，因而管理者需要很好地了解冲突源。研究表明，虽然连锁企业中产生冲突原因可能多种多样，但总体上可以分为三类：一是沟通差异。沟通不良易造成误解从而引发冲突。事实上，许多冲突并不一定是因缺乏有效沟通而引起的，沟通也不一定就能达成一致。管理者必须清醒地认识到，良好的无障碍沟通与别人同意自己的观点是两码事。二是结构差异。初看起来，某些冲突似乎是由于沟通不良而致的，但进一步分析会发现，不同主体因组织中角色要求、决策目标、绩效标准和资源分配等不同而产生的立场和观点的差异，往往是冲突更重要的根源。这些差异往往是因为组织中的纵向层次和横向部门分化造成的，而并非因纯粹的沟通原因。三是人格差异。人们在各自的背景、教育、经历及培训中会形成独特的个性特点和价值观，其结果使有些人表现出尖刻、隔离、不可信任、不易合作，这些人格上的差异也会导致冲突。

4）采取切实有效的策略解决冲突。当冲突过于激烈时，管理者应采取一定的措施和方法来减缓和削弱冲突。缓解冲突的策略很多，可视情选择。一是回避、冷处理，即从冲突中退出，任其发展。当冲突微不足道时，冲突双方情绪过于激动而需时间使他们恢复平静时，或者当采取行动后所带来的负面影响超过冲突解决后获得的利益时，回避不失为一种理智的策略。二是强制支配，即以牺牲一方为代价而满足另一方需要，以这种"他输、你赢"方式解决企业中的冲突，通常被描述为管理者运用职权解决争端。当管理者需要对重大事件做出迅速处理时，或者当需要采取不同寻常的行动而无须顾及其他人是否赞成这种处理方式时，强制会取得较好的效果。三是迁就忍让，即将他人的需要和利益放在高于自己的位置上，以"他赢、你输"来维持和谐关系的策略，当争端的问题不是很重要或希望树立信誉时，这种策略很有价值。四是折中妥协，即要求每一方都做出一定让步，取得各方面都有所赢、有所输的效果，当冲突双方势均力敌，希望对一项复杂问题取得暂时的解决办法时，或者当时间要求过紧而需要一个权宜之计时，折中是合适的策略。五是合作协同，这是一种双赢的解决方式。此时冲突各方面都满足了自己的利益，这种策略要求各方之间开诚布公地进行讨论，积极倾听并理解双方的差异，对有利于双方的所有可能的解决方法加以仔细考察。合作是一种理想的冲突解决策略，但并不是在任何条件下都能采用。通常，当没有时间压力时，当冲突各方都希望互利时，当问题十分重要而不宜妥协折中时，合作是最佳策略。

（2）提升冲突策略。对于一些有益的冲突必须正确对待，在必要时激发一定水平的冲突，可以提高管理者的管理水平和管理业绩。提升冲突可以采用的策略主要有以下几个方面。

1）改变企业文化。管理者欲激发功能正常的冲突，首先需要向下属传递这样的信息，即冲突具有合法地位，同时以实际行动对那些敢于向现状挑战、倡议革新观念、提出不同看法和进行独创思考的个体给予大力支持和奖励，以形成一种倡扬和鼓励冲突的价值观念和文化氛围。

2）运用沟通。模棱两可、具有威胁性的信息，可促发和提高组织的冲突水平。例如，宣布有些分公司可能要倒闭，某些部门可能取消或合并，企业将被迫进行裁员等这类信息，会使企业成员减少惯常的漠然态度，对现状提出积极的反思和重新评价，从而增加新思想，提高冲突水平。

3）引进外人。从外界调进不同背景、态度、价值或管理风格的人无疑会给组织带来新鲜血液，改变一潭死水、停滞迟钝的状态。任命那些有意或倾向与大多数人的观点和做法背道而驰的人，鼓励他们扮演批评家的角色，会使意见过于单一化的群体在决策过程中听到另一种声音，以便全面地看待问题。

4）重新构建组织。传统企业的组织结构，尤其是直线职能结构特别容易诱发破坏性冲突，这对于企业目标十分不利，因此，企业应该逐步变金字塔式的组织为扁平化、网状化组织，减少管理层次，扩大管理幅度，广泛引入工作团队，实现组织结构的扁平化、网络化和虚拟化。目前，管理学界推崇的学习型组织正是激发良性冲突的最佳模式。

10.3 连锁企业员工压力管理

10.3.1 压力的概念和影响

1．压力的概念

压力是指人们在面对那些自己认为很难对付的情况时，所产生的情绪和身体上的异常反应。它是人和环境相互作用的结果，是机体内部的状态，是焦虑、强烈的情绪和生理上的唤醒，以及挫折等各种情感和反应。

2．压力的影响

压力产生的影响有积极和消极两种，但通常更多地表现在消极方面。

（1）压力的消极影响。

1）引起人的生理变化。压力产生的初期，容易使人注意到人的生理变化，因为这种变化是很直接的，也是最容易让人观察到的。通过医学研究表明，压力感可以使人的新陈代谢出现紊乱，心律、呼吸率增加，血压升高、头疼，易患心脏病。尽管这种变化很直接，但是它很难被客观地测量，也很难有确凿证据的证明两者有必然的关系。

2）影响人的心理变化。压力对于人的心理影响也是很明显的。经常看到有的人情绪不稳定、容易暴躁、紧张、焦虑、情绪低落、神经过敏、对领导的愤慨，以及对工作不满等，这些都可以是压力导致的心理变化。

3）导致人的行为失常。无论是压力的生理症状还是心理症状，都是压力的表象影响，压力对人们行为的影响却是在生活中随时可见的，也是影响最大的。压力对人的行为影响有降低工作绩效、使人频繁缺勤、工伤事故率高、有冲动性行为、人员不停地掉换工作及难于沟通等。

4）变成企业运行的障碍。当压力产生的时间过晚，也就是人对环境及对自己的认识过程较长，则可能产生一旦明白过后再行调整为时已晚的情况。此时，压力会很大，如果人的阅历不深，承受能力不强，就有可能被压垮。这时，压力就变成了企业运行的障碍。

（2）压力的积极影响。

1）压力产生动力。当人或企业感觉到压力时，会有意识地调整自己，以适应这种变化，无形中这种压力变成了发展的动力。例如，现代企业对于员工的工作往往是严要求的，这种严要求在给员工带来压力的同时，如果正确运用，也会使这种压力变成激励员工把工作做得更好的动力。例如，海尔集团首席执行官张瑞敏在比较海尔与美国通用电气（GE）的差别后看到，虽然 GE 是目前世界最大的集团公司，管理幅度宽，管理难度也大，但 GE 的员工各个都能发挥出最好的效能，这说明 GE 的人力资源管理工作做得非常好，它能激发每位员工的潜能，而海尔目前还不尽如人意，从而感到了压力，并因此产生了要做好海尔的人力资源工作的动力。

2）压力给人以兴奋感。在日常工作中，一个人如果有了压力，那么在完成工作的过程中，他就会产生一种兴奋的感觉，这种感觉会指导他去迎接挑战，精力充沛地去完成任务。

3）压力可以使人成长。有了压力，人就要思考如何应对变化，这是一个过程。良性的压力还有一种引导作用，可以使人关注细节，把事情做得准确。在这个过程中，人要比较、学习、反思，从而得出结论。这就使得人对问题的看法由不成熟到成熟。企业也是如此。一个企业要面临各种变化，在应付这些变化的过程中，企业要不断总结经验，不断解决难题，从而不断成熟。

4）压力可以使管理制度更完善。由于管理制度的不完善，会造成管理疏漏、懈怠，影响企业的运行效率。若高层管理人员目光敏锐，洞察到这些不足，就会感到压力。因此他会积极地做出调整，以改善现状。

📖 小知识 10-2　鲇鱼法则

西班牙人爱吃沙丁鱼，但沙丁鱼非常娇贵，极不适应离开大海后的环境。当渔民们把刚捕捞上来的沙丁鱼放入鱼槽运回码头后，用不了多久沙丁鱼就会死去。而死掉的沙丁鱼味道不好、销量也差。倘若抵港时沙丁鱼还活着，鱼的卖价就要比死鱼高出若干倍。

为延长沙丁鱼的活命期，渔民想方设法让鱼活着到达港口。后来渔民想出一个法子，将几条沙丁鱼的天敌鲇鱼放在运输容器里。因为鲇鱼是食肉鱼，放进鱼槽后，鲇鱼便会四处游动寻找小鱼吃。为了躲避天敌的吞食，沙丁鱼自然加速游动，从而保持了旺盛的生命力。如此一来，沙丁鱼就一条条活蹦乱跳地拉到了渔港。

鲇鱼法则告诉人们，管理要保持一定的压力。没有压力的环境无法成就事业。

10.3.2　连锁企业员工压力的来源

要对连锁企业员工压力进行管理，首先必须确定连锁企业员工压力的来源。员工的压力来源主要有个人因素、企业因素和环境因素三个方面。

1. 个人因素

（1）职业发展。与职业发展相关的，能够给员工带来压力的主要因素包括对失业的担心、提升、调转和发展的机会。对员工来说，最大的威胁就是失业。提升的不足或提升的过度也可能会给员工带来压力。调转和发展的机会关系到员工未来的职业发展，而这些机会对员工来说，非常重要但又十分不确定，所以它们也是员工工作压力的重要来源之一。

（2）家庭及经济问题。家庭及经济问题会给员工带来压力感，并使他们工作时分心。例如，恋爱、婚姻家庭、子女教育、个人心理困扰、疾病、家庭成员的意外事故等问题都会给员工带来压力感，直接或间接地影响他们的工作。

（3）个性特点。有些人生性悲观，总是注意现实中的负面因素。因此，影响工作压力的一个重要因素就是个人的基本性向。也就是说，员工工作时呈现的压力症状可能源自员工的个性特点。

2. 企业因素

（1）连锁企业任务要求。任务要求是指一些与个人所从事的工作有关的因素。工作负荷过大是形成压力的普遍原因；从事缺乏激励性的工作、没有工作满足感的工作、单调重复的工作都会给员工产生压力；工作上的竞争、不如意、流言蜚语也会形成压力。此外，如果工作环境的温度、噪声及其他条件有危险或不受欢迎，会使员工焦虑感增强。如果让员工在一个干扰较多的透明空间或在一个过于拥挤的房间工作，员工焦虑感也会增强，进而给员工形成压力。

（2）角色要求。员工在连锁企业中扮演的特定角色给其带来的压力。角色冲突会带来一些难以协调而且又难以实现的个人预期；员工被要求去做很多事又得不到足够时间时，就会产生角色过度负荷感；角色预期不清楚，员工不知道他该做些什么时，就会产生角色模糊感。

（3）人际关系要求。员工在连锁企业中由于其他员工的缘故也会带来压力。例如，员工个人缺乏同事的社会支持，与同事关系紧张，则会使员工产生相当的压力感，而对于那些社交需要较高的员工来说，这种情况尤为普遍。

（4）连锁企业组织结构。连锁企业组织结构也可能成为压力源。组织结构所界定的是组织层次文化的水平，组织规章制度的效力，决策在哪里进行等。如果组织规章制度过多，员工缺乏参与决策的机会，员工在工作中就会因此产生工作压力。

（5）连锁企业领导作风。连锁企业领导作风，是指连锁企业高层管理人员的管理风格。有些公司首席执行官对员工的控制过度严格，并经常解雇达不到其所要求标准的员工。这样的管理风格会导致一种以员工的紧张、恐惧和焦虑为特征的企业文化，使得员工在短期内产生幻觉式的压力。

（6）连锁企业生命周期。连锁企业的运行是有周期的，要经过初创、成长、成熟、衰退四个阶段所组成的生命周期。这个过程会给员工带来许多不同的问题和压力。尤其在初创和衰退阶段，更是压力重重。初创阶段的主要特点是，新鲜的东西很多，不确定性很强；衰退阶段一般伴随着生产规模的缩小、解员工工和不确定性；在成熟阶段，企业的不确定性处于最低点，员工的压力感一般也处于最低水平。

3. 环境因素

员工所处的外部环境也是引起企业员工压力的重要因素，如反常的气候、拥挤的交通等。导致员工压力的主要环境因素是经济和技术的不确定性。经济的不确定性能够造成人们的恐慌。当经济不景气导致产品需求量减少或者价格下跌时，连锁企业常常通过裁员、降低报酬水平和缩短工作时间的方式渡过难关，此时的员工将受到被解雇和降低报酬的压力。技术的不确定性通过技术突破和知识过时造成工作压力。企业通过技术变革来取得优势，这时企业的员工发现自己的知识和工作技能过时了，员工就会产生压力感。

连锁企业可以依据以上所述员工压力来源因素，采取工作压力调查，或者设计工作压力表、发放工作压力问卷等方式确定员工工作压力来源。需要注意的是，压力具有可加性，如果要评估一个员工所承受的压力总量，就必须综合考虑他所经受的各种压力。

10.3.3　连锁企业员工压力的管理

1. 员工个人管理压力

员工个人管理压力的方法和策略主要包括以下几个方面。

（1）时间管理。很多人不善于管理自己的时间。如果他们能恰当地安排好时间，那么他们在既定的每天或每周时间段内所必须完成的任务就不至于落空。井然有序的员工就像井然有序的学生一样。与无序者相比，在相同的时间段内，能够完成无序者两倍或三倍的任务。因此，理解并学会应用基本的时间管理原则有助于员工更好地应付工作带来的压力感。

✎ 小实务 10-1　职场如何有效进行时间管理

如何安排时间，对于我们在工作中的效率有很大的影响。每个人拥有的每一天的时间其实都是一样的，但是如何利用这些时间，对每个人的工作影响非常大。

（1）想到就立刻去做。想到一些事的时候，立刻去做，不要犹豫，不要拖延。很多时候，拖着拖着，就把这事落下了。养成想到的事情立刻去做，会明显提高工作效率，改善你的拖延症。

（2）分清楚事情的轻重缓急。要懂得分清楚事情的轻重缓急，先处理紧急的和重要的，然后才去处理其他的事情，这样有利于减少压力。很多人在工作中觉得事情太多太杂，好像永远做不完，透不过气来，那是因为没有一个好的时间管理习惯，事情全部混在一起了，造成巨大的压力。

（3）与客人沟通应充分做好准备。在与客人交流之前，应先做好充分的准备，抓住重点，直奔主题，简洁、精准，节省时间。另外，要善于利用电话来沟通，利用电话可以节约大量沟通的时间。

（4）有时候要适时说"不"。如果你本身已经有很多的事情要做，或者你已经安排好你的时间计划了，面对别人的请求或者额外的工作，假如你没时间很好地完成，就应该学会说"不"。懂得说"不"，并不会让人觉得你清高或者没礼貌，别人也会理解和尊重你。相反，不管什么都一概接收，打乱自己的计划，让自己疲惫不堪，这样的状态反而会影响工作效率，甚至影响别人交代给你的事情，所以，适时说"不"，其实也是对别人的负责。

（5）避免与人争论。如果你想要好好做出一番成就，千万别把时间浪费在与人争论上，人与人之间的差异是必然的，意见不合的情况也时常发生，很多时候争论就是没有办法争出一个结果。你花那么多时间去争论这些，是没有意义的。

（6）懂得休息。要学会合理地让自己有休息的时间，事情永远做不完，但是累垮了身体，可一点都不值得。懂得适时让自己休息的人，才是真正懂得安排时间的人。休息是为了更好地前进。

（2）体育锻炼。加强体育锻炼是一种很有效的缓解和消除工作压力的方法。保健专家们推荐了以下非竞技性的活动，来作为对付较高水平压力感的方法，如增氧健身法、散步、慢跑、游泳、骑自行车等，这些形式的生理锻炼有助于增强心脏功能，降低心率，使人从工作压力中解脱出来，并提供了员工用于发泄不满的渠道。

（3）放松。通过各种放松技巧，如自我调节、催眠、生物反馈等方法，员工自己可以减轻紧张感。进行放松活动的目标是达到深呼吸状态，员工从中可以体会到自己身体彻底放松了，在某种程度上脱离了周围环境，也没有了身体的紧张感。每天进行15分钟或20分钟的深呼吸练习，有助于减轻紧张感，使人感到平和。

（4）限制饮食。在处理压力时，饮食扮演了很重要而直接的角色。含糖量高的食物会刺激延长压力反应，高胆固醇的食物对身心健康不利。良好的饮食习惯不仅有利于身体健康，而且能提高个人应对压力的能力。

（5）扩大社会支持网络。人们都有过这样的经历，当自己压力感过强时，通过与朋友、家人、同事聊天可以排遣压力。因此，扩大自己的社交网络是减轻压力的一种手段。这样，在你有问题时，就会有人来倾听你的心声，并帮助你对问题进行客观的分析。研究还表明，社会支持有助于调解压力感与精神崩溃之间的关系。也就是说，较多的人际交往能够减轻因工作压力过大而累垮的可能性。

（6）主动寻求专家帮助。有时员工自己有问题，他们会寻求专家帮助或临床咨询。希望得到这种帮助的人可以选择心理咨询、职业咨询、家庭咨询、生理治疗、药物治疗、外科治疗及工作压力咨询。

2. 连锁企业管理员工压力

在工作压力的来源中，尤其是任务要求和角色要求及企业结构，是由管理人员控制的。这样，就可以对它们进行调整和改变以减轻和消除员工压力。连锁企业管理员工压力的方法和策略主要包括以下几个方面。

（1）改善工作环境。管理者应致力于创造宽松宜人的工作环境，如适宜的温度、合理的布局等，有利于员工减轻疲劳，更加舒心、高效地工作。

（2）创造合作上进、以人为本的企业文化。要想达到此目标，首先要增强员工间相互合作和支持的意识，当面临激烈的市场竞争或艰巨任务时，员工作为一个团体彼此支持，士气就会比预期的要高涨；同时，上下级之间要积极沟通。压力产生并不可怕，关键是要及时发现并消除。沟通方式可以采取面谈、讨论会或设立建议邮箱等多种形式。国外有些企业常采用"部落会议"的形式，每个人都有平等的地位和发言权，这使员工有更多的主人翁感和责任感，减少了交流的障碍。

（3）任务和角色需求的管理。主要从工作本身和企业组织结构入手，使任务清晰化、角色丰富化，增加工作的激励因素，提高工作满意度，从而减少压力及紧张产生的机会。要达到这个目标，需关注两项内容。一是目标设置。当员工的目标比较具体而富有挑战性，能及时得到反馈时，他们会做得更好。利用目标设定可以增强员工的工作动机，相应地减轻员工的受挫感和压力感。二是工作再设计。再设计可以给员工更大的工作自主性、更强的反馈，使员工对工作活动有更强的控制力，从而降低员工对他人的依赖性，有助于减轻员工的压力感。减轻压力的工作再设计包括工作轮换、工作扩大化、工作丰富化。

（4）生理和人际关系需求的管理。这主要是为员工创造良好的生理和心理环境，满足员工在工作中的身心需求。相关的管理方法有六种。

1）弹性工作制。允许员工在特定的时间段内，自由决定上班的时间。弹性时间制有利于降低缺勤率，提高生产率，减少加班费用开支，从而增加员工的工作满意度，减少压力的产生。

2）参与管理。员工对工作目标、工作预期、上级对自己的评价等问题会有一种不确定感，而这些方面的决策又直接影响到员工的工作绩效。因此，如果管理人员让员工参与决策，就能够增强员工的控制感，帮助员工减轻角色压力。

3）身心健康方案。这些项目从改善员工的身心状况入手。其理论假设是，员工应该对自己的身心健康负责，连锁企业则为他们提供达到目的的手段。例如，企业一般都提供各种活动以帮助员工戒烟、控制饮食量、减肥、培养良好的训练习惯等。

4）有效疏导压力。连锁企业应充分认识到员工有压力、有不满是十分正常的现象。所以，连锁企业有责任帮助他们调节情绪。员工只有将不满的情绪发泄出来，心理才能平衡，情绪才能平稳，因此，连锁企业管理者应该开发多种情感发泄渠道，有效地改善员工不适的压力症状。

5）努力创造条件帮助员工完成工作。连锁企业应对员工进行提高工作能力的培训，如工作技巧的培训、谈判和交流技巧的训练等，帮助员工克服工作中的困难。另外，从硬件和软件上不断改进，对员工的工作进行支持，而不能不顾实际情况做出不合理的要求。

6）针对特殊员工采取特殊措施。例如，对经常出差的员工给予更多的帮助和支持，因为他们的工作与照顾家庭可能有更多的冲突，面临着更加复杂多变的工作环境，因此承担着更大压力。

10.4　连锁企业员工离职管理

10.4.1　连锁企业员工离职的含义和类型

1．连锁企业员工离职的含义

员工离职是员工和连锁企业之间结束劳动雇佣关系，员工离开连锁企业的行为。员工离职是员工流动的一种重要方式，员工流动对连锁企业人力资源的合理配置具有重要作用，但过高的员工离职率会影响连锁企业的持续发展。

2．连锁企业员工离职的类型

（1）主动离职和被动离职。员工离职通常被分为两种类型，即主动离职和被动离职。主动离职是指离职的决策主要是由员工做出的，包括辞职的所有形式；被动离职是指离职的决策主要由连锁企业做出，包括解雇、开除等形式。对于连锁企业的管理者来说，被动离职往往是确定的，是可以被企业所控制的，但主动离职相对而言却往往是事先不可预测的。因此，大量的主动离职会给连锁企业的发展带来不利的净影响（不利影响超过有利影响）。因此，对主动离职产生原因和防范策略的深入探讨得到了研究者们很多的关注。

（2）必然离职和可避免离职。离职在主观上可以分为必然离职和可避免离职。必然离职一般包括：员工达到法定退休条件申请退休；员工由于非工作原因患病无法继续参加工作造成离职；员工举家迁移造成的离职等。对于必然离职，其离职原因超乎企业控制，对这部分离职是无法预期、无法控制的。只有可避免的离职才是连锁企业人力资源管理中离职管理的对象。根据美国劳动力市场的调查研究，在离职整体中，大约20%属于必然离职，必然离职在企业离职整体中所占的比例是稳定且较低的；其他80%都属于可避免离职，能够减少甚至消灭这部分离职就是离职管理的任务和价值所在。任何有效的管理举措都将降低离职所引发的管理成本。同时，离职员工也是连锁企业的人力资源，企业要善于利用这笔资源。

前沿话题 10-1 "90后"成职场"闪辞族"

不少大学毕业生有的甚至入职不到一个月就有换工作的打算，这一类人被称为"闪辞族"。"90后"员工常玩"闪辞"，第一次工作持续时间短、频繁跳槽的现象屡见不鲜。

针对"90后""闪辞"问题的议论，也是近几年的热门话题，很多人都有所议论，但大多对"闪辞"现象持否定态度。

有人认为，时下"闪辞一族"，已经越来越成为困扰用人单位的主要问题之一。这些职场新人们给出的理由通常包括工资低、被忽悠、氛围差、没前途等，他们频频跳槽换岗，违背了职场竞争的诚实守信原则，也给单位带来不小的损失。

有人认为，针对"90后""闪辞"问题，对于毕业生来说，亟待解决的问题有两个。一是自己的职业兴趣是什么，二是自己的职业能力是什么。找到自己喜欢的工作，"兴趣"和"能力"缺一不可。同时，还要尽早制定好自己的职业规划，有步骤、分阶段地去实现自己的职业理想。

有人认为，正常的辞职跳槽无可厚非，但"闪辞"却不值得提倡，特别是那些"只签约不就业、刚上岗即离职"的"闪辞族"，更是缺乏责任感的表现。现代社会讲究的是契约精神，即使要辞职，也要按照劳动程序来办，向单位提出辞呈，而不是立马拍屁股走人，连招呼也不打一个。冲动的"闪辞"，不但会给用人单位造成麻烦和损失，也不利于个人的发展。

有人认为，对待"闪辞族"，社会理应少点苛责多些包容，多多指点不要指责。这些"90后"也背负着太多的期待。人都有一个成长过程，关心大学生们，就需要包容，多看他们的长处，培养他们面对工作的信心。帮助他们，就需要指点，别老去指责他们的不是。

10.4.2　连锁企业员工离职的风险和防范

一般而言，恰当的人力资源管理可以增强人们对连锁企业的心理预期和产生良好的态度。但是，当人们对连锁企业外部的心理预期远大于对连锁企业内部的心理预期时，许多员工仍可能选择离职。这时连锁企业的留人措施能否真正留得住人才，更多地取决于人才市场的供需状况，以及企业间的相互作用。面对越来越活跃的离职行为，连锁企业管理者所持有的态度越发成熟和客观。一方面，人们已经普遍认识到人才流动是社会和连锁企业人力资源配置的重要形式，它可以调整人才构成比例、优化群体结构、保持人力资源队伍的活力；另一方面，对于造成连锁企业人才流失的离职，可以有针对性地采取一些管理策略，将流失风险限制在可接受的范围内，避免风险事故发生或将风险事故发生的概率降至最低。

1. 连锁企业员工离职的风险

（1）关键技术或商业秘密泄露。连锁企业中掌握关键技术的员工跳槽，会将连锁企业的关键技术带走；或者如果离职员工手上掌握着连锁企业的商业秘密，离职后帮助竞争对手，将对连锁企业的业务造成冲击。

（2）客户流失。与连锁企业客户直接打交道的销售人员，尤其是销售经理，掌握客户的第一手资料，与客户保持良好的交往，甚至与客户的关系非常密切。这些员工一旦离开连锁企业，经常会带走一批或大部分客户，甚至将客户带给竞争对手，使连锁企业失去客户和市场，给连锁企业造成巨大损失。

（3）岗位空缺。员工主动离职直接的后果就是岗位空缺，关键岗位的空缺会使连锁企业无法正常运转，高层管理人员离职后的空位成本会更高。

（4）集体跳槽。集体跳槽的情况自 20 世纪 90 年代以来在我国屡见不鲜。连锁企业中关键人才往往在员工中具有较大的影响力和感召力，甚至有一批忠实的追随者。因此，连锁企业中某位关键人物如总经理或部门经理的离职经常会带走一批员工。这种情况的出现势必会给连锁企业及留职员工产生很大的负面影响，甚至可能导致连锁企业瘫痪。

（5）人心动摇。连锁企业一旦发生员工离职，特别是关键岗位员工或管理人员离职，势必对未离职的员工产生负面影响。某些影响力大的员工的离职事件会造成群体心理动荡，减弱组织的向心力、凝聚力、动摇员工对连锁企业发展的信心。

2. 连锁企业员工离职风险的应对措施

（1）防范关键技术或商业秘密泄露的应对措施。

1）建立研发与技术团队。在可能的情况下不要过分依赖某一个或少数几个技术人员或工程师。如果是多人共同发明的技术，申请专利时应将参加人员的名字都尽可能多地写上去，使专利权为大家所拥有。

2）对关键人才签订"竞业禁止"协定。竞业禁止也称竞业限制。它的主要内容是指企业的职工（尤其是高级职工）在其任职期间不得兼职于竞争公司或兼营竞争性业务，在其离职后的特定时期或地区内也不得从业于竞争公司或进行竞争性营业活动。竞业禁止制度的一个重要目的就是保护雇主或企业的商业秘密不为员工所侵犯。人才的异常流动常常会带来连锁企业的阵痛，因此未雨绸缪，利用法律手段尽量降低此类风险就显得尤为重要。

（2）防范客户流失的应对措施。

1）实施客户关系管理。通过建立客户信息数据库，实施客户关系管理，使客户为连锁企业享有和使用。

2）实施品牌战略。连锁企业要实施品牌战略，依靠品牌的知名度和美誉度来吸引顾客，让顾客信任的是你的品牌，而不是个别的销售人员。

3）适时调区升职。当一个员工可以升迁时，就证明该员工在地区上的积累已经达到一定程度，已经掌握了一个比较有力的"武器"了。当这个"武器"的矛头还没有对准自己之前，先把这个"武器"转到企业手里。

（3）防范岗位空缺的应对措施。

1）运用战略性人力资源管理思想，做好人力资源规划工作。对于关键岗位，连锁企业要实施干部储备制度，平时注意培养有潜力的管理岗位接班人。

2）做好人才备用工作。在以往单纯的业绩评价体系中增加一项"人才备用"指标，检测如果此人离开，他的工作将由何人接替。如果没有合适人选，说明这样的管理者其实是不称职的，这就要求管理者在一些关键会议、重要的交际场合等带着一些比较有潜质的下属参加，让下属充分掌握相关信息和资源，培养他的独立工作能力，这样可以保证管理岗位后继有人。

（4）防范集体跳槽的应对措施。

1）增加员工对连锁企业的归属感。选拔、聘用具有不同背景的员工，采取多元化的管理，使员工认同公司的价值观和目标，使员工与连锁企业建立"心理契约"关系，增加员工对连锁企业的归属感和吸引力。

2）实施干部轮换制度。连锁企业要实施干部轮换制度，定期在部门或地区之间进行轮岗。

（5）防范人心动摇的应对措施。

1）积极与留职员工沟通。连锁企业要就离职事件与员工进行积极的沟通，说明原因，鼓励未离职的员工努力工作，让他们对前景充满信心。

2）做好员工职业生涯管理工作。连锁企业要做好员工职业生涯的规划与开发，提供必要的正式培训，建立一整套面向未来的培养计划。创建好的企业沟通关系和良好的人员关系，创造一种保持发展及激情的内部环境。

10.4.3　连锁企业员工主动离职管理

1. 影响连锁企业员工主动离职的主要因素

影响员工主动离职的因素很多，一般可以分为个体因素、群体因素和组织因素三个方面。

（1）个体因素。导致员工离职的个体因素主要表现在以下三个方面。

1）个体对工作的态度直接影响员工离职。工作态度是指员工对工作环境方面积极的和消极的评价，它主要包括三个方面：工作满意度、工作参与和组织承诺。工作满意度是指个人对其所从事的工作的积极情感的程度。一个人的工作满意度低，对工作就可能持消极的态度，产生离职意向。工作参与测量的是一个人在心理上对工作的认同程度。工作参与程度低的员工容易发生离职现象。组织承诺是员工对于特定组织及其目标的认同，并且希望维持组织成员身份的一种状态。研究表明，组织承诺与人员流动率呈负相关关系，所以低组织承诺必然导致高人员流动率。

2）个体绩效与离职之间存在负向的联系，但绩效对离职的影响还受员工薪酬水平的调节。公平理论认为，个人不仅关心自己所获得报酬的绝对数量，也关心自己的报酬和他人报酬的关系。员工在工资等待遇上一般首先考虑自己的收入与付出比，然后和相关他人的收入与付出进行比较，如果认为不公平不合理，势必会产生离职念头。

3）个体能力也是离职意向的影响因素。当个体不足以胜任其本职工作，或者个体有较强能力却不能得到充分发挥时，员工就可能产生离职意向。

（2）群体因素。社会成员需要依赖于某个群体来实现自己的价值。工作团队的成员自愿离职与两个因素有关：群体构成和群体凝聚力。

群体是由同类者构成的，这里所说的同类者就是具有共同特征的个体。有资料显示，在那些经历不同的人组成的群体中，由于群体成员之间沟通比较困难，当群体冲突越来越激烈时，群体对其成员的吸引力越来越小，他们自愿离职的可能性就越来越大。所谓群体凝聚力，是指群体成员之间相互吸引并愿意留在其中的程度。在完成相同的任务时，那些内部冲突较多、成员之间缺乏合作精神的群体不如那些成员协调一致、相互吸引的群体效率高。因此，凝聚力低的群体更容易使员工产生离职倾向。

（3）组织因素。正常的员工离职率是十分必要而且是有益的，因为它可以加快组织的新陈代谢，提高工作效率。然而，如果离职率特别是关键员工的离职率超过了组织的最大期望值，则往往意味着组织核心竞争能力的丧失。组织结构在很大程度上决定了员工自愿离职率的高低，它对离职的影响通过两个方面表现出来。

1）组织内的集权度。集权度越高，员工之间的平行沟通、上下级之间的沟通就越困难，员工的不满情绪就越难以发泄，离职率就越高。

2）组织的组织方式。管理层次越多，组织机构越复杂，信息越容易发生堵塞和失真，沟通就越困难，离职率也会越高。组织的规模越大，员工的安全感就越强，员工以能够进入大规模的组织而感到满足和自豪，一般不愿轻易离开组织；组织内的每个员工都有充当组织内符合其身份的某一特定角色的愿望，规模越大，机会越多，较好的内部流动性可以提高员工的工作满意度，减少离职行为。

2．员工主动离职对连锁企业的影响

（1）员工主动离职对连锁企业的正面影响。

1）改进绩效。员工自愿离职所带来的绩效改进是由于高素质员工对低素质员工的替代。对于那些由于能力问题而不能适应连锁企业工作的员工而言，主动离职是一个双赢的做法。随着劳动力市场的发展，高素质的劳动力不断涌现，连锁企业可以招募到更好的员工，从而实现绩效的改进。

2）创新能力的提高。连锁企业的发展具有惯性、僵化性。一旦达到某一种发展状态后，如果没有外力的干预，很难突破自己的成功模式，导致渐渐落伍。员工的离职，会不断地打破既定的均衡状态。通过招募新员工，引进新思维，新的做事方式，连锁企业的发展才能充满活力。

3）灵活性和适应性的提高。连锁企业是一个开放的系统。连锁企业通过与外界不断地进行物质交换而生存，并创造价值。面对日益复杂的竞争环境，连锁企业需要保持更高的灵活性和更强的适应能力，才能生存发展。通过员工的离职，新员工的招聘，连锁企业不断地对外部环境做出适应，提高反应的灵活性。

4）减少连锁企业内部的冲突。但凡是主动离职的员工，必定对现有连锁企业的某一方面感到不满，离职只是这种不满的一种外在表现。因此，员工的主动离职，可以看作员工不满情绪的一种正常、合理的发泄，能够最低限度地减少员工与连锁企业之间的冲突，有利于连锁企业组织的正常运行。

5）离职员工也可成为连锁企业的一笔宝贵财富。如果处理得当，离职员工也可成为连锁企业的一笔宝贵财富。首先，通过与离职人员的面谈，企业管理者可以反思人力资源管理过程中存在的问题，并加以改进，以提高连锁企业的管理水平。其次，离职员工虽然换了单位，但一般仍会在业内发展。通过加强和离职员工的联系，连锁企业可以获得一些行业内有价值的信息，及时地把握发展机会。最后，离职员工是企业未来再招聘的最合适人选，不仅招聘成本低，而且业务熟练，忠诚度高。

（2）员工主动离职对连锁企业的负面影响。

1）增加显性成本。显性成本包括招聘、培训、离职前后生产率的损失等。据《财富》杂志报道，一位员工离职之后，从找新人到顺利上岗，仅替换成本就高达离职员工的 1.5 倍。如果是核心员工流失，替代成本更高。因为他有可能带走了关键技术和信息，使企业的相关岗位工作面临瘫痪。一旦关键控制点被带走，公布出去或原始客户资料丢失，将给企业带来巨大的经济损失，导致业绩滑坡。

2）增加隐性成本。隐性成本包括低落的士气、企业声望的降低、职位链的损害、丧失的机会等。离职行为发生后，会导致员工对连锁企业已有价值观的反思，这使得企业管理者不得不面对员工的心理风险。心理风险是指离职员工有可能给连锁企业其他员工带来的负面影响。离职行为会打击企业员工的士气，降低他们努力工作的热情。如果处理不好离职员工的心理问题，会给企业带来恐慌，会造成在职员工人心动荡，严重的还会引起暴力冲突。员工自愿离职行为还会降低企业的声望。员工的离职，往往是员工与连锁企业之间冲突的表现，这会使人对连锁企业有一种不好的印象。而且，员工离职往往会牵扯到劳动争议问题。因为只要员工去仲裁部门上诉，不但会使企业损失经济利益，更重要的是，可能损害或摧毁企业的形象。关键员工的自愿离职行为会导致连锁企业的人才断档，对连锁企业的职位链条造成损害。关键员工的突然离职往往会使连锁企业措手不及，有时一个关键的岗位会空缺好几个月，严重影响连锁企业正常的运行。一个人员变动频繁的连锁企业，其员工的行为多具有短期性，不利于连锁企业的长期发展。在员工的频频流动中，连锁企业会错失很多发展的机会。

3. 连锁企业员工主动离职的管理策略

（1）正确认识员工主动离职行为。员工主动离职行为，对连锁企业企业而言，有其不利的一面，也有其有利的一面。因此，一个健康向上的连锁企业企业组织，保持适当的人员流动比率是正常的，不必谈之色变。应该把这种适当的员工流动活动纳入到正常的人力资源管理框架中，而不是作为例外来对待。

（2）重视员工的个体成长和职业生涯的发展。在人才竞争日益白热化的今天，企业人力资源管理的重要任务之一就是如何吸引和留住人才。员工首先是作为组织中的个体而存在的，因此，连锁企业要注重员工个体的成长，健全人才培养机制，为员工提供不断提高自身技能的学习机会，合理地规划其职业生涯，用科学的人力资源管理方法减低员工离职率。

（3）在组织内部营造公平的氛围。组织中的公平体现在许多方面，包括薪酬水平、获得奖金的机会、福利制度、晋升机会、培训机会等。世界上没有绝对的公平，这就要求管理者在设计制度的时候要尽量考虑公平因素，同时在执行的过程中，在以人为本的原则指导下灵活变通。连锁企业还要建立一套有效的反馈机制，通过及时沟通，畅通申诉渠道，让员工倾诉不满情绪，将员工体验到的不公平感带来的不良影响降到最低限度。

（4）建立员工认同的企业文化。培养良好的企业文化也是留住员工的重要手段。良好的人际关系，有利于沟通，使人心情愉快，有助于凝聚团队力量。员工认同的企业文化也是加强员工心理契约的重要条件。这样的企业文化体现了企业组织目标与个人目标的协调一致，使员工个人的价值观和追求能够在企业组织目标中得到体现，从而可以使员工心情愉快地留在连锁企业中为共同目标而工作。

（5）充分发掘和利用离职员工资源。一是尊重员工的离职选择。员工选择离职，肯定是经过深思熟虑和痛苦煎熬的，此时他们最需要的是安慰、鼓励，而不是处处作梗。只有尊重离职员工的选择，设身处地地为他们着想，才有可能挖掘离职员工的潜力。二是从制度上完善对离职员工的人文关怀。例如，明确规定不克扣离职员工的工资；离职员工在离开企业两个月的时间内可以回来继续工作，以前在企业的工龄还会延续等。三是建立离职员工档案数据库。通过离职访谈，了解员工离职的原因，并建立离职员工档案数据库。在员工离开公司后，经常通过电话、信件的方式与他们保持密切联系，把公司新的信息、新的发展战略及时告知离职员工，并随时了解离职员工在新公司的发展状况。

小资料 10-2　海底捞低离职率的原因

据了解，中国餐饮行业员工的平均流失率为 28.6%，而海底捞员工的流失率则能控制在 10%以内。为什么海底捞员工离职率很低呢？

第一，授权。授权是其企业文化的一大核心。例如，海底捞的服务员均有权给任何一桌客人免单。这种授权，如何不让员工有主人感！

第二，待遇。待遇不仅仅是钱的问题。海底捞的宿舍一定是有物管的小区，档次也较高。房间还有电脑，有 WiFi。海底捞的服务员不用自己洗衣服，有阿姨洗；吃饭也不在店里，由阿姨做菜。有人说海底捞培训好，海底捞的新员工培训，包括如何使用 ATM，包括如何乘坐地铁、买卡、充值等。这家企业，在帮助自己的员工（多数都是农民），去融入一个城市。这种待遇，如何不让员工心存感激！

第三，真诚。海底捞不考核员工那些餐饮行业最常考核的指标，如利润、利润率、单客消费额、营业额、翻台率，而是考核客户满意度、员工积极性、干部培养。今天你看到的海底捞员工真诚的微笑，就来自这里。海底捞的员工比谁都重视翻台率。这种真诚，如何不让员工有积极性！

第四，尊重。尊重是指尊重每一个想法。现在被诸多火锅店抄袭的眼镜布、头绳、塑料手机套，这样的一个个想法，竟然是出自一些没有什么文化的服务生。并且，这一个个点子，就如此复制到了每一家店面。这种尊重，如何不让员工有成就感？如何不让员工有创造力！

第五，承诺。在海底捞有个说法，叫"嫁妆"。一个店长离职，只要任职超过一年以上，给8万元的嫁妆，就算是这个人被小肥羊挖走了，也给。他们说，因为在海底捞工作太累，能干到店长以上，都对海底捞有贡献，应该补偿。他说，如果是小区经理走，给20万元；大区经理走，送一家火锅店，大概800万元。海底捞至今为止，店长以上干部上百，从海底捞拿走嫁妆的，只有三个人。这种承诺，如何不让员工有忠诚度！

 ## 知识测试题

一、单项选择题

1. 连锁企业内最主要的人际关系是（   ）。

A. 上下级关系   B. 同事关系

C. 业务关系   D. 朋友关系

2. 下列不属于员工个人压力管理方法的是（   ）。

A. 时间管理   B. 体育锻炼

C. 寻求专家帮助   D. 改善工作环境

3. 员工离职会导致企业员工士气低落、企业声望降低，这会增加企业的（   ）成本。

A. 显性   B. 隐形   C. 机会   D. 沉没

二、多项选择题

1. 连锁企业员工人际关系功能包括（   ）。

A. 合力功能   B. 互补功能

C. 激励功能   D. 信息交流功能

2. 员工个人心理冲突一般包括（   ）。

A. 目标冲突   B. 认识冲突

C. 情感冲突   D. 个性冲突

3. 员工的工作态度会影响员工离职情况，这里的员工工作态度主要包括（   ）。

A. 工作满意度   B. 组织承诺

C. 工作参与   D. 工作成就感

三、简答题

1. 连锁企业如何进行员工人际关系管理？

2. 简述连锁企业员工压力的来源。

3．简述连锁企业员工离职的风险和防范措施。

 案例分析

新老员工冲突的难题

王某到某连锁商业企业做人力资源部经理时，就遇到了一件让他非常难以处理的事情。配送中心副经理与经理之间矛盾非常尖锐，副经理提出离职时，经理却千方百计要挽留自己的副手。原来，经理是公司创业时的老员工，还不到 40 岁，由于企业在配送中心采用了现代配送软件管理系统，但经理文化水平较低且不懂计算机，不能胜任目前的工作，为此，公司在两年前就招聘了一名副经理协助他的工作。在这两年多的时间里，多数关键性工作均是由副经理完成的，而经理为了保全自己的地位与权威，经常会与副经理抢功，偶尔还会给副经理穿个小鞋。年轻的副经理不甘服软，二人的冲突在公司内不断。其实高层也知道二人的矛盾，但都睁一只眼闭一只眼，只有总裁私下劝过副经理几次，让他忍让一下自己的上司，"毕竟人家是老员工，对公司有感情，即使想离开，在外面也不好找工作了，你年轻，就忍让一下吧"。

副经理实在无法忍受时提出了离职，不顾总裁的挽留离开了公司。王某认为人力资源也很为难，公司偏向于保护老员工，让新员工忍一忍，却无法维护新员工的职业发展和正常的基本利益。向着新员工，这些老员工毕竟也为企业的今天打拼过，他们的忠诚度也高，熟悉企业内部的人情世故、工作流程等，也是企业不可或缺的一笔财富。无论是保护老员工，还是维护新员工，王某都会发现，自己站在一个异常尴尬的处境。

问题：

（1）如果你是该企业的人力资源，你该如何解决这个新老员工冲突的难题？

（2）如果你是该企业的人力资源，你该如何对待副经理离职的事件？

 实训项目

组织学生利用课外时间，选择本地区的几家连锁企业，就连锁企业员工离职问题进行调查。

步骤及要求：

（1）组织学生成立调查小组，每组 6～8 人。

（2）调查前，每组需要制定好调查的提纲。

（3）调查活动可以采用面谈法，也可以采用问卷调查法，调查内容要结合连锁企业员工离职问题来进行。

（4）调查完成后各组要完成一份调查报告，调查报告要求具体真实，要分析和总结这些连锁企业员工离职的类型、离职的原因，并提出针对性管理措施。

参考文献

[1] 惠婷. 新编人力资源实务[M]. 上海：上海交通大学出版社，2015.

[2] 冉军. 人力资源管理[M]. 北京：教育科学出版社，2013.

[3] 陈东键. 人力资源管理[M]. 北京：清华大学出版社，2012.

[4] 曲迎国，等. 人力资源管理[M]. 北京：清华大学出版社，2013.

[5] 李广义. 人力资源管理[M]. 天津：天津大学出版社，2009.

[6] 董临萍. 等. 人力资源管理[M]. 上海：华东理工大学出版社，2014.

[7] 宋联可. 高效人力资源管理案例：MBA 提升捷径[M]. 北京：中国经济出版社，2009.

[8] 凌若双. 店长让店铺赚钱的 3 大法宝 [M]. 北京：中国言实出版社，2009.

[9] 张尚国. 人力资源规范化管理工具箱[M]. 北京：中国纺织出版社，2010.

[10] 朱勇国. 人力资源管理专业技能实训教程[M]. 北京：清华大学出版社，2012.

[11] 付维宁. 人力资源管理[M]. 北京：电子工业出版社，2014.

[12] 张德. 人力资源开发与管理（第 4 版）[M]. 北京：清华大学出版社，2012.

[13] 林红，等. 人力资源管理实务[M]. 北京：中国人民大学出版社，2015.

[14] 杨百寅. 战略人力资源管理[M]. 北京：清华大学出版社，2012.

[15] 赵曙明. 人力资源战略与规划（第 3 版）[M]. 北京：中国人民大学出版社，2012.

[16] 方振邦. 战略性绩效管理（第 4 版）[M]. 北京：中国人民大学出版社，2014.

[17] 颜世富. 培训与开发[M]. 北京：北京师范大学出版社，2014.

[18] 赵永乐，等. 人力资源规划（第 2 版）[M]. 北京：电子工业出版社，2014.

[19] 付亚和. 工作分析[M]. 上海：复旦大学出版社，2009.

[20] 石金涛. 培训与开发（第 3 版）[M]. 北京：中国人民大学出版社，2013.

[21] 萧鸣政. 工作分析的方法与技术[M]. 北京：中国人民大学出版社，2010.

[22] 李中斌. 工作分析理论与实务（第 2 版）[M]. 大连：东北财经大学出版社，2014.

[23] 葛玉辉. 工作分析与工作设计实务[M]. 北京：清华大学出版社，2011.

[24] 陈庆，等. 岗位分析与岗位评价[M]. 北京：机械工业出版社，2011.

[25] 潘秦萍. 工作分析：基本原理、方法与实践[M]. 上海：复旦大学出版社，2011.

[26] 李中斌. 工作分析理论与实务[M]. 大连：东北财经大学出版社，2011.

[27] 边文霞. 员工招聘实务（第 2 版）[M]. 北京：机械工业出版社，2011.

[28] 王贵军. 招聘与录用（第2版）[M]. 大连：东北财经大学出版社，2014.

[29] 王胜桥. 连锁企业人力资源管理[M]. 上海：立信会计出版社，2012.

[30] 李善奎. 连锁经营企业人力资源管控[M]. 北京：中国财富出版社，2016.

[31] 贺秋硕，等. 人力资源管理案例引导教程[M]. 北京：人民邮电出版社，2010.

[32] 张小兵. 人力资源管理[M]. 北京：机械工业出版社，2009.

[33] 邬伟娥，等. 人力资源管理[M]. 北京：经济科学出版社，2009.

[34] 李乐峰. 连锁企业人力资源管理[M]. 北京：对外经济贸易大学出版社，2010.

[35] 乔瑞，等. 人力资源管理[M]. 北京：人民邮电出版社，2010.

[36] 侯殿明. 连锁企业人力资源管理[M]. 北京：中国劳动社会保障出版社，2009.

[37] 周勇. 连锁经营管理原理[M]. 上海：立信会计出版社，2011.

[38] 张岩松，等. 现代人力资源管理案例教程[M]. 北京：清华大学出版社，2011.

[39] 付亚和，等. 绩效管理（第2版）[M]. 上海：复旦大学出版社，2014.

[40] 杨毅宏. 绩效薪酬管理实务[M]. 北京：中国电力出版社，2013.

[41] 吴必善. 人力资源管理理论与实务[M]. 大连：东北财经大学出版社，2012.

[42] 王丽娟. 员工招聘与配置（第2版）[M]. 上海：复旦大学出版社，2012.

[43] 句华. 等. 人力资源管理实践案例分析[M]. 北京：北京大学出版社，2012.

[44] 张杉杉. 等. 招聘中的心理测量：原理与操作[M]. 北京：经济管理出版社，2011.

[45] 孙宗虎. 人力资源管理职位工作手册（第3版）[M]. 北京：人民邮电出版社，2012.

[46] 刘云. 人力资源管理[M]. 北京：科学出版社，2015.

[47] 王挺. 人力资源规划[M]. 北京：中国电力出版社，2014.

[48] 袁声莉. 培训与开发[M]. 北京：科学出版社，2012.

[49] 马远. 等. 人力资源管理案例教程[M]. 广州：华南理工大学出版社，2014.

[50] 胡孝德. 人力资源管理案例集[M]. 杭州：浙江大学出版社，2014.

[51] 冯光明. 人力资源开发与管理[M]. 北京：机械工业出版社，2013.

[52] 刘英侠. 人力资源管理[M]. 北京：中国人民大学出版社，2015.

[53] 孙健敏. 人力资源管理[M]. 北京：中国人民大学出版社，2015.

[54] 王瑞永. 薪酬福利管理方法与工具[M]. 北京：中国劳动社会保障出版社，2014.

[55] 康士勇. 等. 薪酬与福利管理实务[M]. 北京：中国人民大学出版社，2016.

[56] 严伟. 薪酬管理[M]. 大连：东北财经大学出版社，2014.

[57] 丁雯，等. 薪酬管理项目化教程[M]. 大连：东北财经大学出版社，2014.

[58] 刘善仕. 人力资源管理[M]. 北京：机械工业出版社，2015.

[59] 贾俊玲. 劳动法与社会保障法学[M]. 北京：中国劳动与社会保障出版社，2012.

[60] 任正臣. 职业生涯管理[M]. 南京：江苏科学技术出版社，2012.

[61] 关培兰，等. 职业生涯设计与管理[M]. 武汉：武汉大学出版社，2009.

[62] 郑美群. 职业生涯管理[M]. 北京：机械工业出版社，2010.

[63] 李新建. 员工关系管理[M]. 天津：南开大学出版社，2009.

反侵权盗版声明

电子工业出版社依法对本作品享有专有出版权。任何未经权利人书面许可，复制、销售或通过信息网络传播本作品的行为；歪曲、篡改、剽窃本作品的行为，均违反《中华人民共和国著作权法》，其行为人应承担相应的民事责任和行政责任，构成犯罪的，将被依法追究刑事责任。

为了维护市场秩序，保护权利人的合法权益，我社将依法查处和打击侵权盗版的单位和个人。欢迎社会各界人士积极举报侵权盗版行为，本社将奖励举报有功人员，并保证举报人的信息不被泄露。

举报电话：（010）88254396；（010）88258888

传　　真：（010）88254397

E-mail：　dbqq@phei.com.cn

通信地址：北京市万寿路 173 信箱
　　　　　电子工业出版社总编办公室

邮　　编：100036